语文教学的反思与建构

易　祁　夏　露　鄢柏龄　著

北方文藝出版社
·哈尔滨·

图书在版编目（CIP）数据

语文教学的反思与建构 / 易祁，夏露，鄢柏龄著
. -- 哈尔滨 : 北方文艺出版社，2023.3
ISBN 978-7-5317-5807-5

Ⅰ. ①语… Ⅱ. ①易… ②夏… ③鄢… Ⅲ. ①语文教学－教学研究－文集 Ⅳ. ① H19-53

中国国家版本馆 CIP 数据核字（2023）第 022484 号

语文教学的反思与建构

YUWEN JIAOXUE DE FANSI YU JIANGOU

作　　者 / 易　祁　夏　露　鄢柏龄　　教育顾问 / 王惠蕾
责任编辑 / 富翔强　　封面设计 / 文　亮

出版发行 / 北方文艺出版社　　邮　　编 / 150008
发行电话 /（0451）86825533　　经　　销 / 新华书店
地　　址 / 哈尔滨市南岗区宣庆小区 1 号楼　　网　　址 / www.bfwy.com

印　　刷 / 廊坊市广阳区九洲印刷厂　　开　　本 / 880mm×1230mm　1/16
字　　数 / 200 千　　印　　张 / 9.75
版　　次 / 2023 年 3 月第 1 版　　印　　次 / 2023 年 3 月第 1 次印刷

书　　号 / ISBN 978-7-5317-5807-5　　定　　价 / 68.00 元

前　言

大学语文作为高校的一门人文素质必修课程，作为公共必修课，大学语文是高校课程中不可或缺的一部分。但实际上，大学语文虽然被定为基础公共必修课，长期以来却并未得到足够的重视与发展。目前，大学语文教学的很多方面都不能适应人文素养培养的需要。本书针对大学语文教学中的不足之处进行反思，并提出几点改革建议，旨在促进大学语文教育教学发展。

大学语文与中学语文仅一字之差，于是很多人都将大学语文当作中学语文的延续，其实不然，大学语文不论是在课程内容定位还是功能定位上都与中学语文截然不同。大学语文不仅仅是语言文字教育，承担着社会交际工具功能，还是强化人文教育、审美教育的重要学科。大学语文对高校人才培养具有无可替代的作用。大学语文是一门人文思想丰富的课程，对引导学生形成良好的道德观念、人生观、世界观以及价值观都有着重要作用，可培养学生的人文精神，增强学生的综合素质，提升学生的人文素养。

俗话说：磨刀不误砍柴工。传统的纯文字和文本教学已经无法适应当前高校教育的发展，无法激发学生的学习兴趣，更谈不上促进学生的全面发展。因此，高校语文教师必须不断改革语文教学方法，激发学生对语文知识的学习兴趣。在当前高校语文教学中，教师可以通过朗诵、演讲、辩论、表演、讨论等寓教于乐的教学方法，强化学生的语文交际表达能力。除此以外，教师还可以利用多媒体教学手段、课堂小组讨论教学形式，增强课堂容量、课堂密度，不断锻炼学生的形象思维，提升学生的语文知识应用能力。

目　录

第一章 大学语文教学现状与反思

第一节 大学语文教学现状

近年来，大学生更重视专业技能和其他所谓的“实用”课程的学习，而像大学语文这样“不实用”的课程就处于尴尬局面。笔者结合教学经验做了一份关于大学语文教学现状的调查问卷和对大学教师及学生的访谈，分析师范专科学校大学语文的教学现状。问卷内容包括:（1）学生的基本情况;（2）学生对大学语文的认识、态度与评价;（3）大学语文的教法和考核;（4）大学语文与专业课。调查对象是2010级五年制大专、2012级三年制专科，学生来自全校的4个专业：外语专业、学前专业、音乐专业、数学专业，共发放调查问卷140份，收回有效调查问卷130份，回收率是93%，笔者通过对“大学语文教学现状的调查问卷”的数据统计，及对大学教师及学生的访谈，现就师范专科学校大学语文教学现状进行分析。

一、教学目标不明确

通过大学语文教学我们能给学生提供什么帮助呢？学生从中到底能学到什么呢？是给学生更多的语文基础知识还是提高他们的阅读写作水平，或者主要提升学生的人文素养呢？语文的基础性、工具性、人文性，我们到底该怎么权衡？这些问题同大学语文教师的观点不尽相同。这样就使作为大学语文教师的我们无所适从，没有明确的教学目标，再加课时有限，笔者所在的学校一周2课时，开课一学年，也就72个课时，遇到假期可能被耽误，连72个课时都不能完全保证。没有统一的教学大纲，教材所选内容很多，大多教师根据自己的喜好或定位选择为数很少的几篇课文;师资力量薄弱，笔者所在的学校往往由1～2位教师承担这门课的教学任务，几乎没法教研，没有借鉴，摸着石头过河。大学语文的教学方法、教学手段也是随心所欲，这样就严重影响了大学语文的教学效果。

教育部高教司颁布的《大学语文教学大纲（征求意见稿）》指出，在全日制高校设置大学语文课程，其根本目的在于：充分发挥语文学科的人文性和基础性特点，适应当代人文科学与自然科学日益交叉渗透的发展趋势，为我国的社会主义现代化建设培养具有全面素质的高质量人才。但是，事实上，各大院校会根据自己学校的情况和使用教材情况编写临时性教学大纲。笔者所在学校从来没有制定本校的大学语文教学大纲。没有教学大纲的方向性指引，导致我们无法制定明确的教学目标，至于选取哪些教学内容、使用什么教学方法，都是由代课教师根据自己的理解或者爱好来做出决定，最终达到的教学效果往往不尽如人意。

二、各专业学生不重视

各专业学生从思想上不太重视大学语文，许多学生认为“大学语文”还是“语文”，和中学语文是相同的，那些语文知识都已经学过了，上了大学就没必要学了；还有个别理科学生本来就不爱学语文，而且感觉学不学区别不大，又“不实用”。由于有了这些错误的认识，他们根本不重视大学语文。在被调查的学生中，50% 的学生认为没必要开设大学语文课，30% 的学生觉得无所谓；只有 20% 的学生认为有必要。由于学生从思想上不重视大学语文，所以课堂上很难出现师生互动的场面，往往是老师“满堂灌”，学生很茫然，更别说课前预习、课后复习了。针对不同专业，大学语文的考核方式分两种：考试和考查。学生考试前靠临时突击应对，考查对学生更是没有约束力。在被调查的学生中，70% 的学生上课不认真听课，有的玩手机，有的做其他事情；20% 的学生只听有趣味的内容；仅有 10% 的同学能认真听所有内容。

笔者所在的学校，外语专业的学生在专升本考试中有大学语文科目，因而认真对待这门课的学生比例高一点。学前教育专业、音乐和数学专业的期末考试形式要求是考查，专升本考试也不要求这门课，教师的考查形式也比较随意。所以，能够认真对待大学语文课的学生比例要低得多。

三、教学内容和方法不适合专业的需求

不同水准的学校、不同的专业，对待大学语文的态度和要求是大不相同的，所以教学内容和教学方法的选择应该是不同的。但是我们的现状是：首先，师范专科学校没有结合自己学生的实际情况选用合适的大学语文教材，现行大学语文教材主要是针对本科院校的学生，对于师范专科学生来说有点难度；其次，大学语文教材以古文为主，而且不少作品与中学语文教材所选作品重复，有许多文章虽然是古代优秀作品，但对现在的学生来说，有些观点已经有点不合时宜，而且，师范专科学生语文底子差，对于有些文章，有些学生接受起来较困难；再次，教学方法单一、呆板。由于大学生对大学语文不重视，大学语文教师受各种条件的制约也无法选择多种教学方法，所以，大学语文教育模式呈现出填鸭式特征。教师在台上唱“独角戏”，学生在底下被动地听课、记笔记。这样单一、机械的教学方法激发不了学生的兴趣，甚至使学生产生厌烦感，更不会积极主动地去学习。

在调查“你认为大学语文课与你的专业课是什么关系”的问卷中，只有 5% 的学生认为大学语文课是专业的基础课，对专业课的帮助和提高有不可替代的作用；10% 的学生认为大学语文课与专业课相辅相成，相得益彰；65% 的学生认为大学语文课对专业课有点帮助，但作用不大；20% 的学生认为大学语文课不仅对专业课没有任何帮助，反而会加重学

习负担。调查数据说明有些学生已经认识到这门课的作用，愿意去学习。我们在与学生的座谈中也了解到，有的学生也很喜欢这门课，有的学生说："如果老师讲得好，我们就喜欢上；如果老师讲得不好，我们也就不喜欢上了。""教师的主导作用对学生具有直接的影响，学生的主体地位只有在教师作用下才能形成。"但是现状是学校常常把大学语文课交给缺乏经验、教学能力比较弱的老师，而且一个教师代好几个专业的课，教师也没精力为不同专业的学生制订不同的教学计划，往往是同样的内容和方法教不同的学生，这样就直接影响了这门课的教学效果。

第二节 形成大学语文教学现状及困境的原因

从小学到大学，大学生学了至少 11 年的汉语，但是部分大学生理解、运用汉语的能力仍旧令人担忧。以笔者所在学校为例，这种问题较为严重，我们的大学语文课教学并不受学生的重视。理性地看待这个问题，原因应该是复杂的，既有历史的又有现实的，既有客观的又有主观的，具体表现在以下几个方面：

一、在整个教学体系中处于劣势地位

（一）对大学语文的重要性认识不足

吉林大学前校长刘中树教授指出，目前大学语文出现了这样的尴尬局面，主要原因还是对大学语文教学的重要性认识不足。大学语文是学生进入大学后第一门也是最后一门强化母语的人文素质教育课，要让大学生懂得，大学生和中学生相比，并不是"进一个门出一个门"的简单问题，而是本质上的跨越。中学阶段，由于考试压力，学生无心"看风景"；大学则需要培养学生的人文素养和综合素质。大学语文教材作为一种媒介，通过学生的阅读和思考，还有师生之间、生生之间的共同讨论和辨析，潜移默化地感染学生，培养他们的人文精神，加强他们的综合素质。同时，也要进一步提高他们对祖国语言文字的较高水平的理解与表达能力。而且，要把母语教育看成终身教育，这样，大学语文作为母语高等教育就该是贯穿终身教育全过程的一个重要环节。无论从哪方面讲，大学语文的重要性都是不容忽视的。

（二）师资力量薄弱

大学语文内容广博，古今中外的文学、艺术、历史、哲学、文化等都有涉及，从小学开始，语文在学生的眼中，就是一门分数要求很高的课程。笔者所在城市汾阳，从小学一年级起，就是"题海战"，语文和数学除课本外，配套练习书就有两本，学校和老师把分数看得很重，认为分数高的就是好学生。初中到高中更是这样，中考和高考，家长、老师和学生都非常注重，可以说"一卷定乾坤"。这样，应试教育使得学生只能在考试指挥棒

的指引下，在题海中作战，追求的是当下的分数，至于似乎与考试离得远的一些知识就要靠后了。长期应试教育的影响，导致学生只重视和自己专业有直接关系的学科，大学语文既不是专业课，在学习中又不是能立竿见影的课程，而且又不像英语、计算机等科目能考级，学生就理所应当不重视了。

市场化、功利化的社会风气也导致大学语文遇冷。有专家表示，大学语文的特点在于人文性，同英语相比，大学语文少了几分功利性，却也少了被重视的程度。校园里，我们会看到很多晨读英语的人，却甚少听到诵读中文的声音。市场经济以来，人们的价值观发生了很大变化，就连大学生的学习也受市场经济的严重影响，功利化倾向严重。大学生的学习功利化倾向主要表现在以下几个方面：第一，学习内容的选择呈功利化倾向，重视实用知识，轻视普遍知识。调查发现，80% 的学生愿意选择计算机、外语和专业技能等实用性很强的课程，而不愿意去选择像大学语文一样缺乏实用性的普遍知识。第二，学习时间的安排呈功利化倾向。笔者调查发现，许多大学生几乎用 1/3 的时间去学习专业课，而用 2/3 的时间去学习英语和计算机。第三，学习动机呈功利化倾向。当前，大学生最主要的学习动机就是毕业后找到一份好工作，为了这样的动机，他们就特别重视有实用价值的知识与技能，还有各种等级证书。

笔者所在学校的学生也把主要精力投入到英语四六级和计算机考级中，而对像大学语文这样既没资格证书，见效又慢的课程就不太热心了。在现代社会功利化倾向严重的大背景下，在学生的心目中，英语、计算机的重要性大大超过了大学语文；而且专业课的学习也使他们忽视了对大学语文的学习，他们没有时间和精力再去学习看上去与求职和就业无关的课程。

相对于本科院校，师范专科学校的入学门槛较低，高考录取属于三专，是二专录取后剩下的 200 ~ 300 分的学生，他们和一专、二专院校的学生存在一定的甚至很大的差距，更别说本科院校了。大多数学生的语言文学基础相对弱，如汉字的音形义知识、基本文学常识、阅读和写作能力等语文素质都较差，这样就直接影响了他们的语言应用能力以及语文综合素质的进一步提高，课堂提问往往是词不达意、答非所问。在心理状况方面，这些学生由于自己的各种原因，中高考成绩差，在走投无路的情况下选择了并不理想的三专学校，和其他同学相比可能有很大差距，使不少师范专科学生产生了厌学情绪、自卑心理和不求进步、只求混个文凭的想法，这些都导致了他们对学习的敷衍态度。而且，在进入大学之前，学生一直被分数衡量，兴趣的手脚被分数所束缚，语文素养被分数放在一边。从小学到高中，分数就是学生的命根，提升语文素养这种“不实用”的教学目标在语文教育中其实并未真正实现过，所以我们怎么能指望这些没打牢语文素养底子的学生去重视大学语文？进入大学之后，除一些对语文有特别兴趣的学生，对大多数学生来说，大学语文根本不值一提，自然也就靠边站了。因此，呼吁社会，从小学一年级开始，就应该重视培养学生的语文素养。

大学语文教育应不断提升学生的人文素养，增长学生的文化储备，拓宽他们的视野。

然而在现实生活中，在职场的残酷竞争中，语文教学完全变成硬生生的提高过程，剥夺了学生自由阅读的权利。语文应该是一个自由学习的过程，那么如何改变大学语文教学的现状呢？传统大学语文教学最注重的是培养学生高尚的审美情趣、提升学生的人格修养等庄严使命，由此带来的一个极端结果是非经典作品不读、非名著不讲的思路，过分强调作家作品的典范性和教化意义。所以我们可以看到，几乎所有的大学语文教材在编写上都非常注重选文的经典性，尤其是传统文学经典，对网络文学等通俗作品则视而不见，这不仅造成了多数教材选篇上的重复性，也导致了大学语文教学内容脱离现实生活的尴尬局面。随着中国社会结构的变化、传播媒介的改变、大众价值观念的多元、审美心理的变化和网络文化的影响，当代大学生的兴趣爱好、阅读和接受方式都呈现出鲜明的时代特色，他们对文学作品的关注已不注重传统和权威，而更注重作品的现代意识和生活气息。大学语文教学应考虑学生的审美倾向和心理需求，以文化宽容精神、鲜活的教学内容和时代特色来激发学生的学习热情。具体地说，就是要修订教材，丰富、完善教学内容，在大学语文课堂上增加大众文化、网络文化的教学比重，以兼容并包的精神选择那些既具人文性和审美性，又能引发学生共鸣的文学作品，为学生营造一个丰富的文学世界。笔者曾经在所任教的湖北第二师范学院计算机学院 2012 级 3 个班级近 150 名学生中做过调查。调查结果显示，从学生对教材的总体印象来看，认为现行教材很优秀的占 5%，教材比较好的占 25%，教材一般的占 60%，教材较差的占 10%；从教材内容来看，认为应该增加网络文学作品的占 77%，认为不需要增加网络文学作品的占 23%；从课堂教学内容来看，希望老师只讲传统文学作品的占 35%，希望讲授网络文学作品的占 65%。由此可见，学生对现行大学语文教材和教学内容是不够满意的。对于网络文学，他们抱有强烈的好奇心和认知欲，渴望在大学语文课堂上接触到优秀的网络文学作品，听到老师对网络文学各类作品的解读，由此接收到新鲜的文学信息，增长更多的文学见识。所以，修订教材，平衡传统经典与网络文学的篇目比例，丰富教学内容，对激发学生的学习兴趣，满足学生的求知欲是非常必要的。

如今，大学语文课程不但是我国高校普遍开设的人文类基础性公共课，更是初高中语文课程在大学的进一步发展和延伸，因而对大学语文课程的建设，一直以来都是高等教育改革中的一大难点。

二、问题原因分析

（一）提高对大学语文课程的认识

鉴于大学语文课程功能的重要性，无论是学校、教师还是学生都要正确认识大学语文课程。首先，各大高校要按教育管理部门的规定全面开设此门课程，并保证课时安排。学校领导的重视及支持程度，对大学语文课程的开设起着决定性的作用。其次，教师要有责任心，真正发挥大学语文提升人文素养的作用，在有限的课时内讲授好大学语文知识。再次，学生要改变对大学语文课程的态度，学好这门课程。

（二）提高大学语文任课教师的综合素质

1. 教师应深刻体会与领悟大学语文的性质、教学任务与教学目标

作为一名大学语文任课教师，要想讲授好这门课程，就要深刻体会与领悟大学语文的性质、教学任务与教学目标。本课程的性质及任务是：该课程是中国语言文学类专业之外的其他专业大学生的通识教育课程，是公共选修课程。该课程面向非中文专业大学生，系统传授赏析解读名家名篇的知识与技能，以提升大学生的人文素养，提高大学生的阅读和写作能力，促进大学生的人格提升。本课程的教学目标是通过大学语文经典名篇的赏析解读，引领大学生感悟作品背后的文心和人心，帮助大学生走入经典作品的意蕴之中，整体提升大学生领会传统文化经典的水平，促使大学生在阅读和写作上有新的成长。

2. 教师要具备深厚的专业素养与知识存储

语文作为提高学生语言能力、培养学生人文素养的基础学科，讲授的内容十分广泛，包含宗教、历史文化、人文科学和自然科学等多个方面。这就要求语文教师涉猎多方面的专业知识，才能胜任大学语文的教学工作。同时，还要根据教学的需要去构建丰厚、博大的专业素养。

（三）教师应具备专业学术研究能力

老一辈教育家蔡元培先生十分重视大学语文的教育工作，当时出现了一批具有影响力的大一国文专任教师，如杨树达、朱自清、闻一多、俞平伯、沈从文、朱德熙、吴组缃等，这些大家讲授的大一国文课程对学生产生了深远的影响。然而，在目前的大学语文教学中已经很难看到这种景象了，仅有少数大家名教授还坚持大学语文教学的理想。现在的大学语文教师大多刚参加工作，专业学术研究能力还有待提高。因此，我们要向在职的名家学习，明确自己的研究领域，结合自己的兴趣和教学实践，提高自身的专业研究能力，开阔学术视野，力争在这一领域有所建树。

（四）教师要有良好的职业道德

职业道德是每个行业的从业人员都要遵守的道德规范，良好的职业道德与大学语文教学工作息息相关。教师的职业道德有其自身的特殊性，除了一般的劳动之外，要做到诲人不倦、传道授业解惑，这对教师的思想道德要求极高。但有的教师为了节省时间只是一味地宣讲，没有真正地做到解惑；还有的教师针对某个问题只是一带而过，即使学生没有理解透彻，也不再深究。因此，只有真正具备了良好的职业道德，才能成为“教师”。

三、当代大学生学习大学语文的状态

南大教授沈道初回忆匡亚明先生最初在南京大学开设大学语文课程的原因，即“看到理科学生写文章、写信都不行，语言不通，就提出理科学生要学习大学语文，文科学生更

要学好大学语文”。所以大学语文课程主要是为非中文专业学生开设的公共必修课，笔者身处教学第一线，经常能够听到很多理科同学在抱怨说“我以为上了大学就再也不用写作文了”“我就是不愿意学语文，高中都学够了”“我最不喜欢文言文”。当然，也有另外一种说法是“我在高中没学好语文，幸好现在有机会可以弥补以往的遗憾”“我特别喜欢某位作家，希望大学语文课上能够讲到这位作家的作品”。以上两种截然相反的声音是笔者在教学实践中经常面对的问题，即大学语文课程的教学目的以及传统的教学方法已经不能满足新一代大学生充满个性的学习需求，这也使大学语文在实际教学中面临着重重困难。由于大学语文教学具有贯穿基础教育与高等教育的作用，却缺少支持学生持续学习这门课程的直接刺激，很容易使学生产生厌学、弃学心理。那么，如何让大学生重视这门课程，成为建设大学语文课程首先要解决的问题，而随着当代信息技术的迅猛发展，网络环境优化了大学语文教学方式，为这门学科带来了新的希望和挑战。

大学语文是高校的基础课程之一，作为基础课程应该得到学校、教师、学生的高度重视，然而现实并非如此。首先，学校对这门课程的定位不够清晰，大学语文是高校进行人文及德育教育的基石，并不是一门单纯的课程。但高校中普遍存在大学语文被边缘化的现象，有的高校甚至将其定位为选修课，课程安排也只是短短的一个学期。这样一来，大学语文这门课程的教学效果就没有保障。其次，教师对本课程的认可度也逐渐降低，存在一定的片面性。由于学校对此课程的定位不清晰，导致教师对课程教学缺乏创新和改革的激情，有的老师上课照本宣科，下课不闻不问，连基本的知识讲解效果都不一定能够做到，更谈不上提创新和改革了。再次，学生认为只要考试及格或者学分修够了即可，没有更高的自我要求，加之教学氛围的宽松，大学生对大学语文的学习就更加不重视了。

（一）教学方式落后

只唯书，不为思。高考指挥棒下的高中语文教学，存在以下五个偏向：只重语言文章，不重思想文化；只重智育开发，不重美育陶冶；只重传授知识，不重培养能力；只重课堂教学，不重课外活动；只重管卡学生，不重激发兴趣。一句话，只重应付考试，不重培养素质。整个高中语文教学，一言以蔽之：教本，学本，考本，唯本至上；编题，做题，讲题，题海战术。

在网络迅速发展的现代社会中，人们对文化的欣赏和学习逐渐流于表面，相比于对传统文化的深入研究式学习，更加倾向于接受快餐式的文化。对于受现代化技术和网络环境影响最大的当代大学生，这样的倾向表现得更加明显。但是与之形成鲜明对比的是大学语文课程传统的教学方式和陈旧的教学内容。在大学语文课堂上，因为教师和学生都不重视，教学方式没有变化，仍然保持着传统的单方面授课的模式，且师生之间缺乏互动，课堂的气氛沉闷，教学质量差。从教学内容上来看，大学语文课本选择的内容深入且单一，与现代社会盛行的文化和热点缺乏关联，也正是因为大学语文课堂的教学方式和教学内容无法紧跟时代潮流，才逐渐地为学校和大学生所忽视。

任何一门课程的精彩呈现都离不开教师的优质授课和先进的教学方法，大学语文课程也不例外，要使学生有兴趣，就必须有能够讲授出这门课程精彩之处的教师队伍，而精彩的课堂从来都不缺少学生。大学语文课程中的人文教育素材很多，内涵丰富，经典著作数不胜数，这都是应该呈现给学生的营养知识。然而，大学语文教学依然采用传统的教学模式，按部就班。比如讲解一篇诗词，教学流程是介绍作者的情况、讲解创作的历史背景、探讨诗词的意思和表达的思想感情、语法知识的分析运用。这种教学方法与中学的应试教育没有差异，如出一辙，根本不能激发学生的学习热情。虽然有的教师采取了先进的多媒体教学，也没从根本上改变传统教学模式。

大学语文是一门公共必修课，一般是使用大班教学形式来进行教学，尽管每个高校的具体情况都有所不同，但是与专业课程相比，大学语文的学生数量仍然偏多，这也加大了教学组织的难度。绝大多数的大学语文教师仍然采用传统的讲授法进行教学，不重视课堂效果。这就导致了教师满堂灌的现象，学生的听课效果很差。学生对课堂的参与程度很低，仅仅是为了应付考试，很少进行积极主动的发言和深入的思考，师生之间的交流互动很少。

俗话说："兴趣是最好的老师。"但是，学生对课程的兴趣除了课程本身的有用性之外，还在于教师如何去教，如何使课堂变得生动起来。但是，现实的情形是，高校对于大学语文课程的不重视，使得专职的大学语文教师师资力量严重不足，师资力量不足的结果，使教学改革创新难以展开。马克思认为："人是生产力诸要素中最为活跃的要素。"只有在师资力量、队伍梯队建设上做足"文章"，才能推动教学的长效发展。正是由于人员的不足，每一位教师都可能存在超负荷的工作状态，哪里还有时间和空间来研究创新教学模式呢？所以，在当前高校大学语文教学中，"以教师为主体"的填鸭式、灌输式教学仍然存在，而且，大班教学的情况也使得个性化、差异化教学模式改革无法展开，造成课堂教学生态失衡，大学生参与教学的主动性、主体性严重不足。

从大学语文课程在高校开设至今，其教学方式就一直在强调语文学科的工具性和提高文学素养的人文性中徘徊，中文作为一种语言具有明确的工具性，这成为大学语文教学的基础，同时文学性又是大学语文教学的主体。所以，大学语文教师总是试图在两者的天平上找到平衡的砝码，却往往只能向某一边倾斜。从以往课堂由教师一人主导到以学生为主体的开放式教学模式，对大学语文教学方法的推陈出新一直没有间断过。如今，随着信息化技术的飞速发展，在网络信息技术如此发达的今天，以网络平台为基础打造学生自主学习的教学方法，似乎成为解决问题的关键砝码。

（二）忽视了语文教学的特点

学科特点决定了语文教学与理科教学有天壤之别，其内容、要求、目的、运用方式、知识结构都要求教师专注于学生对语文知识的懂、悟、联、用——明白原理、理解体验、联系联想、迁移运用。语文学习中，"懂""悟"的重要性是其他任何一门学科都无法比拟的，是学生首先要达到的目标，学生的"懂""悟"既不是教师可以代劳的，也不是通过考试就能实现的。因此，应减少让学生做题，而要让学生去领悟理解，去吸收消化。现如今，很多教师都喜欢用题海战术，拼命地让学生做题目，然后讲解题目，学生进行订正，这个模式也得到了绝大多数人的认可，认为只有这样才能考出好的成绩。而语文学习靠这种方式是不奏效的，理科如数学、物理，靠不断地做题可能会让学生的做题速度不断得到提升，思维能渐渐打开。但语文学习提高的过程并不是在做题的过程中，做题更多的是在检验自己的语文能力。如果本身的能力没有得到提高，不停地做题检验，只会增加学生的挫败感。

大学语文的功能性难以实现。从目前的考试情况来看，我们不能再以学生的学习成绩来判定大学语文的功能性了。现在的大学语文考试大多是考前老师画重点、学生背诵，试题类型比较封闭，开放性的试题很少，学生只要考前几天背诵，便能顺利通关。这样的考试形式抹杀了大学语文真正的功能。因此，这样的教学模式和考试形式很难发挥大学语文的根本功能，教学效果无法令人满意。

（三）学生失去了学习兴趣

在现代的网络社会中，语文教学在大学教育中逐步地被学生所忽略，综合类大学中，除了中文系的学生之外，多数学生普遍把大学语文课当作一门可有可无的课程，逃课、缺席现象在语文课堂上屡见不鲜。造成这种现象的主要原因就是学生失去了对语文学习的兴趣。在大学教育中，学校与基础阶段的教育完全不同，更加注重专业方向的深入研究和学习，注重对学生某一专业能力的培养，在课程设置上自然也会更加倾向于专业方向的课程。对于大学语文这种基础性、大众化的课程，学校的重视程度难免会有所降低。正是因为大学的这种教育模式和课程设置，给学生传递了一种大学语文课程不再重要的信息，再加上义务教育阶段十几年的学习，让大学生普遍产生了语文课程已经学无可学的错觉，自然也就失去了学习语文的积极性。不仅如此，大学的教育与未来的职业关联更大，而大学语文表面上看已经和学生未来的职业发展没有关系，所以大学生普遍认为大学阶段对语文的深入学习毫无用处，所以也就没有兴趣继续学习、钻研下去。

作为最重要的文化载体的语文教学，其德育功能被架空了，其美育功能也被抹杀了，其人文功能更是被淡化了，而强化了的智育也被扭曲了，从而导致学生理想模糊、知识狭窄、文化肤浅、心理脆弱，最终，连学习语文的兴趣也荡然无存。所以经常会发现学生对语文基本上没多大的兴趣，课外阅读都很少，而语文的学习提高更多的是要靠阅读去自己领会、自己感悟、自己吸收。

（四）学生的认知偏误

语文课程在我国国民教育中具有延续性，从小学到大学，都是必修课程，但是，从大学生语文基础知识的整体水平来看，学生的语文基础知识水平存在参差不齐的情况。尤其是工科专业的学生，语文知识综合应用能力薄弱表现得极为明显。从部分学生递交的思想汇报、入党申请书、助学贷款申请书、求职简历等文稿的情况来看，还存在较多语句不顺、错别字、语法不通等问题，大学生的整体文化素质令人担忧。同时，大学生对于大学语文课程对人生发展的重要性认识不足，主观认为读大学就是为了找一份好工作，大学语文对于找工作不起关键作用，专业课才是最重要的。

（五）教学评价的缺失

大学语文的教学并不是一蹴而就的，必须经过长期的坚持和熏陶。大学语文的课堂教学课时有限，仅靠课堂教学很难实现大学语文的教学效果。特别是学生要面对繁重的专业学习任务以及就业压力，往往存在着应付考试的心理。这也造成了一些学生在课前没有进行充足的课堂准备，课后也没有定期进行复习。而大学语文教师很少对学生平时的学习情况进行督促和检查。大学语文老师也没有为学生提供学习资料、专业平台和专业指导，一些学生即使想在课后进行学习也无所适从，往往挫伤了学生的积极性。

在传统的大学语文教学模式中，主要有两种考核方式：考试和考查。考试一般是限定时间的闭卷考试，考查一般是要求学生写一篇文学类文章。这两种考核方式都存在一定的弊端，不能对学生的真实学习情况进行反映。在考试中，学生往往通过突击背书的方式来蒙混过关。考查则更缺乏统一的标准，一些学生通过剽窃、拼凑网上的资料来应付考查。这两种考核方式都不能对学生的语文知识掌握情况进行真实的考核，更难以使学生进行深入的思考，形成自己的独特见解。因而也就难以对学生的学习效果进行检测，没有起到督促和鞭策的作用。

（六）大学语文课程的定位不准

高等院校作为我国高素质人才培养的“摇篮”，担负着为实现我国全面建成小康社会输送数以亿计人才的重任。然而，在高校人才培养实践中，存在着重“工具理性”轻“价值理性”的弊端，这种问题的存在，实际上是整个大背景下“重专业轻人文”的显性表现。尤其是近年来我国大学生就业难问题凸显，导致高校对人文教育的关注更加淡化。事实上，在高校发展中，致力于推动专业建设而忽视公共人文课程建设已是不争的事实。正是因为这种思维的存在，导致大学语文课程开设存在随意性，课时量也被大幅度缩减，大学语文作为一门公共必修课的课程价值难以彰显。大学语文作为中华文化的重要承载，在高校教育中却遭遇如此窘境，如何能培养大学生的文化素质和人文精神呢？大学生的文化自信又如何能体现出来呢？可见，部分高校对大学语文课程的定位不准致使大学语文不能发挥其教学效能，也使得大学生在语言表达和写作中时常出现纰漏，同时也削弱了大学生未来职业发展的张力。

第三节　语文学科对其他学科的影响

学科的性质是该学科区别于其他学科的根本特性。我们只有正确定位语文学科的根本特性，才能在语文教学中把握好方向，完成其教学任务。那么语文到底具有什么特质呢？

叶圣陶先生说：“平常说的话是口头语言，写在纸面上叫书面语言。语是口头语言，文是书面语言。把口头语言和书面语言连在一起说，就叫语文。”这种解释，可以帮助我们正确认识语文学科的根本特性。初中语文教学大纲（试用修订版）提出：“语文是最重要的交际工具，是人类文化的重要组成部分。语文学科是一门基础学科，对于学生学好其他学科，今后工作和继续学习，对于弘扬民族优秀文化和吸收人类的进步文化，提高国民素质，都具有重要意义。”

高中语文的语文教学大纲（试验修订版）同样也指出：“语文是最重要的交际工具，是人类文化的重要组成部分。语文学科是一门基础学科，对于提高学生思想道德素质、科学文化素质，对于学生学好其他学科、今后工作和继续学习，对于弘扬民族优秀文化和吸收人类的进步文化，提高国民素质，都具有重要意义。”以上对于“语文”的解释，清楚地表明了语文学科对于其他学科的基础性作用，可以说没有语文就没有一切。语文学科是其他学科的基础，其他学科或者用数字，或者用公式，或者用图表，或者用地图，或者用颜色，或者用音符，或者用动作，但这些学科的教材都以语言为基本表达手段，这就体现了语文学科的基础性。

可以说，一个学生如果掌握不好语文这个工具，对他学好数学、地理、美术、音乐、舞蹈等都有很大影响。如果一个字理解有误，有可能算式就列错了；如果缺乏识字、解词、阅读等方面的能力，就不可能很好地理解地理、美术、音乐、舞蹈等课本知识。总之，任何学科的学习，都离不开祖国的语言文字，不然，一切教学活动都无法进行。学好语文对于学生学习其他各科知识，都有着重要意义。

教育部高教司《大学语文教学大纲》(征求意见稿)为我们指出了大学语文教学的方向，但由于大学语文教材版本多，教学内容多，但师范生生源素质差，教学时数有限，师范生角色特殊，而且教学对象来自不同专业，所以要根据学生实际精选教学内容。笔者所在师范专科学校所选教材是徐中玉、齐森华编写的《大学语文》（增订本，华东师范大学出版社，2001年版）。目前，开设大学语文课程的有学前教育专业、音乐专业、英语专业、数学专业。作为师范专科学校的大学语文教师，面对不同专业的师范生，教师应该知道，这些学生的内在需求不同，学习基础不尽相同，学习能力也有所区别，所以，学习内容必然要有所区别。因此，如何针对不同专业的师范生更好地开展大学语文教学，是我们每个大学语文教师都不能忽视的。

因此，大学语文教师不仅需要了解不同专业学生的特点，还应该对这些学生所学专业有大致的了解，这样才能在教学中结合不同专业学生的实际，使大学语文教学与学生专业知识的学习相得益彰。鉴于上述情况，笔者根据多年教学经验和学生实际，对不同专业学生的大学语文教学内容做出选择。笔者所在学校的大学语文教材篇目共有127篇，其中先秦——近代99篇，现当代23篇，外国5篇，分12单元。教材选择篇目以古代为主，再加课时少，所以笔者在教学内容的选择时，要难度适宜，针对性强。

一、学前教育专业

选择的原则倾向于人文教育。学前教育专业的学生毕业后大多将从事幼教工作，将成为祖国花朵的培育者。必须提高他们的“适岗”能力，提升他们的人文素养。“文学即人学”，大学语文教材中众多古圣先贤、志士仁人的典型事迹，都是对学生进行人格教育的宝贵资料。在教学过程中，教师可以适时地引导，将诗文中蕴含深层人文精神的内容挖掘出来，培养学生的理想人格。总之，我们可以从大学语文教材中发掘丰富的人文素质因素，让学生从中汲取智慧，受到审美熏陶，从而提升他们的人文素养，培养他们的人文精神。另外，学生人文素养的提高，仅靠有限的课堂时间是远远不够的。因此，要想提高学生的人文素养、培养人文精神，就应该鼓励他们进行大量的课外阅读。学生通过大量的课外阅读，了解祖国优秀的传统文化，这也是对学生进行人文素质教育的一项重要内容。注重对学生进行社会责任感、事业心以及职业道德教育，通过各种途径，提升学生的人格修养，使他们将来能够更好地从事幼教工作。为此，在对学前教育专业选择教学内容时，尽量要选择教材中适合人文教育的篇目。第一单元：品格·胸怀。所选篇目：先秦诸子语录（一）：《论语》《大学》《中庸》《老子》；苏轼的《前赤壁赋》、胡适的《不朽——我的宗教》。通过这些篇目的学习在潜移默化中提升学生的品格、陶冶情怀。第二单元：为政 · 爱国。所选篇目：先秦诸子语录（二）：《孟子》《礼记》；李斯的《谏逐客书》、曹操的《短歌行》、辛弃疾的《登建康赏心亭》、梁启超的《少年中国说》、舒婷的《祖国啊，我亲爱的祖国》。通过这些篇目的学习，培养学生的爱国精神。第四单元：人生 · 世态。所选篇目：《陌上桑》（选自《汉乐府》）、巴金的《爱尔克的灯光》。通过这些篇目的学习，了解人生、世态，从而培养学生正确的人生观。第五单元：亲情·人性。所选篇目：李密的《陈情表》、艾青的《大堰河——我的保姆》。通过这些篇目的学习，知道亲情的重要性和人性的美。第九单元：写景·记游。所选篇目：张若虚的《春江花月夜》、柳永的《八声甘州》。通过这些篇目的学习，不但让学生感受到景物美、诗句美，而且能体会到作者的追求。第十二单元：外国小说。所选篇目：契诃夫的《苦恼》、欧 · 亨利的《麦琪的礼物》。通过这些篇目的学习，了解外国社会，人情百态。共 72 课时。由于课堂时间有限，我们还应该给学生提供课外阅读篇目，让学生把语文的学习延伸到课外。

二、音乐专业

选择的原则要紧扣人文与艺术两大主题。音乐专业的师范生与其他专业的师范生比较而言，其专业知识的学习与语言文学关系更加密切，因此，在对音乐专业学生的大学语文教学过程中，应该充分考虑他们的专业背景，侧重培养他们的文化素养和审美素质，与他们的专业素养相辅相成。只有这样才能更好地激发音乐专业学生的学习兴趣，提高他们的文化素质和审美鉴赏力。大学语文教学内容的选择，要突出音乐专业学生的差异性，从他们的实际出发，注重学生情感的抒发；尽量选择那些精练、典型的文章，与学生的内在需求相吻合；另外，选择篇目以本国为主，兼顾外国文学史上的经典作品，时代的选择尽量古今相宜。如此，大学语文教学既突出了音乐专业学生的个性，也能很好地完成大学语文的教学目标。为此，在对音乐专业选择教学内容时，要尽量选择教材中既有人文教育作用又对专业学习有帮助的篇目。第一单元：品格·胸怀。所选篇目:《论语》(八则语录)、陶渊明《饮酒》(其五)、苏轼的《前赤壁赋》。通过这些篇目的学习，在感受语言美的同时，潜移默化打击提升学生的品格、陶冶情怀。第二单元：为政·爱国。所选篇目：李斯的《谏逐客书》、曹操的《短歌行》、陆游的《书愤》、辛弃疾的《登建康赏心亭》、梁启超的《少年中国说》、舒婷的《祖国啊，我亲爱的祖国》。通过这些篇目的学习，在体会音乐美的同时，培养学生的爱国精神。第三单元：社会·民生。《采薇》(选自《诗经》)、杜甫的《春望》、李煜的《虞美人》、范仲淹的《渔家傲》。通过这些篇目的学习，学生既能了解民生疾苦，又能感受诗歌的音乐美。第四单元：人生·世态。所选篇目:《行行重行行》(无名氏)、李白的《将进酒》、苏轼的《水调歌头》、李清照的《声声慢》。通过这些篇目的学习，让学生在感受音乐美的同时，了解人生、世态，从而培养正确的人生观。第五单元:亲情·人性。所选篇目：徐志摩的《再别康桥》、戴望舒的《雨巷》。通过这些篇目的学习，在体会诗歌音乐美的同时，体会诗人的情怀。第六单元：爱情·婚姻。所选篇目：李商隐的《无题》、秦观的《鹊桥仙》。通过这些篇目的学习，让学生在欣赏音乐美的同时，感受爱情美。第九单元：写景·记游。所选篇目：王维的《山居秋暝》、杜甫的《登高》、柳永的《八声甘州》。通过这些篇目的学习，不但能让学生感受到景物美、音乐美，而且能体会到作者的追求。共 72 课时。

三、外语专业

选择的原则要紧扣人文和文化两大主题。外语专业学生从整体上看，文科类学生居多，语文功底较扎实。而外语专业学生还受西方文化影响，思想活跃，敢于创新。为此，有必要对他们加强传统文化的教育。在教学中，应该适当选取中国传统文化中一些具有典范意义的作品，让学生通过阅读学习，感受中国文化的魅力，培养他们的民族情感。外语专业的学生的专业学习更多的是外国语言文化，所以教师要有意识地选择一些外国文学作品，在课堂教学中，教师通过具有可比性的中外作品，进行比较，如中西方文化的差异等，这样就可以调动起学生的学习积极性，突出外语专业的学习特点，很好地完成大学语文的教学目标。为此，在选择教学内容时，除抽选先秦语录外，侧重选择一些有可比性的中国作品和外国文学作品。为此，在对外语专业选择教学内容时，要尽量选择教材中有人文教育作用和充满文化气息的篇目。第一单元:品格·胸怀。所选篇目:先秦诸子语录(一):《论语》《大学》；庄子的《逍遥游》、陶渊明的《归园田居》(其一)、苏轼的《前赤壁赋》、胡适的《不朽——我的宗教》。通过这些篇目的学习在潜移默化中提升学生的品格、陶冶情怀，培养他们对祖国文化的感情。第二单元：为政·爱国。所选篇目：先秦诸子语录（二）:《孟子》《礼记》;《冯谖客孟尝君》（选自《战国策》)、《秦晋崤之战》（选自《左传》)、李斯的《谏逐客书》、曹操的《短歌行》、辛弃疾的《登建康赏心亭》、辛弃疾的《摸鱼儿》、梁启超的《少年中国说》、穆旦的《赞美》、舒婷的《祖国啊，我亲爱的祖国》。通过这些篇目的学习，培养学生热爱祖国文化的精神。第三单元：社会·民生。《采薇》（选自《诗经》)、王昌龄的《出塞》（其一）、姜夔的《扬州慢》。通过这些篇目的学习，学生既能了解民生疾苦，又能感受到祖国文化之美。第四单元：人生·世态。所选篇目：苏轼的《水调歌头》、李清照的《声声慢》、傅雷的《心灵的灰烬》。通过这些篇目的学习，了解祖国文化，了解人生世态，从而培养正确的人生观。第五单元：亲情·人性。所选篇目：韩愈的《祭十二郎文》、归有光的《项脊轩志》、徐志摩的《再别康桥》、宗璞的《哭小弟》、张洁的《拣麦穗》。通过这些篇目的学习，让学生在感受文化之美的同时，知道亲情的重要性和人性的美。第六单元：爱情·婚姻。所选篇目:《蒹葭》（选自《诗经》)、白居易的《长恨歌》。通过这些篇目的学习，感受文化美和爱情美。第十一单元：中国小说。所选篇目：曹雪芹的《红楼梦》、鲁迅的《风波》。通过这些篇目的学习，让学生体会中国的文化之美。第十二单元：外国小说。所选篇目：托尔斯泰的《舞会之后》、契诃夫的《苦恼》、莫泊桑的《绳子的故事》、欧·亨利的《麦琪的礼物》。通过这些篇目的学习，了解外国社会，人情百态。共108课时。

四、数学专业

选择的原则紧扣人文科学与自然科学两大主题。人文科学与自然科学看似互不相关，但实质上它们之间有着必然的关系。一个人要想成就伟大的事业，没有足够的人文底蕴是绝对不行的。人文科学是人类智慧的结晶。它对自然科学的发展具有指导作用。有人把科学与人文的关系比喻为发动机与方向盘的关系。人文科学虽然不能直接产生经济效益，但能为自然科学提供正确的导向，而且自然科学的研究者如果能吸取一些人文科学知识，更有助于激发他们的创新能力。人文科学的思维方式大多是形象感性的，文学作品中的想象、幻想等形象思维活动，对学习和研究自然科学者同样有帮助。像爱因斯坦、华罗庚、苏步青、钱学森等伟大的科学家无不具有伟大的人文情怀，他们的研究也一定受到了这种人文科学思维方式的启发。所以，数学专业的学生接受一些人文知识，能帮助他们突破思维定式，获得启发，提高他们的专业学习水平。为此，在对数学专业选择教学内容时，尽量要选择教材中有人文教育作用和与自然科学相关的篇目。在第一单元：品格·胸怀。所选篇目：先秦诸子语录（一）:《论语》《大学》；胡适的《不朽——我的宗教》、爱因斯坦的《我的世界观》。通过这些篇目的学习，在潜移默化中提升学生的品格、陶冶情怀，树立正确的人生观、世界观。第二单元：为政·爱国。所选篇目：先秦诸子语录（二）:《孟子》；曹操的《短歌行》、王安石的《答司马谏议书》、梁启超的《少年中国说》、鲁迅的《中国人失掉自信力了吗》、舒婷的《祖国啊，我亲爱的祖国》。通过这些篇目的学习，培养学生的爱国精神。第三单元：社会·民生。高适的《燕歌行》、王昌龄的《从军行》（其四）、姜夔的《扬州慢》。通过这些篇目的学习，学生既能了解民生疾苦，又能感受到祖国文化之美。第四单元：人生·世态。所选篇目：李白的《将进酒》、茅盾的《沙滩上的足迹》、梁实秋的《钱》。通过这些篇目的学习，让学生了解人生、世态，从而培养正确的人生观。第五单元：亲情·人性。所选篇目：李密的《陈情表》、艾青的《大堰河——我的保姆》。通过这些篇目的学习，让学生知道亲情的重要性和人性的美。第六单元：爱情·婚姻。所选篇目：苏轼的《江城子》、李清照的《醉花阴》、陆游的《沈园二首》。通过这些篇目的学习，让学生感受文化美和爱情美。第八单元：怀古·咏史。所选篇目：陈子昂的《登幽州台歌》、杜牧的《过华清宫》(其一)。通过这些篇目的学习，让学生体会到作者的感情和追求。第十单元：论文·品艺。邓拓的《共通的门径》，通过此文的学习让学生真正理解学习和掌握语言文字和一般逻辑知识等基本功的重要性。共72课时。因为教材所选教学内容只有爱因斯坦与自然学科有关系，所以笔者只能在学生平时作业中安排学生收集科学家的故事。

第四节　大学语文教学的三重维度

语文学科创建于20世纪初，具体标志是1904年的癸卯学制，这个学制是中国现代教育分科教学的起点，国文成为独立学科。在此之前，中国学术是文史哲不分的，如叶圣陶所说，“整个就是一个语文学科”，也就是所谓“大语文”或者“大文科”。分科是对语文学科内容的分解，文学、政治、历史、地理、常识等都成为独立的学科。那么，现在，既然要正本清源，为“大学语文”课程重新定位，就必须回到“文史哲不分”的那个原点，即树立“大文科”意识，建构文史哲融通培养的“大文科”人才培养模式。这是当今高等教育文科专业发展的必然趋势，本身也隐含着民族文化复兴的战略思考。党的十八大报告主张“文化产业成为国民经济支柱性产业”，呼吁“中华文化走出去”，号召全国人民努力建设“社会主义文化强国”。这不仅为中国21世纪的文化产业建设指明了方向，对高等教育尤其是大学语文课程建设与教学改革同样具有伟大的战略指导意义。

一、大学语文课程建设的三重维度：文化通识教育、母语审美教育与生命情感教育

托·斯·艾略特在《教育的宗旨》一文中认为依据最晚近的意义看待教育，即“文化，或者综合能力的发挥，性格的形成”，为了说明此义，他引用了西·埃·米·乔德博士在《关于文化定义的札记》中列举的三大教育目标：“帮助少年或少女日后能够自食其力；培训他们日后有资格在一个民主国家中恪尽公民的义务；帮助他们发挥所有的潜力和天赋而可以享受美好的生活。”其中第一项职业目标，“一望而知是次要的旨趣，除非我们决定，十分狭隘地限定‘教育’的意义”。第二项社会目标意在培养公民的素质。第三项借用马修·阿诺德的说法，则旨在追求个人精神完美的境界。后两项要求超越了狭隘的职业化内涵，或

者说努力适应客观环境变化的那种教育，着眼于社会群体一分子的自我认同、永恒的意义和完美的修养。大学语文课程作为高等教育阶段迈入专业学习之初的基础课程，理应在教育的根本宗旨上有所开拓发挥，为学生未来的成长做好铺垫，点染健康的底色。具体来说，就是坚持三重维度：文化通识教育、母语审美教育与生命情感教育。

（一）文化通识教育维度

宋代思想家张载认为读书人的使命之一在于“为往圣继绝学，为万世开太平”，前者呼唤民族文化意识的自觉；后者则阐释了民族文化的存续与民族振兴、社会发展之间的深刻联系。大学语文课程教学只有站在振兴民族文化的高度才能获得取之不尽的源泉和生生不已的驱动力。从个人发展的角度讲，人的社会性和公民身份认同决定了他不能脱离他的文化世界：民族的、历史的、时代的，乃至其他。广义地说，所有的专业学习，都是一种文化学习——一定时空的科学文化与作为它的土壤的民族文化（历史的承传和现实的发展）。只不过，一般的教育学家多把“科学”与“文化”对举，特别强调后者与人的成长在教育中具有决定性作用。换言之，教育的真谛是让人成为人，让公民成为公民。大学语文课程作为人文修养类课程之一，也只有牢固地坚持“文化通识教育”的第一维度，才能与专业教育融通互补，发挥点染人生底色的作用。作为文化通识教育的大学语文，应具有多种文化形态的包容性。在传承民族文化的同时，也可以适当地介绍异域的特色文化。当然有限的大学语文课堂企图容纳无限的文化元素是不可能的。这就需要在教材的编撰和教学的开放性上下功夫。英国诗人布莱克吟咏：“从一粒沙看世界，从一朵花看天堂。把永恒纳进一个时辰，把无限握在自己掌心。”套用于语文教本，就是要以点带面，选择具有丰富暗示性，能引发学生自由联想、唤起他们主动学习欲望的经典文本。

教育家叶圣陶也说：语文教本只是些例子。故而，传统国学精华的许多方面可以撷取。在这一点上，湖北乃至全国各种大学语文教材都做得极好：禅道养生文化、园林建筑文化、茶文化、瓷文化等物质文化，城市文化、乡土文化等风土记忆均以名家散文或特约撰写的美文导言形式进入教材。这样的教材，看似大杂烩，却有效地避免了单一的唐诗宋词元曲明清小说等文学经典带来的审美疲倦，开阔了学生的视野，调动了他们课外进一步自主探究学习的兴趣。例如，汪曾祺为摄影艺术集《胡同之没》所写序言《胡同文化》入选上海市二期课改高中语文教科书，川端康成的《我在美丽的日本》作为日本民族美学导言文本入选黄冈师范学院陈淑梅教授主编的《大学语文》教本，《江南小镇》《中国古典美学：儒释道美学》《文化视角中的中国文学精神》《汉字与中国文化》《中国文化概述》等篇目寓文化通识教育于美文阅读，故均入选湖北大学杨建波教授主编的《大学语文》（北京大学出版社 2010 年 2 月版）。池莉的《老武汉：永远的浪漫》、陆文夫的《老苏州：水巷寻梦》、于坚的《老昆明：金马碧鸡》等“老城市系列”，黄梅五祖寺净慧长老关于生活禅的开示等，既能适应地方文化开放的需要，又能充分体现“大语文”的包容性，或能成为地方高校大学语文自编教材的资源宝库。作为文化通识教育的大学语文，不能仅停留于空洞的理论说教，而应倡导健康的民族人文精神。所谓的文化传承，虽然离不开文本结晶、物质形态和水土环境，然而其中最宝贵的当数健康的民族精神、深刻的乡土城市情结，对瓷茶等物质文明的缱绻眷恋中蕴含的那份现实生活热情。北京奥运展示的那一幕幕似曾相识的炫目光影对于世界了解中国是有益的，但中国之为中国，却真实存留在丰富的民间社会生活里，闪烁于浩若烟海的中国汉语经典中。

故而，大学语文课堂不能仅以汉语文本作为教学的起点和终点，而应注重情感引导和文化精神的承传，诸如张承志提倡的“清洁”精神，儒墨释道关于仁爱、侠义、慈悲和自由的思想表达。从这一意义上讲，大学语文作为高等教育阶段的文科通识课程，也具有民族文化精神启蒙的重大意义，既能调节大学生的思维习惯、文明素质单一西化的倾向，又可以强化其民族自尊和自信心，为中华民族的伟大复兴做好最生动坚实的心理铺垫。作为文化通识教育的大学语文，致力于民族文化自我认知和真实的自我形象建构，客观上有利于中外文化交流的进一步深入。随着中国的逐渐强大，全球各个国家和地区纷纷对中国这一昔日被妖魔化的国度产生了浓厚的兴趣，掀起了汉语学习的一股股热潮，很多地方还建立了孔子学院。他们不再满足于汉语单纯的“听说读写”，试图更深地认识“中国速度”，体味汉字这种神秘的象形文字背后隐藏的文化密码。俗话说，“知己知彼百战不殆”，在这种背景下，中国学生对自家文化和民族形象的认知越发显得重要。

（二）母语审美教育维度

随着美学理论和文学艺术实践的发展，审美在人的精神活动中的功能已越来越为人们所重视，审美教育不仅成了当今教育的重要组成部分，而且大有成为整个教育的基础和教育改革突破口的趋势。“审美教育，并不是专指某种艺术技巧的教育，而归根结底是培养人的一种有机的和整体的反应方式的教育”“作用于人的感知、想象、情感、理解等诸种心理能力，使他们处于一种极其自由和和谐状态”，这“正是造就一个完美的人格的基础训练”。审美教育要求师生共同创造平等交流的气氛，在具体可感的形象或生动的模式中教学相长，最终建立审美心理结构，培育敏锐的感知能力、丰富的想象力和直觉的理解力。大学语文坚持母语审美教育维度，不仅是造就个体完美人格的需要，也是文化精神民族性的体现。“五四”时代的蔡元培先生曾经提出以“美育代替德育”的主张。在 17 世纪德国四分五裂的时代，作家席勒出于德国文化启蒙和统一的紧迫要求，写下《审美教育书简》这本小册子，希望德国人能从独特的民族审美中重拾自信，最终实现民族振兴。日本在文学艺术中传达的“物哀”“幽玄”与“寂”的美学观念如今已成为大和民族的美学精神。虽然这些观念与中国情景交融的抒情艺术、言有尽而意无穷的语言表达技巧、动静不二的禅趣有一定的渊源，但这与日本刻意渲染民族性的审美观念，刻意强调民族性的审美体验也有密切关系。中国文化复兴不能凌空蹈虚，行纸上谈兵之举，在国民教育中不能单纯强调普世价值，也应大力推进民族性的审美文化建设和审美教育。民族文化的生命力与汉字母语、汉文学的持久的美密切相关。大学语文课程理应成为高校审美教育的开幕式。大学语文坚持母语审美教育维度，要求教学文本和教学过程适应审美教育的上述原则，尤其要挖掘汉字母语的美，引领学生认识母语在激发想象、培育情感方面的作用。汉字“法天象地”的创造历程能让师生感受神奇的宇宙大美。每一个汉字都是一本书、一个世界、一个文化的宝库、一个审美的舞台，是一个衔接宇宙先天与人类后天的脐带。从汉字，到汉语言、汉文学、汉文化，这是一个美的链条。

在体验汉文学与文化之美的过程中接受汉语之美的洗礼，在培育丰沛的审美体验和汉语语感的潜在进程中巧妙地推进工具语文训练，这比单纯的“语文教育”和狭隘的道德教育，无疑更胜一筹。只有中华民族的母语审美能力成熟了、提高了，汉语言文字背后蕴含的文化之美，也即民族化的美才能征服世界，才能真正地走向世界。只有充分民族的，才是充分世界的。大学语文的生命情感教育并非师生之间单纯的知识交流，它要求师生共同探究课堂教学中的生命情感意义，以人的生命发展为中心展开由语言、情感到灵魂层面全方位的互动交流，要求师生在对话中还原与超越生活世界，进而培育出终生关注生命、理解人性、关怀人生的思维习惯，养成适合自我生命创造的健全的个体人格。大学语文课堂作为人文精神的培育基地，理应把生命情感教育与母语审美教育融合起来，培育人文精神，实现“完整的人”的教育。

二、三重维度统摄下的大学语文教材建构与教学改革

狄更斯的《双城记》中有一句十分精彩的话：“那是最美好的时代，那是最糟糕的时代；那是智慧的年头，那是愚昧的年头；那是信仰的时期，那是怀疑的时期；那是光明的季节，那是黑暗的季节；那是希望的春天，那是失望的冬天；我们全都在直奔天堂，我们全都在直奔相反的方向——简而言之，那时跟现在非常相像，某些最喧嚣的权威坚持要用形容词的最高级来形容它。说它好，是最高级的；说它不好，也是最高级的。”其实这段话也非常适于当下这个喧嚣浮躁的时代。这个时代的物质文化生活水平超过了以往任何一个时期，然而实用主义、功利主义的甚嚣尘上已经使得这个时代陷入一种空前的精神危机之中。时代的症候引起了审美趣味的多元化、低俗化，作为审美主要形态之一的文学也趋于商业化与边缘化。面对种种病态的审美趣味和这一系列乱象横陈的文学现象、社会现象，在这样一个尊重个体人权、强调平等意识和话语独立的时代，我们不可能以权威的身份强令制止，只能通过长期的文化通识教育、母语审美教育、生命情感教育达到化育人格、移风易俗的作用。不过，这一作用的发挥取决于经典的教学案例和有效的教学方法，即合乎时宜的教材建构与教学改革。

（一）教材建构经典阅读、时尚快读与审美理论导读三者有机结合

首先，每一个学生，都有内在的生命图像，“全体图像先行，具体的部分再在后来的时间中出现，也像哲学讲的目的论，是目的先于手段、成长而存在的，面对这种特质，如果我们想用单点突破来改变这个图像，其实很难，你只能用一个图像诱引整个图像的转

变”。落实到教学过程中，就是学生的学习，是“全体领受”的，要“全体呼应”，“有全体决定部分的观念，从整体氛围入手，让与他相契的在此作用。即使要改变他，也得从这基础上逐渐改变”。文学经典和超越文史哲的民族圣经元典在刻画学生内在的生命图像中，无疑能发挥根本性的诱引作用。阿尔弗雷德·诺思·怀特海在《古典作品在教育中的地位》中也特意强调了这一点，他认为“教育始于特殊的事实”，融通文史哲的经典阅读就是引领学生“全体领受”的典型特殊事实，它既是全体的，又是特殊的，是生命的共相与个相的统一。

首先，据了解，近几年湖北大学语文学界都不同程度地加大了超越文史哲的经典文本在教材中的选录比例和教学力度。其次，在当今学科化、专业化已成为世界大势的背景下，“文学”意义上的审美早已成为知识界的口头禅，“文学”大众化、审美多元化在适应人们不同层次的精神需求之外，也给人们造成了一种“无中心，无主流，存在即合理”的审美错觉。许多流行的所谓“美学原则”作为现代“自大”症的垃圾副产品，已经背离了真实原则。“美”固然不是真、善，然而，高大上的美却离不开真、善。鉴于此，大学语文课程理应在这个信息泛滥、经典缺失、审美多元的时代，对青少年进行必要的审美引导。在教材编选时，可适当引入审美鉴赏理论文本，提高学生在纷繁复杂的作品中披沙拣金，选择阅读和分析鉴赏的能力，培养他们纯正健康的审美趣味。杨建波的《大学语文》阅读欣赏指导读物入选三篇:《中国古典美学——儒释道美学》《〈人间词话〉六则》《宇宙与生命的诗意阐释——〈春江花月夜〉赏析》，既有理论介绍，又有鉴赏实例，最为典型。最后，大学语文课程的授课对象是21世纪的青年大学生，他们所受的教育和生活环境与父祖辈完全不同，日常阅读也呈现出读图时代的诸多特征：缺乏形而上的思想深度，注重自我情绪的宣泄，追求时尚、流行、感官化的文字效果；洋溢着鲜明的青春气息。新生代和“90后”“00后”的网络写作的繁荣代表了这样一种趋势。

鉴于此，《大学语文》教本在重视元典、文学名著之外，可以酌情选入一定比例的、思想前卫而艺术不俗，整体趣味处于雅俗之间的新潮网络作品，是有必要的，这并不等于机械地迎合学生或向世俗趣味投降，而是要顺势利导，在鉴赏中培养大家对文学的兴趣，在与经典作品的比较分析中培养健康、纯正的审美趣味。这便是《华严经》婆须密多女“先以欲勾牵，后令入佛智”的方便法门，与“大力发展和传播健康向上的网络文化”也是一致的。

（二）教学改革：课堂网络化与开放式课堂

笔者在上文中阐述了大学语文教学的三重维度，在明确课程定位、丰富课程内涵的同时，也为教学增加了前所未有的难度，这就要求大学语文教学走向开放，实现网络化、立体化。网络作为继报刊、广播、电视之后发展起来的第四媒体，本身的双向性和互动性都是其他三大传播媒体所远远不及的。在实际生活运用中，网络一直在娱乐、通信、资料搜索等方面发挥作用，并没有更深入地与教学活动发生融合。在大多数学校的教学实践中，电脑虽然已经普遍地运用到教学及交流中，但是大多只是通过电脑课件 PPT 的形式对学生进行教学，或者是在学校的官方网站上设置 BBS 自由论坛，让学生在生活、学习各个方面发表自己的态度和意见。要真正利用网络媒体，必须引导学生建立正确的网络学习观，在教师合理的网络示范引领下，培育学生主动开展主题学习的能力，构建开放式课堂。具体包括以下两点。

一是借助课堂网络超链接和视频剪接来辅助纯教本式的教学。课堂网络化可有效地推进教学激励机制的建构，是促使教学相长的重要平台。一旦网络化，任课老师将不得不抛开一本教辅、一本教材包办课堂的传统模式，积极搜索大量资料，开展深度阅读，做更全面、更生动的备课。学生的学习兴趣和主动性也能空前地调动起来，不再满足于做课堂被动的信息接收者，主动享受发现未知、深度学习的乐趣。课堂教学自然就延伸到了课外。“问渠哪得清如许，为有源头活水来”，唯有网络活水注入，课堂教学才能以开放的姿态真正获得持续发展、增值的生命。这主要体现在视频剪接和网络超链接两方面。一方面，课程 PPT 可以剪辑视频文本，如影片、纪录片、用于翻转课堂的教学视频、相关文艺讲堂节目等。另一方面，PPT 中建立大量“知识点”之间的相关性、对比性链接，提供课外学习参考的国内外网站链接。大学语文任课教师可以向学生提供学习网址、电子书籍、报刊等学习平台，以供自行搜索、下载学习之用。视频链接、知识点超链、课外网站链接，与纸质文本一样，既可以丰富、深化教学内容，建构学生对知识点的立体认知，又可给学生留下广阔、开放的思考空间，提供终身学习的不竭动力。这样的高效课堂，如《华严经》“帝网重重”，相互映发，必将引领学生享受“如入山阴道中，目不暇接”的求知愉悦。二是根据课程特点设置类似于 BBS 论坛性质的空间，针对某门课程进行论坛讨论，将教师授课与学生互动较好地结合起来。

这样有利于调动学生的积极性，让学生深入所讲授的内容之中。学生在网络空间内对教师所授内容进行及时讨论，这种讨论不单是学生对教师的总体评价的宏观把握，更有具体到每一次授课内容的微观探讨。网络的匿名性可以提供给学生一个较为隐蔽的空间，这样更能够激发学生的学习积极性，很多在课堂不便说的话，都可以通过网络的形式进行自由的思想表达，教学的魅力不仅仅有教与学，更有观点的碰撞和争鸣，而这也是教学所应呈现出的特征和魅力。当然，如果需要结合发帖数量、质量对学生课程成绩进行平时考核，也可以采用实名制。除此之外，班级群、留言板和邮箱也可以起到反馈、交流以促进课堂教学进一步优化的目的。当然，在借助网络教与学的同时，必须避免两个误区：首先，不能把对民族元典与文学经典的品读变成快餐文化式的饕餮之举；其次，不能用网络搜索代替记诵吟咏，用相关视频代替文本阅读，用拾人唾余代替独立思考。网络技术只有以其工具性的存在服务于“人”对宇宙人生的直面叩问，服务于文化素养的提升，服务于母语审美能力的培育，才能真正体现其价值。

综上所述，当下高等院校的大学语文课程作为文化通识教育、生命情感教育、母语审美教育三维合一的高校基础人文课程，既可以依托信息技术环境，帮助大学生传承文化、涵养人格、砥砺品行，引领他们摆脱文化殖民者刻意植入的他者心态，教他们学会自我认知、自我建构真实的中国形象，又可以教他们理解生活，使人生艺术化，最终实现“诗意的栖居”。也只有从这样的高度去把握和建设大学语文，大学语文才能有效地与国家文化战略接轨，与教育的根本目标相应，甚至成为教育改革的先锋示范课程。

第五节　重新定位教学目标

大学语文近年来的发展不容乐观，大学语文教师也感到很无奈。但是，我们一定要坚信，随着我国素质教育的全面发展和国家教改工作的真正贯彻执行，大学语文的重要作用一定会被充分认识，也将被肯定，当然，更需要一线的大学语文教师以及从事大学语文研究的教育工作者不断地探索、改革。切实进行大学语文教学的改革，是摆在大学语文教学和研究的教育工作者面前的一项重要任务。笔者联系调查结果和师范生的实际情况，根据自己的教学经验，在对大学语文教学存在的问题进行阐述和分析的基础上，提出了大学语文教学的改革对策。

教育部高教司《大学语文教学大纲》(征求意见稿)中指出，在全日制高校设置大学语文课程，其根本目的在于：充分发挥语文学科的人文性和基础性特点，适应当代人文科学与自然科学日益交叉的发展趋势，为我国的社会主义现代化建设培养具有全面素质的高质量人才。师范专科学校大学语文和本科大学语文相比，应该有自己的特殊性，本科大学语文侧重于“人文性”的培养。而师范专科学校的大学语文教学由师范生的特殊情况和语文学科的性质决定了，既包含“人文性”，同时还要注重“基础性”和“工具性”。师范生是未来的小学教师，小学教师的特殊角色，要求师范专科学校大学语文教学首先要把人文性放在第一位，在潜移默化中提高学生的人文素养；其次，要突出语文的基础性和工具性，促进学生的全面发展。

2001年颁布的《语文课程标准》设定高职高专院校的教学任务是：在中学语文教学基础上，通过听、说、读、写的强化训练，使学生获取大量的信息，能有效地进行多方面的交流，以提高他们驾驭语言文字的能力和语言文学修养，进而内化、升华人文素养。从《标准》中可以看出，通过大学语文教学，培养学生“驾驭语言文字的能力”和“语言文学修养”，从而实现“内化、升华人文素养”的目标。然而，在师范专科学校的大学语文教学中，出现了大学语文教学目标的偏颇。由于师范学校生源素质偏低，语文基础薄弱，在教学中，老师把太多的时间用在讲解语文基础知识上，侧重在文章内容的理解和分析上，没有足够的教学时间去完成其他的教学目标。这在一定程度上注意了学生“驾驭语言文字的能力”的培养，却忽视了对学生“语言文学修养”的培养，最终很难实现“内化、升华人文素养”的目标。也有一些大学语文教师在大学语文教学中重视大学语文“人文修养”目标的培养，人为地扩大大学语文的功能，这样又忽视了培养学生“驾驭语言文字的能力”

和“语言文学修养”的目标。师范专科学校学生语文基础和特殊角色，决定了大学语文教师在教学时，要教给学生语文基础知识，逐步培养学生“驾驭语言文字的能力”，提高他们的“语言文学修养”进而注重学生人文素养的培养。

一、大学语文课的性质

（一）基础性

大学语文课的性质是由语文学科的性质决定的，语文学科的基础性决定了大学语文也应该首先体现它的基础性上。语文是其他学科的基础，其他各科的学习，都需要以语文为媒介。语言文化基础知识的缺失，会直接影响其对其他学科的知识与技能的理解和把握。例如，我们熟知的苏步青、李四光、钱学森、李政道等科学家，他们不仅具有扎实的专业知识，而且有非常渊博的语言文化知识，正因为如此，才能将自己的科技成果及时、准确地表达出来，为社会做出巨大贡献。总之，无论是哪个知识领域的学习，都离不开深厚的语文基础。

因此，属于语文学科的大学语文，我们应该首先重视语言文化等基础性的学习，尤其在我们师范专科学校，更要重视语文基础知识的学习，这对于学生的专业学习和综合能力的提高都是非常必要的，也为他们今后的学习和工作打下了坚实的基础。

（二）工具性

大学语文课的工具性是由语文的工具性决定的，“什么是语文？平时说的话叫口头语言，写在纸面上叫书面语言。语就是口头语言，文就是书面语言。把口头语言和书面语言连在一起说，就叫作语文”。可以说，学习语文就是帮助我们提高口语和书面语的运用能力。语文就是人们进行交际和交流思想的工具，是人类知识、信息的载体，有了语文人类的文明才得以传承，才有了现代科技的发展。大学语文以语言为根本，学好大学语文，有助于我们更好地学习其他专业知识和个人能力的发挥。笔者所在师范专科学校的学生，大多口头表达能力欠佳，课堂回答问题支支吾吾、语无伦次，更别说在大庭广众之下出口成章、侃侃而谈，就连在毕业应聘时也不能流利地进行自我介绍。所以，大学语文要发挥工具性，努力提高学生的口头表达能力，也要提高他们的书面表达能力，因为每个学生，不管学习什么专业的，都要不可避免地去做老师或学校布置的各种作业，如平时作业、小论文、毕业论文等，都需要学生能够熟练地运用书面语言，表达自己的思想和见解，完成老师或学校交给我们的任务。

总之，通过大学语文课的学习，一定要帮助学生运用语文这一工具，把自己的专业所学充分发挥，这是摆在我们面前的现实问题。

（三）人文性

语文是工具学科，语文最基本的“人文性”就体现在工具为人服务上。大学语文是人文学科，当然要体现人文性，大学语文没有了应试教育的束缚，应该走上素质教育的轨道上来，大学语文教学要更具人性化。大学语文教材所选的作品，都是古今中外的优秀篇目，体现了作家高尚的理想、人格和积极上进的精神。大学语文教师要通过更加人性化的教学方法，选择最优秀的适合不同专业学生学习的作品，激发学生的学习兴趣，通过教师的引导，作品的教化，使学生在不知不觉中受到熏陶和教育，进而提升他们的人文素养。这是由语文学科的人文性特点所决定的。总之，笔者所在师范专科学校的大学语文教学要达到基础性、工具性与人文性的统一，三者缺一不可。

二、定位教学目标

大学语文既然姓“大”，那么大学语文教学就与中学语文教学要有各方面的不同，也应该有自己明确的教学目标，大学语文的教学目标应该是在学生语言文学知识提高的同时，培养他们的阅读能力、训练他们的口语表达能力、提高他们的写作水平、培养他们的审美鉴赏能力，进而在潜移默化中提升他们的人文素养和综合素质。然而，大学语文教学时数有限，要在这么短的时间内使学生在以上各个方面都有极大的提高，也是不现实的。我们定位明确的大学语文的教学目标，是要使大学语文教师有明确的方向，知道开设这门课的最终目的。这样才能使我们在教学内容和教学方法的选择等各个环节，做到心中有数。当然，语文素养的提高光靠每周两节的大学语文课是有限的。大学语文教学，起码能起到一个抛砖引玉的作用，能激发学生对语文的兴趣，使他们主动去阅读，养成良好的阅读习惯，通过大量的阅读不断提高自己的语文素养。

要想开好大学语文课，真正扭转其边缘化的地位，在大学教育中站稳脚跟，使之成为一门真正能满足学生和社会需求的，有实际存在意义的课程，就应该首先明确它的教学目标，并能在教学实践中真正贯彻落实。大学语文课的性质和师范专科生的实际情况，决定了师范专科学校大学语文教学目标的定位如下：

（一）掌握语言文学知识

师范专科学生的语文基础相对薄弱，而且对语文知识也只有零散的记忆，因此教师必须督促师范生掌握基本的语言文学知识，扩大他们的知识面，同时帮助他们建立一个比较系统的语文知识体系，在潜移默化中提高他们的人文素养和综合素质。所以，笔者所在学校，不同专业的学生都有必要懂得一些语言文学知识。虽然他们在中小学一直学习语文知识，但是在中小学时期，学生所学语文知识可以说是支离破碎的，对语文的知识结构没有一个简单的架构，更缺乏整体上的把握。笔者在教学每单元知识或某种文体时，首先以文学史为纲，帮助学生回顾在中小学阶段学到的语文知识，帮助他们简单架构文学史线索，了解中国文学史的发展脉络。然后结合其中的优秀作品的学习，让学生熟悉我国文学宝库中那些璀璨的文化，让他们在学到语文知识的同时，也在潜移默化中提高自己的人文素养。如讲到《诗经·氓》时，我们首先需要让学生掌握《诗经》是我国最早一部诗歌总集，共305篇，《诗经》“六义”分为“风、雅、颂、赋、比、兴”。然后和学生一起理解课文。讲到《论语》时，首先介绍《论语》是一部记录孔子及其弟子言行的书。“论语”名字的由来，“论”是编纂的意思，“语”是语言的意思，“论语”就是语言的编纂。然后再学习教材所选八则语录。通过这些语言文学知识的学习和掌握，使学生对祖国语言有更深刻的了解，在祖国优秀文化的熏陶下，热爱祖国文化，热爱祖国。

（二）增强阅读能力

祖国的语言文化博大精深，单靠几节课的语文教学时间是不可能学好语文的。所以，还需要我们大量地阅读，通过各种途径的阅读，充实我们的知识积累。现如今，社会发展进入了快车道，知识更新快，科技信息日新月异，我们要想紧跟社会的发展，就必须通过各种途径获取这些知识信息，而获取这些信息的主要手段就是阅读。

因此，我们在教学中要给学生灌输积极主动的阅读思想，激发他们的阅读兴趣，培养他们的阅读能力，进而养成良好的阅读习惯。当然，在对课文内容进行教学时，教师也应该适当地教学生一些阅读的方法，如对课文所表达的主题思想的理解、体会作品的感情等。与此同时，教师应该有计划地给学生推荐阅读书目，要求学生在课外阅读中获取材料，引导他们在阅读过程中积极地积累，实现课内外相结合，养成良好的阅读习惯，为今后的学习和工作以及终身学习打下良好的基础。

（三）训练语言表达能力

语言表达能力，是人在社会活动中必须具备的一项基本能力。语言是人类最重要的交际工具，一个人如果不能准确地理解和良好地运用语言，那么他就很难在社会上生存，更别说发展。尤其是师范生将来大多要从事教学工作，如何更好地把知识传达给学生，如何与学生更好地沟通交流，这是他们教学工作中需要的一项重要能力。所以，如何使师范专科学生的语言表达条理清晰，活泼生动，需要大学语文教师有意识地培养他们的语言表达能力。在大学语文教学过程中，我们要尽可能多地给学生口语表达的机会和指导他们怎样表达得更好。如每堂课前，教师可以安排学生 3 ~ 5 分钟的时间，让他们讲自己喜欢的故事，锻炼他们的语言组织和口语表达能力。课堂教学环节，教师也要多给学生口语表达的机会，多向学生提问题，这时教师要对学生所答问题做出鼓励和评价，让学生注意自己的口语表达，如要做到精确、流畅、幽默、生动等。教师也可组织学生进行多种形式的活动，如朗诵、演讲、讨论、辩论赛等，利用一切机会培养锻炼学生的语言表达能力。通过大学语文教学，引导学生可以在各种场合、各种活动中锻炼自己的口语表达能力，包括沟通与交际能力等，使学生在今后的教学岗位上能够做到得心应手。

（四）提高写作水平

文艺理论家周扬指出：“不论是想当作家的人，还是不想当作家的人，都应努力提高写作水平，这是关系到我们国家的科学文化水平的提高问题，一个有文化的国家，人人都应获得这种能力。”当今社会人们有了及时快捷的通信工具，越来越多的人认为写作离自己远了，需要什么文章都可以在网上找到。但是首先网上有的内容不一定适合我们；其次，我们也不可能全盘抄袭，只能作为参考。所以，对于师范专科学生来说，也很有必要提高写作水平。因为，在我们的学习、生活、将来的工作中都离不开写作。也有人认为，写作能力的培养是中学语文的教学任务，但是，我们也要知道，师范学生的写作水平非常差，他们的作文思路不清、层次不分，没有文体特征。笔者所在师范专科学校，80%的学生平时练习的作文和考试的作文，都达不到作文要求。因此，写作能力的提高，不仅是大学语文教学的要求，也是为师范生今后的工作和生活做准备，不管他们今后从事什么工作，什么职业，都要用到写作，所以师范学生必须掌握一定的写作基本技能。

在大学语文教学中，教师要循序渐进地锻炼学生的写作能力，包括写作知识的讲解、写作技巧的指导等。当然，写作水平的提高还需要学生更多的阅读，为写作积累素材。总之，要使师范生的写作水平逐步提高：层次分明、语句通顺、主题明确，合乎文体规范。

（五）培养审美鉴赏力

审美教育就是“按照美的规律、用美的信息去激发、引导学生的审美心理和情感，培养学生符合人类崇高理想的审美意识，帮助学生获得健康的心灵和高尚的审美情趣”“逐步形成正确的审美观念和健康的审美品质，把握辨真伪，识善恶，分美丑的正确的审美准则，提高学生的审美素质和审美能力，以培养全面发展的人”。由此可以看出，审美教育对学生的重要作用。蔡元培先生也曾说过：“凡是学校，所有的课程都没有与美育无关的。”这样说来，语文与美育有着密切的关系。因为文学是语言文字的艺术，是社会文化的一种重要表现形式，是对美的体现。可见，审美是文学本身具有的特质，对学生进行审美教育也是文学特有的一种教育功能。大学语文教学在一定程度上能够帮助培养学生的审美鉴赏力。

笔者所在学校的大学语文教材中，都是古今中外的优秀文学作品，作品中包含着美的语言、美的形象、美的意境等。大学语文教学中许多篇目如《再别康桥》《雨巷》等，展现出的语言美、意境美、情感美，让我们回味无穷；《长恨歌》《陌上桑》等篇目中的女主人公形象，让我们在想象她们形象美的同时感受她们的人格魅力。在教学过程中，老师要带领学生欣赏美的语言、美的意境、美的形象，在欣赏美的同时体会作者的思想感情以及作品的美之所在，在潜移默化中培养他们的审美情趣，提高他们对美的鉴赏力。

（六）提升人文素养

文学不仅能给人提供美感、愉悦和享受，也能陶情养性，使人文精神得到升华。大学语文教材所选的优秀文学作品，都具有极强的人文性。在教学中，通过对这些优秀的作品的阅读、学习、品味，逐步提高学生对事物的正确认识，使他们的道德修养与人文素养得到提升。如孔子的“其身正，不令而行；其身不正，虽令不从”教育学生要以身作则；《大学》中“自天子以至于庶人，壹是皆以修身为本”教育学生要提高自己的道德修养；《老子》中“天下难事必作于易，天下大事必作于细”教育学生要从小事做起，尊重事物的发展规律；曹操的“老骥伏枥，志在千里；烈士暮年，壮心不已”教育学生要有远大的志向。还有如陶渊明、辛弃疾、梁启超、鲁迅等作家的优秀作品，都表现了作家崇高的思想和真挚的情感。通过这些诗文的学习学生可以受到精神的洗礼，促进他们身心健康发展，提高他们的人文素养。帮助他们树立远大的目标，确立正确的价值观和人生观。

总之，通过大学语文的学习，要使学生掌握更多的语言文学知识，进一步提高他们的口头表达能力和写作水平、阅读能力、审美鉴赏力，进而提升他们的人文素养。

第二章　生态学与大学语文教育建构

第一节　生态学视域下的大学语文教育研究

一、研究的缘起

（一）大学语文教育问题长期存在

2013 年中国人民大学宣布将大学汉语课改为选修课，引起了社会的广泛关注，将大学语文的问题暴露在聚光灯下。《光明日报》在 2013 年 11 月 20 日首先发声，《大学语文教育应超越选修必修之争》一文指出“教师不大愿意教，学生也没兴趣学。与之相应的是学生的语文素养日渐低下，学生的习作满篇错别字，能够熟练、准确、得体地使用汉语的学生，渐渐稀少”。针对人大的改革，以教务处处长洪大用的回应做了解释：“对大学汉语进行课改，是为了强化大学母语教育，且以加强能力、满足学生差异化需求为主要目的。”人民日报在 2013 年 11 月 25 日《学校不重视 老师不愿教 学生不爱听语文怎么教？大学语文为何不受待见》一文中认为：大学语文沦为“高四语文”，教材质量次，学生满意度不高，归因为“学科定位模糊导致大学语文的教学各自为政，功利化风气加剧其边缘化”。同时也提出了前路：“母语教育并不能单靠一门课程来强化，未来应创新母语教育的方式和方法。”新京报在同一天也刊发了《边缘化使大学语文或面临“废立”选择》一文，聚焦大学语文教育现状：“2013 年初，湖北省大学语文研究会公布的大学语文课程现状调查显示，在全国 91 所参与调查的高校中，将大学语文列为必修课的仅 34.8%，62.5% 的高校大学语文课时在 32 个或更少。”文章还以三个学校为代表，指出了三种不同的大学语文教育理念：以北京大学为代表的“希望给学生‘大语文’的观念”，以北京外国语大学为代表的“通过‘融合’实现语文能力的培养”，以北京某理工科类大学为代表的“引导学生从艺术的角度阅读”。并列举出了大学语文的“五宗罪”：教学质量不均、教学方式呆板、班级规模太大、师资力量不足、教材内容陈旧。这三篇文章都指出了大学语文的现状，也都一致认为大学语文应该重视，应该大力改革，大学生需要学习语文，大学语文需要更好地发展。这些讨论也将大学语文教育问题送上了 2013 年度《中国教育报》的中国高等教育十大热点问题。两年后，《中国教育报》在 2015 年 9 月 26 日刊发文章《大学语文，何时不再“边缘化”》再次重提选修必修的差异，以王步高先生的观点为例：“为了让大学语文课接上社会的‘地气’，在教学中可以有选择性地靠近各专业的职业需求……以改变学生对大学语文课‘事不关己，高高挂起’的态度，也能增强学生的实用技能。”

大学语文到底应该走向何方？选修必修如何去权衡？这些文章在不同时段提出了不同的看法，也说明了一个残酷的事实：大学语文课至今依然在选修必修的旋涡中未能自拔，依然存在明显的定位不清、不受待见的情况。截至2016年7月22日，有关“大学语文问题”论文在知网上能搜到1033篇，但至今比较有影响力的还是2007年王步高先生的《我国大学母语教育现状——三年来对全国近300所高校“大学语文”开课情况的调查报告》，2004—2006年的调查显示，存在“学科地位不明确、开课比例太低、教材版本众多、师资水平低下、课程改革力度不足、科研活动开展少”等诸多问题，分析了我国当前高等教育中存在的母语教育日益受到轻视、教育科研活动开展不足、理论研究滞后，以及需要优选教材、开发课件、打造精品、共享资源等问题。多年过去，现状又如何呢？2015—2016年，本研究对湖南大学、华南师范大学、四川大学、南京航空航天大学、西北政法大学、成都纺织高等专科学校等6所国内大学，以及重庆大学、西南大学、重庆师范大学、重庆第二师范大学、重庆工程技术学院、西南政法大学、重庆理工大学、四川外国语大学、重庆工商大学、重庆邮电大学等10所重庆市高校的大学语文课程现状调查显示，问题并没有得到改善：16所大学中，西南大学设为全校的通识选修课（2个学分，33个学时），重庆邮电大学全校通识选修（2个学分，32个学时）；南京航空航天大学、重庆大学、西南政法大学、重庆科技学院设为个别专业必修，如新闻和外语等专业，学时在18～33之间，学分多为1.5～2个；除此之外，西南大学、成都纺织高等专科学校和重庆市工程技术学院等高校开设了《应用文写作》，四川大学开设的《中华文化》文学部分与大学语文有点关联；而郑州大学、西北政法大学、湖南大学、华南师范大学、重庆工商大学、重庆理工大学都没有开设相关的大学语文课程。

与课程相对应的却是大学生屡屡爆出“连一张请假条都写不好”“面试中口语表达差”，表达能力低下，错别字连篇。据“2010年新华网就一些常用汉字的辨识和使用能力的问卷调查，结果显示有30%的同学不及格2”。总结出“大学生语音不规范、词汇不准确、语法不过关、标点问题多、写作能力差、文学常识欠缺”等诸多问题。而根据本研究对西南大学、重庆大学、西南政法大学、重庆师范大学84名大学生的大学生语言文字现状调查显示，25.86%的学生对标点符号的使用规范不能确定，29.35%的学生自认为普通话不标准，11.11%的学生表示写通知都需要百度或者他人帮助，15.67%的学生认为自己写作能力不怎么样。特别值得注意的是高达30.55%的学生没有阅读文学作品的习惯，28.33%的学生认为错别字没什么大不了。多年以来，大学生普通话水平不高、写作能力不强，读书习惯不好、语言文字规范的意识不强的问题不但没有解决，甚至因为网络的普及和社会的发展越发显得严重。这些问题的长期存在，既直指语文教育的效果欠佳，又显示出语文教育只能加强不应削弱。作为一名高校教育工作者，这个现状深深刺痛了笔者。在与学生打交道的过程中笔者也深刻体会到了这样的迫切和无奈，迫切想要提高学生每况愈下的语文能力，又无奈于大学语文教育现状的止步不前。因此，在调研中去发现问题、梳理问题，用一个新的视角去看待问题、分析问题，提出自己的见解来促进问题的解决，为大学语文的突围寻求一条合适的道路，成为本书撰写的初衷。

（二）语文教育理念历经百年变迁

要解决问题，首先需要理清思路，从理念上去思考，从历史角度去审视一下语文的教育理念变迁，以史为鉴，寻找线索，得到启示。光绪二十九年(1903)，清政府颁布的《奏定学堂章程》给语文单独设科开始，中国现代语文教育学科正式诞生。从当时的“读经讲经”，到辛亥革命时期蔡元培力主的“国文”，再到“五四”后的“国语”，最后到新中国成立后的“语文”，中国现代语文教育走过了风风雨雨也反反复复的百年历程。

大学语文的教育理念，一直紧紧跟随着语文学科的发展变化。从源头上说，1904年，“癸卯学制”就已经规定高等教育分办高等学堂和大学堂，大学堂是本科教育，高等学堂是大学预科。高等学堂设有“中国文学”“通习”课，即是公共必修课，大学堂有“中国文学”“随意科目”，也就是选修课。因此，1904 年大学预科的必修课，加上大学本科的选修课，这可以说是最早的大学国文课。1929 年 8 月，颁布《大学规程》，规定国文课为大学一年级生共同必修科目，这应该是“大一国文”在名实两方面都正式定型的一个比较确切的日期。所以作为大学语文的发端，“‘大一国文’的出现时间应该是 1904 年，这是中国现代语文学科的起点。小学语文、中学语文始于斯，大学语文也绝不晚于斯”。因此，在这里首先把大学语文教育理念的历史放到现代语文的百年发展范畴当中去一同追溯。这百年发展历程中，有经验更有教训，有进步也有徘徊。要把握好语文教育现状，要认清未来的语文教育方向，我们就应该回头看看，从历史中去启发思维，寻找答案。

1. 曲折中前行——政治化倾向明显

回顾百年，语文教育理念总一直在前进，但也呈现出反反复复、曲曲折折的发展轨迹。这种曲折性主要表现在语文教育理念的政治化倾向明显。与政治联系过于紧密，造成了语文教育理念受政局变化的影响而不断摇摆，时而前进又时而后退。新中国成立前最典型的曲折反复便是“读经讲经”了。作为开端的癸卯学制，虽然独立设科具有开创性的意义，但事实上还是继承了传统语文教育的理念，崇尚读经讲经。蔡元培则废止了读经讲经科，强调语文是自由表达思想的工具。对现代语文教育理念而言，这是个不小的进步。但可惜的是袁世凯很快盗取革命果实，为自己称帝的政治野心而宣布“国民教育以孔子之道为修身大本”，再次强调读经讲经，让语文教育理念又回到了老路。新中国成立前的中国语文教育，在风雨飘摇的政治背景下，无法安定，无法生根，教育理念也在不停随政局的更替而不断变化，不成系统。

回顾这百年历程，中国语文教育的每一步发展都与政治紧密相关。诚然，政治、文化、教育本不可截然分开，语文教育的发展也是近代教育救国思想，在不断推动影响社会发展的结果。但语文教育在历史中的反反复复、曲曲折折也在告诫我们：教育应该保持相对的独立性。作为基础学科的语文教育，其教育理念应该更遵循科学的客观规律，而非人为的某种意志，或国家政治的某种使命。让语文教育卸下一些政治包袱，更关注学科本身，更关注个体发展，也许才能避免重蹈历史的覆辙。

2. 借鉴中丰盈——本土化研究不够

语文教育的百年轨迹，几乎就是一部吸收借鉴各个国家教育理论的语文教育理念发展史。不仅包括英美德等西方国家，还有日本和苏联，在不同的历史阶段对中国现代语文教育理念有着不同程度的影响和冲击。标志语文独立设科的《奏定学堂章程》，就深受日本教育理念的影响。这个“癸卯学制”，无论从教育阶段的划分还是课程设置，都与 19 世纪末的日本学制高度相似。特别是其中“大学预科”的设置，是西方国家没有而日本独有的。明治维新以来日本教育发展卓有成效，有识之士不断前往日本学习考察，清政府也派遣了大量留学生。张之洞等人吸收日本的成功经验，废除了科举制度，单独设科，给中国现代语文学科的教育理念打下了基石，意义重大。但我们也发现，壬癸学制的立学宗旨将日本以实现国家统治阶级意志为目的的国家主义教育理念也一并照搬过来，在教育的独立性上并没有开个好头。五四运动前后，留学欧美日益盛行。欧美国家的教育家及其教育理念开始强力冲击中国的语文教育。其中美国的杜威（1859—1952），及其实用主义教育观，影响最为广泛。1919 年，杜威在胡适、陶行知等人的促成下，来到中国 14 个省市讲学 200 多场，让实用主义学说在中国教育界广泛传播。这期间朱自清、叶圣陶、黎锦熙等教育大家也对语文教育的目的和方法等问题做了深入探讨，形成了不少语文教育理念的成果。教材编审机制和课程标准也从此开始成为语文教育的重要环节。但对欧美教育理论的借鉴中，也存在明显的偏差，将传统语文教育几乎全盘否定，忽视了汉语的自身规律，没能关注汉语与印欧语系的不同之处。新中国成立后，苏联成为中国的“老大哥”，政治经济文化模式都开始大量移植，中国的语文教育也掀起了学习苏联的高潮。当时苏联教育学的代表人物伊·安·凯洛夫撰写的《教育学》成为中国教育的“圣经”。凯洛夫认为教育的目的就是培养“全面发展的人”，这对中国语文教育的理念意义重大。而教育学家普希金教授在 1953 年旁听中学语文课《红领巾》时提出“语言和文学的因素过分的少”的意见，促使语文教育在 1956 年正式在全国范围分为语言和文学两科。语言和文学分科教育的实践，虽然因为政治因素三个学期就夭折了，但对中国现代语文教育是非常有意义的创新，为我们解决工具性和人文性的语文学科性质之争提供了参考思路。对苏联教育理论的学习，加快了新中国教育体系的建立和完善，影响广泛，至今还留有深刻印记。改革开放后，大量的西方教育理论被翻译引进到中国。苏霍姆林斯基（1918—1970）的“活的教育学”倡导“个性全面发展思想”。布卢姆（1913—1999）的掌握学习理论，把教育目标分类学和教育评价概念带入中国语文教育。从美国引进的标准化考试也从 1986 年起在全国实行至今。但标准化考试也在近年来饱受诟病，对优美作品的文学欣赏远比不上熟悉阅读解题技巧有用，素质教育在标准化的照搬中成为空谈。回顾这百年历程，中国语文教育的每一步发展都在学习和借鉴。不管是日本、苏联，还是美国等西方国家，当时先进的教育理念对中国语文教育的发展功不可没。但同时历史也在告诫我们：借鉴不能全盘照搬。只有把别人的理论进行本土化研究，立足于汉语本身的特点，考虑本国国情，有选择性地吸收，才能避免生搬硬套，水土不服。

3. 争论中飞跃——与实践存在脱节

谈到中国语文教育的百年历程，不能不提几次大讨论。正是这多次的争论，多名教育家学者的参与，促进了语文教育理念一次次飞跃，化茧成蝶。第一次文道之争是 1959 年，上海《文汇报》发起了“关于语文教学目的任务的讨论”，围绕的主题是语文教育的工具性和思想性。既有人认为“思想教育是语文教育的灵魂”，也有人认为应该更关注语文知识的教育。时间进入 20 世纪 80 年代，关于语文的教育理念讨论再次升温，这是科学主义和人文主义在中国语文教育理念中的博弈。科学主义与人文主义的争夺当时在世界范围内也蓬勃发展，而随着改革开放的深入，社会转型期特有的人文精神失落现象开始困扰国人，因此人文科学在中国得以迅速兴起。1987 年《语文学习》上陈忠梁的文章《是人文主义，还是科学主义》，掀开了这场世纪大讨论的帷幕。人文科学的兴起，让“文化”热席卷全国，大量学者开始探索语言的文化内涵。1995 年于漪的文章《弘扬人文改革弊端——关于语文教育性质观的反思》，明确提出语文教育的人文属性。对此，1996 年语文教学大纲指出“语文是最重要的交际工具，也是最重要的文化载体”。这是对语文工具唯一性的历史突破，也是语文教育理念的重要飞跃。而更大规模的大讨论紧接而来。1997 年《北京文学》刊出了三篇文章，均以“忧思中国语文教育”为主题，对语文教育展开了猛烈的批评。随后《中国教育报》等多家报刊的加入，让整个讨论更加广泛深入，参与人数之多，批评之猛烈，角度之全面，被北师大的郑国民教授称为“世纪末的尴尬”。这场大讨论的结晶是《国民素质忧思录》《中国语文教育忧思录》和《审视中学语文教育》三本书，其中不少真知灼见至今仍影响深远。素质教育的理念在骂声中应运而生，1999 年全国教育工作会议上第一次提出全面推进素质教育，2001 年教育部颁布《基础教育课程改革纲要（试行）》。《全日制义务教育语文课程标准（实验稿）》2002 年再次修订了语文的学科性质：“工具性与人文性的统一，是语文课程的基本特点。”从“文化载体”到“人文性”，人的主体性更加明显，是人文主义的全面深入，中国语文教育理念从此开始走向成熟和完善。

2004 年在王策三和钟启泉两位语文教育大家之间也进行了一次大讨论。2004 年《北京大学教育评论》上刊登了王策三先生的《认真对待“轻视知识”的教育思潮——再评由应试教育向素质教育转轨提法的讨论》一文，钟启泉教授则在《全球教育展望》上发表文章《发霉的奶酪——〈认真对待“轻视知识”的教育思潮〉读后感》回应。随后又有多位学者加入讨论，就应试教育和素质教育、知识和学习、当前的教育教学改革等核心问题，以及中国语文教育制度的借鉴和继承问题，为 21 世纪的语文教育改革提出了新的见解。回顾历史，正是百家争鸣的集体智慧，正是对语文教育的无限热情，推动着语文教育理念日趋成熟完善。但同时我们也发现，语文教育理论与教学实践中存在严重脱节。您兀自吵，我埋头教。理论研讨的热烈与教学实践的冷淡，对比鲜明。因此，要实现语文教育的繁荣发展，还需要更多教育研究者和实践者共同努力。

以史为鉴，从中国语文教育理念的百年发展史中我们可以更清楚地认识到：新时期的语文教育，既要顺应政治历史的时代大背景，更应该保持自己的学科独立性；既应借鉴国外的经验教训理论基础，更应考虑我国国情，继承祖先的智慧结晶并融会贯通；既应在理论和实践上达成一定的共识，又能允许百花齐放争鸣中前进。以上我们谈的是语文教育的百年理念变迁，不论是基础教育还是高等教育，都有这一段理念的发展史。如何能让大学语文教育更具学科独立性，更贴合时代脉搏，更适应中国国情，更重视人的全面发展，更重视理论实践的良性互动？这些问题是我们思考大学语文教育的出发点和落脚点，更是本研究的内在动力和追求，也只有如此，大学语文教育理念才不会在世界的宽度和历史的厚度中愈加迷失。

（三）教育生态理念至今方兴未艾

在对历史与现状的不断探究中，在对大学语文教育理念的苦苦思索中，生态学和生态理念引起了注意。1962 年，美国生物学家雷切尔 · 卡尔逊 (Rachel Carson) 以一本《寂静的春天》，标志着人类首次关注环境问题，开启了人类的环保事业，也宣告了一个新的“生态学时代”的来临。虽然兴起不过几十年，但生态学发展的速度之快、范围之广、影响之深是前所未有的。无论是形而上的人类、政治、经济、科技、工业这些概念，还是具体到城市规划、园林设计、生活用具，都开始采用“生态”的观念。可以说生态学已经超过了学科局限，生态观已经广泛作用于人类生活的方方面面。人类对生态理念的理解经历了“古代社会的人文文化”“工业文明时代的科学文化”和“现代文明的生态文化”三个时期。从最初抽象的“天人合一”到“人定胜天”再到具体的“天人合一”，教育生态理念也经历了一个“肯定—否定—否定之否定”的辩证过程。

1. 古代——农业文明时期的“天人合一”教育理念

在农业文明时期，还处于自然经济时代，在体力和智力上都还没有充分发展，人与自然界的联系是带有浓厚生存性质的。人与自然、人与人，处于一种原始的、混沌未开的统一状态中。人的需求类似于动物的本能需要，野生蔬果动物等某些大自然的产物就是生存的必需品。从事农耕畜牧业生产后能靠劳动来增加天然产物，满足与发展自身的需要。但这种能力是单枪匹马的，生产资料简陋，生产方式简单，生活方式简朴。人的需要及其满足与实现方式具有典型的原始的“自然化”特征。在这样的时代背景下，中国古代哲学思想很自然又鲜明地以“生命”作为根本。中国的古代哲学家，一方面肯定自然的主宰作用，一方面人对自然的积极适应。道儒是中国古代哲学最重要的流派，道家讲求“道”“德”，儒家力主“仁”“义”，都包含了人与自然的和谐共处。老子的“人法地，地法天，天法道，道法自然”主张“自然而为”；庄子的“无以人灭天，无以故灭命，无以得殉名，谨守而勿失，是谓友其真”(《庄子 · 秋水篇》)，幻想一种“天地与我并生，万物与我为一”的主观精神境界。荀子说“天者，生之本也”（《荀子·礼论》），认为自然是人生存生活的根本所在。这些古代哲学思想对“天、地、人”关系的理解，认为人是与自然处于和谐统一的关系中的人，蕴含着丰富的深刻的生态思想与智慧。这是中华民族生态文明的哲学起点，也是我国教育生态理念的理论源头。在教育思想上，孟子曰：“尽其心者，知其性也。知其性，则知天矣。存其心，养其性，所以事天也。”强调修养自身，等待天命，追求的是培养适应自然的人，以自然的规律来规范人的言行。《春秋》等四书五经对天文地理等自然现象都有所涉及，《易经》则更是将人与自然的和谐共处思想发挥到极致，孔子的“性相近，习相远”则已经意识到环境对教育的影响作用。牟宗三先生说：“儒家强调‘天人合一’，追求的是人与自然的和谐。他们的‘赞天地之化育’是中华文化‘天人合一’思想的主要代表。”这些古代哲学和教育思想的光辉，是中华民族传统文化的财富和瑰宝。“道家提供了最深刻并且最完美的生态智慧”，这是美国学者卡普拉 (F. Capra) 的看法。澳大利亚生态哲学家西尔万 (R. Sylvan) 和贝内特 (D. Bennet) 也认为“道家思想是一种生态学的取向，其中蕴含着深层的生态意识。”但同时，也必须认识到这个时期的“天人合一”理念，更多是主张人对自然的积极适应，强调自然的强大，自然规律的重要，要求人通过对伦理道德的自我约束和修养，来达到人与自然的和谐。完全忽视了科学技术的因素，轻视人对自然的能动作用，没能真正重视人的自由发展，因此对教育来说仍有一定的局限性和消极影响。

2. 近代——工业文明时期的“人定胜天”教育理念

工业革命为人类提供了强大的工具，科学技术带来了人与自然关系的转折。社会生产超越了个人的能力限制，快速演变成社会化大工业生产。人类开始了对自然界的普遍占有，千方百计去探索地球，用科学技术全面地发现各种自然物的有用属性，以产生新的实用价值，为人类需求服务。西方哲学家开始强化对人的崇拜，号召人类征服自然。例如培根主张人对自然万物进行统治，并认为“知识就是力量”；笛卡儿则说人能够成为自然的主人和统治者；康德提出人对自然具有至上地位和绝对权威。农业文明祖先们敬畏自然、关怀生命、与自然和谐生存的智慧被否定了。在这样的前提下，西方以卢梭、夸美纽斯、福禄贝尔等人为代表的思想家提出了“以人为中心”的教育思想。夸美纽斯提出教育的目标是培养和谐发展的自然人，福禄贝尔则将宇宙、世界和人的统一作为教育的出发点。中国的蔡元培则继承发扬了这些观点，提出了“尚自然”“展个性”，也就是崇尚个性发展，遵从人的自然本性进行教育，强调人的主体性。在以人为中心的思想割裂了人与自然的整体性关系，只是从人的利益、需求这个角度来衡量自然的价值，人成了征服者和受益者，这是人类生存危机和生态危机的根本原因。正如生态社会学家威尔森所断言的那样，人类中心主义与自然对立，倡导自我放纵，带来的危害力量无穷。因此，这个时期的“人定胜天”理念，标志着人类在自然界发现和发展了自己的“能动性”，但又过于自信而夸大了人的能动性，神化了科学技术的作用，追求经济的快速发展，轻视了自然规律本身的强大作用。

3. 现代——生态文明时期的“天人合一”辩证教育理念

“工业文明是以人类中心主义的价值观为主导，以机械世界观来认识和征服自然界，以牺牲非人类生命的利益和生存环境来实现自己的发展，以能量和物质消费的最大化为社会进步的基本尺度”，这种价值观驱使下的人类世界，必然会让国家不断追求经济利益，不断加剧各种侵略扩张；社会则一心追究物质利益，道德沦丧世风日下；个人更是追求极度发达的物质生活，互相攀比以奢靡为傲。世界危机便不可避免地到来。于是进入生态文明时期，大家开始重新审视人与自然的关系。“自然不再是人类敬畏或是征服的对象，而是既承认人应该能动地改造自然以使自然符合人的需要，也承认自然有独立于人类之外的一面。”这个时期的“天人合一”强调“人与自然的和谐统一”。“自然界，就它自身不是人的身体而言，是人的无机的身体。人靠自然界而生活。”自然就是人类生命中不可或缺的一部分，人与自然是和谐统一、互相联系的。“人定胜天”的负面影响，让“天人合一”思想再次回到大众视野。

后现代主义教育理论认为教育是一种发展的动态平衡过程，教育发展的过程具有开发性、灵活性、人文性、和谐性、系统性。这种教育理论为教育领域带来了全新的教育理念，充满了生机活力。同时生态文明又为教育生态思想的发展提供了更为广阔的空间和丰富的养料，教育向自然回归,“教育生态观”得以形成。教育家杨叔子提出了“绿色教育”和“绿色大学”，强调从人类普遍的、共同的、人性的精神追求，以及对宽容、自由、创造、民主、公正、博爱等普遍的价值信仰意义上来理解人类主体对“文化绿色”“精神绿洲”的诉求。这是典型的教育生态理念。要解决人类面临的生态危机，把“人类征服自然”这种观念纠正过来，树立正确的生态观念，需要依靠教育唤醒人们心中沉睡已久的绿色意识。而搞好与生命联系最紧密的母语教育，是语文教育与生俱来又义不容辞的责任。学习母语的过程就是人生命活动的过程。在这个思路下，大学语文教育也应该也必须是重视生命教育，关注人性生成的。生态理念引导我们把视点贴近生命本原，把学生真正当作鲜活的生命体，让学生欣赏生命、尊重生命、爱惜生命，让生命在人与自然和谐发展、人与人和谐发展的环境中自由生长。因此，让生态理念成为新时期大学语文教育的新理念，让生态学思维成为新时期大学语文教育研究的新思路，让生态哲学成为大学语文教育的理论基础，用生态学的相关知识去指导大学语文教育的理论与实践，成为本研究的突破口和重点。教育是一个高度开放包容万象的体系，要保持生机活力还必须从历史的纵向和世界的横向去充分吸收营养资源。也就是继承发扬我国传统教育文化中的精华,吸收利用国外先进的教育理论、方法和经验。充分挖掘古代教育思想和实践经验，但去其糟粕古为今用；大力开展国际教育交流与合作，但适合中国国情洋为中用。大学语文教育也应该在教育理论与实践的统一中，实现国际接轨和中国特色之间的有机整合与创新。

对于大学语文的教育理念来说，语文的生态首先就应该是每个人都发出自己的声音和允许每个人发出自己的声音。人文性与工具性之争、各种语文教育理念的分歧，都是自然存在的。语文自身的丰富性和综合性，也需要我们从不同角度、采用不同方法去观察去研究去实践。教育生态理念提供了一个全新的视角，带给大学语文更贴近自然的理性思考。

二、文献综述

（一）教育生态学的研究综述

生态学不仅是一种生物学的研究学科，也是一种可广泛运用于各种学科的思维方法。它既是人类认识的结果，又是人类以此进行再认识的工具。而教育则是一个复合生态系统，用生态的思维和方法来研究教育领域的问题，是一种新兴但非常有价值的学术趋势。美国学者麦茜特认为生态学就是普遍联系的学科，“生态学的前提是自然界所有的东西联系在一起的”。德国学者汉斯·萨克塞提出“生态哲学研究的是广泛的关联”。比利时生态学家P. 丘文奥则认为，生态学是一种观点，一种特殊的方法。大卫·格里芬的有机整体论指出“世界是一个网络，整体与部分、部分与部分之间相互包含”。生态学家奥德姆的“整体论思想”，作为一种新的整体性研究方法，给其他学科提供了从生态角度进行研究的基础。余谋昌教授曾说过：“用生态学观点分析与生命有关的社会现象、社会问题，已越来越受到学术界的重视。”教育生态学自 20 世纪 60 年代在美国诞生以来，发展得非常迅速。一般认为，“教育生态学”(ecology of education) 这一术语是美国哥伦比亚大学师范学院院长克雷明 (Gremin) 于 1976 年首先提出的。国外教育生态研究的兴旺时期是 20 世纪 70 年代，产生了各具特色的研究方向。例如，英国学者埃格尔斯顿 (Eggleston) 研究教育的资源分布，费恩 (Fein)、坦纳 (Tanner) 和沙利文 (Sullivan) 则致力于教育与环境的关系。20 世纪 80 年代和 20 世纪 90 年代，各类研究范围更广课题也更深入，也是从这个时候开始课程论将生态观与课程研究结合起来。华盛顿大学的古德莱德 (Goodlad) 研究的是微观的学校生态学，高夫（Gough）提出了“课程范式的更新”问题，教育生态学家鲍尔斯 (Bower) 对宏观的教育、文化、生态危机等教育生态问题和微观的课堂生态问题都进行了深入的研究。对教育生态学研究对象的认识问题，其实国外很多学者的观点并不一致，但《美英教育生态学研究述评》认为：“都比较侧重于教育生态因子生态学、微观教育生态学和宏观教育生态学研究，也都比较强调生态学的基本精神：整体、联系、平衡、发展。”

南京师范大学的吴鼎福教授最早开始研究教育生态，20 世纪 80 年代末吴教授发表了两篇比较重要的文章分别是《教育生态学刍议》和《教育生态的基本规律初探》，1990 年又与诸文蔚共同撰写了生态学专著《教育生态学》。后来，任凯与白燕，以及范国睿分别于 1992 年和 2000 年都出版了《教育生态学》专著，从不同的角度论述了教育生态的问题。这三本专著名称类似，但有不同的侧重点。吴鼎福教授具有深厚的生态学知识基础，因此偏重于将生态学原理移植运用于教育问题，特别是在文中较多引入了生态学的相关理论和术语，使得著作呈现出较为强烈的生态学特点，淡化了教育学的分析和研究特色。任凯和白燕的《教育生态学》则相对较少涉及对生态学原理的演绎，而是主要倡导将生态学的原理和方法看作研究教育现象和问题的角度与工具，落脚点还是教育学。范国睿的《教育生态学》则与我国的教育实际联系更紧密，不再大量套用生态学概念，而是侧重于分析我国的“文化、人口、教育资源、学校分布、学校环境、课堂环境等因素对教育的影响”。

虽然起步晚，但我国的教育生态学发展的步伐越来越快。进入21世纪以后，教育生态的研究开始逐步增多。从中国学术文献网络出版总库中搜索从1994到现在有关的研究论文已达14494篇，仅博士论文就有304篇。尤其2000年以后，教育生态受到越来越多的关注，也说明了教育生态学研究已在我国教育研究领域站稳了脚跟，开始蓬勃发展起来。

（二）大学语文教育研究综述

自从20世纪70年代末高校重开大学语文课以来，大学语文理论研究的成绩已经不少。在各类学术期刊上发表的论文，能够检索到的已有6000多篇；全国大学语文研究会年会自1980年开始，每两年召开一次并将会议的交流论文结集出版；广东、浙江、湖北和江苏等各省市也有一些大学语文研究分会，另外还有南开大学和高等教育出版社合作编著的论文集等，再加上在“大学语文研究”等各类大学语文精品课网站上的论文，这个数量就不可胜数了。综观国内对大学语文的研究，课程性质与定位、教材建设、教学策略三个方面是最普遍受到大家青睐的焦点。因为没有统一的课标，加上语文学科本身性质还有争议，大学语文的性质问题比较突出，是大家研究的重点之一。南开大学的陈洪教授曾说：“目前开展大学语文教育还遇到一个困难，甚至是尴尬之处，就是其学科归属问题。”大学语文教材的数量众多和良莠不齐，也成为大家的研究热点。陈香的《大学语文教材“复兴运动”》统计出2007年就已经有大学语文教材两千多种。目前唯一的大学语文博士论文就是南开大学李君的《大学语文教材研究（1978—2008）》。关于教学策略的研究就更多了，研究方法多样，研究对象也较为广泛，提出的策略更是百花齐放。将生态哲学与语文研究相结合，是目前一种较新的视角。有比较宏观层面的生态语文建构，也有微观层面的语文课堂教学。例如：山东师范大学张玲2005年硕士论文《生态化语文教学初探》认为语文教育应是生存教育，进行生态化语文教学应具备的新理念有生存教学观、交往教学观和整体教学观；湖南师范大学王姣青2005年硕士论文《语文课堂教学生态的理论与实践》认为“语文课堂教学生态原则要尊重语文特有的学习规律，尊重学生的学习需要，尊重社会发展对语文提出的要求，注重生活化、多样化、民主化、个性化”；山东师范大学杨士荣2005年硕士论文《语文新课程生态课堂教学探索》提出，“依据新课程理念，语文生态课堂就是在弥漫、充盈着生机与智慧的教学情境中，教师、学生、文本各自绽放生命姿态，三者和谐共处，自由对话、交流，对知识和精神生命获得一种整体状态，师生真正焕发生命活力的课堂”；曲阜师范大学的马爱芹在2007年硕士论文《语文课堂教学生态初探》中从生态学和系统论的观点出发，“把语文课堂教学看作一个整体，用生态的眼光来审视语文课堂教学，树立一种诗意化的和谐理念，使语文课堂教学走向健康的可持续发展之路”；广西师范大学钟兴2007年的硕士论文《生态课程观照下的语文课程研究》则系统提出了生态课程观应包括：“强调开放、生成的课程本质观，全面生态发展与素质提升的课程目标观，形式多样、价值多维、整合的课程内容观，创生、建构的课程实施观，注重过程、差异性的课程评价观。”

除了硕士论文，也有不少期刊论文，例如《优化课堂生态环境实施语文有效教学》（王优，齐齐哈尔师范高等专科学校学报）、《语文学习生态初探》（陆云，广西教育学院学报）、《新课标理念下的语文教育生态关怀》[李亚英，上饶师范学院学报（社会科学版）]等。这些研究主要是将生态哲学运用到语文教育当中，将语文教学看作一个整体的系统，教师、学生、教材等生态因子在系统中相互联系、相互制约，并且动态生成。这些论文研究角度不同，深浅有别，提法上也有差异，比如“生态语文课堂”“生态化语文教学”以及“语文课堂教学生态”等，不一而论。但相对来说，研究范围还不够广，基础教育关注较多；研究力度还不够深，理论基础较为薄弱；研究的实际操作性不强，提出的教学策略较为零散。而有些研究则干脆淡化了语文学科的独特性，呈现出仅仅把生态哲学与普通基础学科教育相结合的态势。通过“生态”与“语文”的组合搜索，在万方数据库中有4934篇，从2005年开始增幅较大，2011年开始直线上升。而将生态与大学语文相关联的论文，精确匹配的仅16篇，稍有关联的也只有57篇，且均为期刊论文，发表时间都在2006—2013年间。其中《大学语文教材应营造良好的人文生态环境》[张皓江，汉大学学报（人文科学版）]，认为大学语文教材应该鲜明地体现出人文关怀与生态关爱；《试论大学语文课程教育的生命意义》（徐国辉），提出把大学生生命的整体发展与人文素养的提高有机结合起来；《生态语文课堂教学中教师角色定位——探讨大学语文课堂教学有效性之途径》（全秀，黑河学刊），设想通过构建生态语文课堂，重新建立师生关系，重新定位教师的角色，实现师生和谐统一发展；《“生态化”视角下的大学语文课堂》[王海英，内蒙古师范大学学报（教育科学版）]，“从‘生态化’的视角透视大学语文教学，认识课堂中的环境及其各个要素之间的关系，并分析、归纳其中的课堂教学方法和规律”；《生态教育理念下的大学语文课程》[石娟，河北理工大学学报（社会科学版）]则“从大学语文课程引导学生尊重自然、引导学生体会脉搏的跳动、引导学生找到精神回归之路三个方面进行论证，以此印证大学语文课程与生态教育理念的契合”。

这些论文中，有关注宏观教育理念的，也有聚焦微观教学策略的，在研究法上也逐渐从宏观分析走向具体领域的考察、从理论研究走向具体的实践分析，为优化我国大学语文教育生态系统提供了一些有效的途径。但大多数研究者在内容上都侧重于大学语文教育系统与生态环境的关系研究，或者停留在论述构建和谐平衡的大学语文教育生态系统的重要性上，深度不够、范围不广。且在生态哲学、生态系统观这些理论问题上普遍呈现出蜻蜓点水，将生态学理念套用在大学语文课程上，并没有从历史沿革、内在属性和系统建构上说清楚大学语文教育与生态的关系。

三、核心概念界定

（一）大学语文教育

虽然目前俗称“大学语文”，但调研中我们发现面对非中文专业学生开设的汉语言文字课程并不一定都称为“大学语文”，有的叫“应用文基础”，有的叫“现代汉语文化”。因此，这里的大学语文教育并不仅仅特指“大学语文”课，而是泛指：面向非中文专业学生开设的母语高等教育，包括以“大学语文”为核心的一系列课程。

首先，大学语文是面向非中文专业的，与一般的中文专业教育的差别在于其知识结构与教学过程的普及性、综合性和实践性。普及性，是大学语文的对象是广泛的，指面向中文学科之外的所有学科进行语文教育；综合性，是指大学语文不是中文各个二级专业的简单组合，而是涵盖语言与文学、中国与外国、传统与现代的精华和浓缩；实践性，指大学语文不强调对某一方面的精深理论研究，而是通过综合素养的提高实现更熟练精准的应用和实践。其次，本节认为大学语文不仅仅指一门课程，而是一系列课程。有的学者提出“要使大学语文从课程向学科进行转化”，这种观点也得到了一定的共识。由一门课程转为一个学科，是专业确立的最基本的过程。而学科成熟的重要标志是一套比较系统的课程体系的建立。因此，大学语文教育需要以大学语文课程为骨干，并开发设置一系列的汉语言文字知识课、文学熏陶审美课、听说读写实践课和文化历史普及课。

（二）生态学视域下的大学语文教育

1 生态与生态学

“生态”，就是一定空间内生存的所有动植物之间、动植物与其所处环境之间的相互关系。生态 (Eco-) 一词最早是自然科学家亨利 · 索瑞 (Henry Thoreau) 提出来的，源于古希腊语 οικοs，主要意思是指“住所”或“栖息地”。德国生物学家 E. 海克尔 (Ernst Haeckel) 则最早提出生态学（ecology）的概念，日本三好学与将其译为“生态学”，最后武汉大学张挺又将其介绍到我国。

生态学，是指研究生物之间及生物与环境之间相互关系的科学，也就是研究生态的学科。生态学中比较基础的几个概念是：生态系统、生态平衡和生态位。

生态系统，是指“在一定空间内生物与环境构成的自然、开放的生态学基本单位，其中各种生命现象之间在生存过程中相互竞争、相互作用、相互依存，形成健康有序的状态”。

生态平衡，是指“一定时间内生态系统中的生物与环境之间、生物各个种群之间通过能量流动物质循环和信息传递，使他们相互间达到高度适应、协调和统一的状态”。生态系统从本质上说是一种动态，在失衡与平衡之间不断运动的“活态”。

生态位，是指物种在生物群落中的时间、空间位置以及功能地位。生态位的概念和理论，可以在人类的多种社会生活领域找到相关的契合点，因此“借用生态位概念来加以描述和考察，会变得简捷便利”。

2. 教育生态学

美国教育学家沃勒 (Willard Waller)1932 年的《教学社会学》在教育研究领域第一次正式使用“生态学”这一术语。阿什比 (Ashby E) 则第一次把生态学的理论和方法运用到了高等教育研究领域，他在《英国、印度和非洲的大学:高等教育生态学研究》中提出了“高等教育生态学”(ecology of higher education)。

教育生态学 (educational ecology)，指的是借用和融合生态学的相关原理，例如生态系统和生态平衡、生态位等概念和理论，观察和分析教育系统内部的结构和内部要素之间、要素与环境之间的关系和相互作用，从而研究各种教育现象及其成因，发现和把握教育发展规律，以最终找到教育生态结构的最佳途径和方法，揭示教育发展趋势和方向的学科。建构科学的教育生态系统是 21 世纪人类教育的中心课题。

教育生态系统，由人—教育—环境构成，充满适应与发展、平衡与失衡、共生与竞争的特殊社会生态系统。教育生态系统中，结构复杂，多层次多形态。宏观微观互相渗透、纵向横向互相交错、动态静态互相结合。

教育生态因子，是指教育生态环境中对教育的存在、发展有直接或间接影响的要素。教育生态系统中有诸多教育生态因子，它们是教育系统中最具生机的活力要素，这些因子之间不是孤立存在的，而是不断影响彼此、作用彼此，在这个影响作用的运动过程中“形成稳定的生态结构，并发挥生物集合体的特殊功能”。

教育生态平衡，是指教育系统的综合平衡，系统中的生态因子各自运行高效、功能优异，生态因子与社会环境之间能够达到良好协同、可持续发展。维持教育生态平衡是教育发展的关键所在。但是，教育系统中任何一个因子的变化，不管是过于突出还是明显落后，整个教育生态系统的平衡都有可能被打破。例如教育系统的信息流不顺畅，会造成教育观念难以更新、教学方式方法难以变革。

教育生态位，宏观上来说是教育生态系统在整个社会大系统中的位置，以及教育生态系统与其他系统的关系。微观上来说，也包括教育生态大系统中，某个子系统所处的位置，及与其他子系统的关系。生态位理论对指导教育系统的定位与发展具有普适性意义。根据生态位原理，在教育生态与不同生态的群体之间，或者教育大系统内部的子系统之间，或者同一子系统内部不同生态群体之间，既能够相互促进，也可能相互竞争。这种竞争共生的过程是不断变化的，能够指导教育生态的优化，也就是说教育生态位是可以调整和改变的，但调整与改变生态位的前提是知己知彼。这里还有几个容易混淆的概念需要澄清：生态教育、教育生态、生态课程。

生态教育指的是“以生态意识培养、生态道德建设和生态知识普及为目标的教育，使受众形成生态自然观、生态世界观、生态伦理观、生态价值观、可持续发展观和生态文明观，最终实现人类、社会、自然的和谐发展”。生态教育的内容是各种包含生态意识和理论、知识和文化、技术等，渗透在各个学科课程当中去实现，其落脚点是宣传生态意识的教育。

教育生态则是将教育看作一个复合的生态系统，在生态哲学视域下所呈现出来的教育状态和模式，包括教育的个体生态、教育的种群生态、教育的群体生态、教育的生态系统及其结构等。教育生态研究是结合教育实践和教育研究的特点，在教育学和生态学的“视域融合”基础上进行的教育研究活动，研究教育中的各种现象，其落脚点还是教育学范畴，而不是生态学。

生态课程是指具体针对课程教学过程中由教师、学生、教材等生态因子组成的动态平衡、开放有序的微观生态系统。从本质上来说，生态教育是一种教学内容，教育生态是一个生态系统的宏观呈现状态，生态课程则是课程与教学论基础上的微观生态。

3. 大学语文教育生态系统

从生态哲学的“世界是复合的生态系统”这一观点出发，大学语文教育可以看作是复合教育生态系统中的一个子系统，并自成一个完整、复合的生态系统。

大学语文教育生态系统是指在大学语文教育过程中，由教育者、受教育者、教育资源、教育环境等生态因子构成的网状结构体，内部的生态因子相互影响、相互作用，在不断变化和转换中，动态地追求和谐的平衡。

大学语文教育生态因子指在大学语文教育生态环境中对大学语文的存在、发展有直接或间接影响的各种要素。它包括大学语文的教育者、教育资源、教育环境、教育规律、教育关系等，这些因子在系统中相互联系、相互制约，并动态生成。

大学语文教育生态系统的平衡指各个生态因子功能优异、运行高效，以及生态因子之间和谐发展、生态系统与社会环境之间良好协同的状态。大学语文教育生态系统的失衡则是因为系统中的因子产生了变化影响了功能，要么过于突出，要么明显落后，造成整个教育生态系统结构和运行产生变化，从而使其教育功能受到影响的状态。在生态学视域下看大学语文教育，就是将大学语文看作一个教育生态系统。因此，本节认为生态学视域下的大学语文教育，即由大学语文系列课程的教育主体（教师和学生为代表）、教育资源（教材为代表）、教育关系（师生关系为代表）、教育环境（学校环境为代表）等多个因子构成的教育生态系统，按视角的不同可分为教育宏观生态子系统和课程微观生态子系统。

四、研究的思路和方法

（一）研究的问题

作为教育生态系统的大学语文教育，存在的问题就是生态因子与外部环境之间、生态因子内部结构的失衡。针对这些失衡，本节研究大学语文教育的宏观生态，即从系统结构上去分析其良性生态因子和生态特征；以及大学语文教育的微观生态，即大学语文生态课程的建构，包括主要生态因子的优化和教学设计的系统化。研究大学语文教育的宏观生态是希望通过分析学校、家庭、社会等环境因素对教育的影响，以及家庭的亲属关系、学校的师生关系、同学关系等对教育的影响，自然规律、教育规律和心理规律等对教育的影响，从而对教育的科学有效配置提出理论依据和指导，以形成一个完整循环的生态过程，在一定人为宏观调控下发挥大学语文的育人作用；研究大学语文教育的微观生态则希望通过对课程的设置、方法、评价等微观系统因子进行分析，探讨这些可控性较强的因子如何在实践中进行调整、改善和优化，使其更合理、更有效地完善大学语文教育生态的内部结构，从而追求一种和谐、平衡和可持续的发展。以期对增强我国大学语文教育工作的实效性、提高我国大学生的语文素养能有所帮助。教育生态系统在社会生态的庞大系统中是一个有着丰富层次、多样结构的复合子系统。在中国的教育生态系统中，也有多个子系统。从纵向来看，按水平层次分，有学前教育、基础教育、高等教育和学历后教育等；从横向来看，按管理机构分，有中央直属、部门直属和地方所属等；按办学性质分，有公办教育和民办教育；按学科分类，有文理工医之分，再细分还有语文、数学、外语和物理等学科。

高等教育是位于教育生态体系中纵向结构层次中一个子系统，与学前教育、基础教育一脉相承；也同时位于横向结构中，与数学教育、外语教育等并肩而立。把我国高等教育阶段的语文教育即大学语文教育作为研究的主要课题。但由于我国高等教育的内部性质仍然较为复杂，有普通教育、职业技术教育、成人教育、社会教育（包括社区学院教育）等，我国高等院校也有综合性大学和专科院校之分、本科院校与高职高专之分、理工科大学和艺术类大学之分，在管理归属上还有部属院校、省属院校和地方院校之分等。特别是大学语文教育并没有全国统一的教学纲领文件，各地教育政策诸多不同，为避免研究范围过于宽泛而失去针对性和操作性，数据主要来自重庆市的高校，提出的策略也主要针对综合性本科院校。需要强调的是，生态学视域下的大学语文教育研究，是一种教育生态研究，既包括宏观的呈现状态又包括微观的课程生态。研究对象是大学语文教育生态系统，而非指教育内容中有关生态意识和概念的部分。

（二）研究的思路

“当生态学发展到人和自然普遍的相互作用问题的研究层次时，就已经具有了哲学的性质和资格，它已经形成了人们认识世界的理论视野与思维方式，具有了世界观、道德观和价值观的性质。”这种在面对人类的生态环境危机大背景下，延伸出来的一种对人与自然关系的反思，就是生态哲学。本研究就将这样一种生态哲学作为理论基础。生态哲学是一种世界观，是“用生态学的基本观点观察现实事物和解释现实世界，包括生态哲学本体论、生态认识论、生态学方法和生态价值论”。生态哲学的研究目标是“通过人与生态环境各种关系问题的理性思考，阐明人在生态系统中所处的地位、人生存的基础和条件、人对生态环境的认识和改造、生态环境对人的价值、人对生态环境的责任和义务以及人生的价值和意义等隐藏于纷繁复杂的生态现象背后的哲学底蕴”。

因此，本节致力于运用生态哲学的认识论和方法论来研究大学语文教育问题，尝试用生态学的思维方法，通过调查研究和文献搜集考察大学语文的现实困境，探寻大学语文生态危机的根源，分析大学语文教育生态系统的内部结构，在此基础上提出建构大学语文生态课堂的具体策略，以追求大学语文教育生态的和谐发展和平衡，为大学语文的教育改革提供新的参考。

“教育的宏观生态最大的范围是整个生态圈，其次是世界上以各国家为疆域的大生态系统。”因此，如果教育的宏观生态，探究的是生态环境与教育、与人类的互相影响、互相作用的关系，最终的目标是找到教育发展的最根本方向、教育最合适的体制以及应对教育危机的最有效对策。教育的微观生态则更加具体化，不仅要分析课程的设置、资源、方法和评价，更着眼于教育过程中的各种人际关系、个体教育过程中的心理状态，甚至“缩小到学校、教室、设备乃至座位的分布对教学的影响”。

（三）研究的方法

本节在研究过程采用了文献研究法和调查研究法，以及跨学科研究法。通过对现有的与本课题相关的国内外文献资料进行搜集、阅读、梳理、提炼、分析，从而获得本研究的原因分析、概念界定和对策研究等内容。本研究搜集、整理的文献资料主要包括两个方面：一是基础理论方面，即关于生态学、教育生态学、可持续发展等理论，注意收集相关的中英文著作或期刊，梳理这些理论的生成、发展及应用等相关信息；二是生态学理念在大学语文教育中的应用问题，搜集相关文献，并对文献进行分类归纳，整理出几个方面的相关问题，并在此基础上分析大学语文教育的内外优化原则和方法。在分析大学语文教育失衡现状和原因时，采用了调查研究法。通过面向全国高校，开展网络问卷和分发纸质问卷相结合的方式，分别从教师与学生的角度收集大学语文教育的现状；通过面向重庆市四所高校 100 位学生分发问卷的方式调查大学生语文能力的现状；然后通过对问卷的分析，选取了 10 位大学语文教师进行个别访谈，了解其需求和想法，从而为梳理失衡的表现和成因，以及提出建构大学语文生态课堂中针对教师的部分奠定基础。生态学与教育学的交叉，产生了教育生态学，本节致力于用跨学科的思维和观点去重新审视大学语文教育。通过理论与实际相结合的方法，在遵循大学语文教育自身运行的基本生态规律的前提下，提出一些优化我国大学语文教育生态系统和生态课堂的有效对策，以促进大学语文教育的生态系统各构成因子的有效整合和良性互动，实现我国大学语文教育生态的平衡、全面、协调、可持续发展。期望对增强我国大学语文教育工作的实效性、提高我国大学生的语文素养能有所帮助。

五、研究的意义

从 1904 年算起，大学语文教育经历了百余年沧桑。1952 年，在全面复制苏联教育模式的大背景下，全国的高校进行了大规模的院系调整、专业调整，大学语文课程被取消。但这期间仍有一些高校以文选阅读、写作课等名义在继续坚持。1979 年，在匡亚明、苏步青等先生的倡导下，高等学校重开“大学语文”，使之成为国内各高校一门重要的公共基础课，迄今已 30 多年。为什么大学语文教育能够经受百年沧桑而屹立不倒？这首先来自几代学者教育家的努力。1904 年癸卯学制的《学务纲要》明确指出“学堂不得废弃中国文辞”，当时的负责人张之洞在 1902 年的一封电文中指出：“中国文章，不可不讲，自高等小学至大学，皆宜专设一门。”1986 年，匡亚明等在《文汇报》呼吁“大学语文应该成为独立的学科”。2013 年 1 月，在全国教育工作会议上，教育部部长袁贵仁提出要大力加强小学、中学、大学语文和历史课程的整体设计和基本建设。1982 年全国大学语文研究会在南京举办第一届年会，如今已经 36 个年头，这期间可以说是硕果累累。互联网时代的大学语文也在不断丰富和发展。正是众多能人志士的强力呼吁和不懈努力，让大学语文能百年而不衰。除了外在的主观努力，更重要的内在因素是大学语文有其自身不可取代的价值。

潘懋元在其主编的《高等教育学》中提道：“大学生应具有较高的文化素养，对祖国的灿烂文化要有相当的了解。这不仅是改善人才素质的需要，而且是各种高级专门人才必备的条件。”大学语文正是这样一种提高学生文化素养、传播祖国灿烂文化的重要载体。对于学习大学语文课程的重要作用，徐中玉教授认为“增强人文精神的培育；看到人格力量的重要性；帮助学生突破僵化的思维模式，在学习过程中受到启发，从而提高学习能力”。同时我们的调查也显示，学生对大学语文的重要性也是有较高认识的：从价值理论的角度来说，价值按照作用领域的不同，可分为经济类价值、政治类价值和文化类价值。大学语文教育的经济价值体现在语文素养在经济活动中的交际沟通功能，高校毕业生一篇错字百出的策划，一份带有歧义的合同，都能直接影响实际的经济利益。政治价值则体现在大学语文几乎与生俱来的德育功能，社会主义核心价值观的宣传和学习，大学语文教育成了思想政治理论课之外的领头羊。大学语文文化价值最突出的体现莫过于对中国优秀传统文化的传承，文化自信首先来自对母语文化的重视和学习。从作用主体的区别来看，价值还可分为个体性价值、集体性价值和社会性价值。从社会价值来说，打造规范的语言交流环境、营造良好的社会风气、提高国民文化素养，作为母语教育的大学语文首当其冲；从集体价值来说，提高大学生群体的语言文字能力、道德水平和文化底蕴，在高等教育大众化的今天，对国家民族有着至关重要的决定作用；从个人价值来说，夯实语文基础、强化阅读写作水平、培养批判创新思维、提升人文审美能力，母语教育不应止步于高考，大学语文是母语教育终身化的重要阶段。

从价值论的角度来讲，现代哲学认为只有人有价值，离开了人，自然界无所谓价值可言。但是生态哲学认为，不仅需要承认人的价值，而且要承认生命和自然界的价值。不仅人是价值主体，其他生命形式和自然界也是价值主体。自然价值又称为“生态价值”。大学语文教育对生态价值的体现，比其他学科更为丰富和久远。

首先，大学语文教育赋予了生态哲学更鲜活的文化载体。在古代文学作品中，我们不难看到生态哲学的影子。孔子提倡“仁爱”，老庄坚持“自然”，这些古代教育家、思想家和文学家的智慧中，充分体现出传统文化里对天地自然的无限尊重。“天人合一”“道法自然”和如今提的“生态”“和谐”无不是在揭示人与自然关系的基本法则。大学语文教育中对生态哲学的关注和渗透，作用是独一无二的。其次，大学语文教育让大学生在审美体验中内化生态理念。在众多的语文素材中，描写自然美景的优美篇章比比皆是。从古诗到散文，从《望庐山瀑布》到《春江花月夜》，在感知美的同时自然而然地激发珍惜爱护环境的朴实情感，和谐生态理念也就顺理成章内化于心，比生硬灌输更容易接受。因此，研究和实现大学语文的生态价值，让大学语文教育改革有了新的方向和动力，对大学语文教育的教学有一定的实践意义和现实意义。

第二节　大学语文教育的生态失衡

生态平衡是生态学理论的核心追求，是生态系统发展应遵循的重要规律。从教育生态学角度审视，教育出现的种种问题实际上都是一种生态系统的失衡，这种失衡有个大家熟悉的称呼叫“教育危机”。只有在确保教育生态平衡的前提下，才能使教育与自然、社会、人类以及自身得以健康、和谐发展。所以，大学语文教育的过程也必须追求生态化的“平衡”，以人的个体发展为主线，将教育者、教育环境、教育关系等各个良性生态因子纳入在内，追求生态因子的运行高效及生态因子之间、其与社会环境之间的良好协同。近年来，全国各地针对大学语文教育现状开展了大大小小上百次调查。本节在万方、知网等数据库进行了穷尽性搜索，发现从 2000 年开始，截至 2016 年 7 月，共有公开发表的调查类论文 197 篇。这些调查范围有大有小，有的是全国，如《我国大学母语教育现状——三年来对全国近 300 所高校“大学语文”开课情况的调查报告》和《大学语文课程现状调查与问题分析》，有的只是一个省市如《“大学语文”的文化素质培育功能探究——吉林省 6 所高职院校大学语文课程的调查》。调查对象也有所不同，有的是针对各个学科的学生，有的是只针对某一特定群体，如针对高职的《关于高职〈大学语文〉课程的调查报告》，针对理科生的《论〈大学语文〉课程教学改革的举措与构想——基于理工科大学生汉语学习情况的调查》，针对独立院校的《独立学院大学语文教学现状调查与改进对策》，针对专业的《艺术类专业大学语文教学现状及思考》。这些论文虽然立足点不同，但结论都大同小异。在对以上论文分析梳理的基础上，本研究在面向全国高校进行的大学语文现状调查和面向重庆市大学语文教师的个别访谈中发现，大学语文教育的生态失衡现状仍然是：

本节调查的 16 所大学中，只有 2 所设为通识选修课，2 个学分，30 个左右的课时；4 所大学设为个别专业的必修课，1.5~2 个学分，18~33 个课时；6 所大学未开设任何形式的大学语文课程。

调查显示，47.33% 的学生对目前的大学语文教材不满意，35.67% 的学生表示一般，仅有 17% 的学生充分认可自己的大学语文教材。在问卷和访谈中笔者发现，选文太老土、与中学有重复，以及编排体例死板、实用性不强，成为学生甚至部分教师对大学语文教材的印象。

在对大学语文教师的调研和访谈中显示，在调研的样本中，受访教师中无一人是专职的大学语文教师，无一人隶属于专门的大学语文教研部门，无一人申请到各个级别的精品课程，仅 1 人参加过相关的培训和教研活动。80% 的教师是中文系的教师兼职上大学语文课，还有 20% 是宣传部的行政人员、学校辅导员兼职上大学语文课。也许因为样本选择过少，范围集中在重庆市，不足以代表全国的情况，但通过对各地有关调查报告的查阅，也说明这种现象具有一定的普遍性。

调研显示，目前最常用的教学评价方式有两种，一种是撰写论文，一种是闭卷考试。大多数开设有大学语文课程的学校都注意加入平时过程性评价，一般占总成绩的 30%，但主要的实现途径是点名或者交一次作业、回答课堂问题。评价的主体也只有教师，主观性较强。针对这些问题，从大学语文教育在不同教育生态系统中的生态位去分析，可以探究出大学语文教育在语文生态系统中的失衡和大学语文教育在高等教育生态系统中的失衡。

一、在语文教育生态系统中的失衡

教育是一个循序渐进的完整过程，是一个符合人类智慧孕育、生长、发展生态规律的动态系统。由于教师工作职责、教学方法受制于各自执教阶段的局限与封闭，致使语文教育的全过程中存在着不少重复与脱节的失衡现象，严重影响了大学语文教育的教育效果。目前把语文的基础教育和高等教育当成一个整体来看的研究非常有限。只有少数的学者关注到了二者的衔接问题，如 2005 年西南大学文学院梅健的硕士论文《大学语文与中学语文教学衔接问题初探》，东南大学乔光辉教授主持的江苏省教育科学“十一五”规划重点课题“大学语文与中、小学语文教育的衔接性研究”复旦大学祁峰博士 2011 年在《长春师范学院学报》发表的《母语高等教育研究的多维视角——兼论母语高等教育与基础阶段语文教育的异同》等。在调研中，我们发现与基础教育中的语文课程联系起来看，大学语文在教学内容、教材、教师和教学方法上都存在失衡问题。

（一）大学语文教育内容与中小学存在脱节

作为不同阶段的母语教育，大学语文教育内容应该与中小学形成一个完整渐进的链条，但在实际情况中并非如此。中小学仍然会在教学内容上花大力气“使学生掌握口语、书面语交际的规范和基本能力”，而以大学语文为主的母语高等教育目前普遍比较重视人文性，强调文学欣赏和熏陶。二者本是各有偏重、各司其职的，无可非议。但任何一种语言的学习都必须是连贯渐进的，过程中可能也会出现一定的重复和巩固。就目前的教学实际来看，我国的语文高等教育与基础教育之间在汉语知识，特别是语法知识上并没有形成连贯的系统教学，对语文能力也没有连续的训练，新旧知识没有联系起来。特别值得注意的是，在《全日制义务教育语文课程标准》实验版和 2011 版都明确指出“不宜刻意追求语文知识的系统和完整”。这本是好事，意在纠正工具性大于人文性的不合理现象。但在近年的具体落实上，却与课标的初衷有了偏差，存在过犹不及的现象。在访谈中了解到，目前一些中小学教师弱化了语文知识的讲解和训练，认为一提语法、修辞就是违背了课标的精神，就会影响学生学习语文的兴趣。学生在基础教育过程中没能得到语法知识的基本梳理和训练，进入大学的时候就已经存在语文知识不足、语文能力欠佳的情况。大学语文教师因为多数没有中小学教学的经验，也在心态上非常不愿意再花时间去“补课”，学生的语文知识缺乏系统学习和训练。学生还没有弄清楚这句话到底如何去理解，就陡然需要进入更高阶段的文学审美；还没有掌握好正确的标点符号和语法，就贸然要求达到有文采的写作。这种脱节必然造成学生的困惑，连假条都写不好的大学生比比皆是。

（二）大学语文教育资源与中小学重复较多

教育资源在大学语文和中小学的衔接问题，集中体现在语文教材上。在基础教育中，语文教材较为规范，有统一的课标，教材版本也相对少而精，选文经反复推敲，紧扣学生年龄特征和教学大纲。但高等教育中的语文教材版本多样、水平参差，编写上与中小学教材衔接不多，要么选文重复过多，要么完全脱节。据有关资料统计，我国的大学语文课程教材多达 1402 种，目前仍然使用的也在 100 种以上。

调查显示，85% 的学生希望大学语文教材与中学有很大区别，但杭州师范大学的何二元副教授曾于 2008 年做过一个统计：华师版徐中玉、齐森华主编的第八版《大学语文》和人教版中学《语文》课本比较，共 124 课，重复 51 课，重复率达 41%。2008 年周俊萍和朱明主编的《大学语文教程》中所选的庄子的《逍遥游》、柳永的《雨霖铃》、杜甫的《登高》、海明威的《老人与海》等，都与高中语文课本中的选文重复。

当然，经典作品是值得反复研读的，需要学生在不同阶段读出不同的韵味。但是就目前现状而言，经典作品的重复编排大多未能注意体现不同阶段的特点。同一部作品的不同部分，同一个作者的不同作品，也没有按照学生学习的心理规律加以编排，有的大学语文教材选文和配套练习题比中学还浅显。这种现象很容易让学生产生厌学心理，“高四语文”帽子一扣，认为语文学来学去就是这样了，扼杀了学生终身学习母语的动力。同时，另一个极端是教材过于偏向人文知识，或者过于偏向应用写作。当然，在面向不同的学生群体时应该有所侧重，但调查中，笔者就发现学生对大学语文的期望是较多样的。教材的内容需要更丰富，在选文和体例上考虑实现更多的功能。

（三）大学语文教育关系与中小学彼此割裂

中小学语文教师与大学语文教师，共同构成了语文教育系统的教师这个生态因子。在教育关系中，教师与教师之间应该有互相尊重、合作共享的状态，但在中小学语文和大学语文教师之间存在关系割裂的现象。基础教育中，教师力量较为充足和稳定，职业认同感较强，理论知识也许不足但对基础教育的教学规律有深刻理解和长期实践。高等教育中，专职的大学语文教师流动大数量少，在职称晋升和科研待遇等各方面还存在不少问题，职业认同感不强。在《光明日报》2011 年 1 月 11 日发表的《高校母语教育亟待加强——基于海内外十余所高校的调查分析》中就明确说道：“在我们调查的 6 所高校中，有数所高校目前只有一两位教师承担‘大学语文’的教学工作。”这样的情况非常普遍，调查中笔者发现，多数高等院校仍然是由中文系的中青年教师兼授大学语文课程，甚至有的学校是由宣传部的行政干部在兼职。这些兼职教师在教学时间和精力上都非常有限，对面向非中文专业学生的母语课程理解并不深。特别是较高层次高等院校的语文教师，多出身于文学专业的硕士博士，知识积累和研究方向都偏向自己的专业，这也是为什么大学语文经常被上成文学鉴赏课的重要原因。

基础教育和高等教育的师资力量不仅差异大，二者之间的交流更是几乎完全缺失。目前中小学教师到大学去进修和培训已经比较普遍，切实提高了理论水平和教学能力，但都仅限于对基础教育领域的学习和研讨，并没有与高等教育有实质性的接触。而大学教师则仍处于高高在上的地位，除去一些专门研究基础教育的教师会主动到中小学调研外，大学教师基本不会与基础教育有任何联系。访谈中的几位大学语文教师均表示平时不会刻意关心中小学语文的信息，只有两位教师会偶尔看看高考语文题目。教师之间的不沟通，造成了学生学习的不畅通。大学语文教师根本不知道中小学教了什么、缺了什么、需要深化什么，当然也就无从谈起“衔接”二字。

（四）大学语文教育过程与中小学差异过大

不同阶段的教育过程应该是有所区别的，但相对于母语教育属性来说，语文教育还是应该有一定的共通性，便于学生把握学习方式和进度。特别是大学语文一般开在大一上学期，学生处于从基础教育向高等教育过渡的阶段，对教育过程的差异可能就更为敏感。在基础教育中，语文课一直处于核心地位，课时多、管理规范，教师的教学模式相对固定，对课文的解读也较为详细，有配套的思考练习，学生在教师的引导下进行预习复习。教与学的节奏都比较快。在高等教育中，大学语文课程一直处于比较边缘的位置，有的学校是必修科目，有的则是选修。课时少、课堂管理松散，不同教师的教学方式也多样化，对作品的解读强调多角度，学生需要自己进行课外的练习巩固。这种教学方式的差异在一定程度上是应该存在的，但由于差异过大，且多数学生在进入大学的时候就要面临差异调整，因而显得适应上有困难。调查中，大学语文在大一上学期开课的就占 66.67%。从高压到突然放松，学生在大学和中学截然不同的教学模式中很难尽快自主适应和调试，学校和教师也很少会对此有针对性的引导和帮助。基础教育和高等教育，是一个生态系统的两个子系统。大学语文在这个系统中的作用、功能到底是什么？其生态位究竟如何？这是我们需要去厘清的问题。而同时，这两个生态子系统之间是互相关联、不可割裂的。从中小学语文到大学语文教育还无法实现量变到质变的飞跃，高考也无法成为量变的临界点。但长期以来的巨大差异和截然分开，学生容易茫然失措。如何能从刚才还在背书填标准答案的状态，突然就转换到能对文学作品提出不同见解？不遵守教育的基本规律，不注意缩小教学过程中的差异，就必然造成语文教育的衔接障碍。不仅无法提高学生的素养，还会打击学生学习的信心。不可否认，基础教育和高等教育，在教学目标和教学方式等方面必然是有很大差异的。但高校扩招实施多年，大学不再是少数人的象牙塔，我国高等教育已经完成了从精英教育向大众教育的初步转变。因此，高等教育在一定程度上带有了普及性质，与基础教育不再泾渭分明。

在这个前提下，作为教育系统中的不同阶段和水平层次，基础教育和高等教育之间需要更多的互动和整合。但实际状况却是长期以来，基础教育和高等教育缺乏沟通，形成“基础教育对高等教育茫然，而高等教育对基础教育漠然”的“二元教育”局面，由此引发出许多问题。就其根源来讲，是由于人们忽视了高等教育与基础教育衔接的问题。

二、在高等教育系统中的失衡

高等教育系统可以看成是一个教育人口、教育资源与教育环境三大要素构成的，相互影响、相互制约，同时与外部环境进行持续不断的物质能量和信息交换的，具有整体综合效应的生态系统。将大学语文放在高等教育这个生态系统中，与其他学科教育和课程相比，有高等教育共性的“花盆效应”和师生关系失位问题，也有其特有的生态功能失调和生态环境恶劣、生态结构不合理。

（一）大学语文教育的“花盆效应”

“花盆效应”是生态学上对“局部生境效应”的另一个称呼。花盆是一种局部生态环境。这种半人工半自然的环境有很大的空间局限性，但因为可以创造出非常适宜的环境条件，在某个时段某种程度上呈现出花卉的较好状态。但花盆也会降低花卉的生态位、缩小生态幅，减弱对生态因子的适应阈值。也就是说其竞争力和适应力以及自我调节功能都会减弱并最终消失。目前我们的大学语文教育就是这样一个花盆，不管外面怎么风云变幻，都始终是在一个相对封闭的时空中进行。既没有注意增加学生的实践锻炼机会，也没有在教学中引入更多的社会现实因素。学到的语文知识、文学鉴赏除了写答卷，并不知道如何用于自己的生活，如何去适应社会，理论与实践始终是两张皮。更值得警惕的是，“花盆效应”在一定程度上破坏实践和创新精神，滋生出肤浅、盲从、狭隘、僵化和封闭。目前网络上出现的“喷子”、网络暴力，与我们的教育“花盆效应”是有一定因果关系的。出现“花盆效应”的主要原因是三点：一是教师的过多介入，以教师为主的教学方式在大学语文教育中非常明显，这也造成了大学语文课上基本都是老师讲学生听，考试前老师划重点，或者让学生直接交复制粘贴的文章即可。教师的过多介入就像是给花盆施肥、浇水太多一样，花卉在人工助力下快速生长，一旦放入大自然则立刻失去生命力。学生在老师的强势主导下失去了自我思考、辨别、提升的机会，自主学习成为一纸空文。二是学生长期的依赖思想。除了教师介入失当外，学生在学习过程中依赖老师、依赖课本、依赖课堂的现象也真实存在。经过中小学的高压，学生习惯于老师说怎么学就怎么学，教材说学什么就学什么。但大学语文教育与中小学性质上有很大的不同，需要学生更多根据自身特点安排时间、节奏和内容，老师和课堂仅仅是引路，剩下的还需要自己去走。多数学生不能意识到这一点，仍然依赖于花盆的人工培养，无法自己确定学习目标，没有了鞭策监督不再预习复习，不会主动去发现和解决问题，学习效果当然大打折扣。三是教学环境的封闭。大学虽然是个相对封闭的地方，但诸如微商、电商等各类商业因素入手，勤工俭学渠道的不断丰富、校园更开放的姿态，都让大学相比以前已经有了更多的社会化倾向。有学生就调侃说大学是个小社会。在这样的大背景下，我们的大学语文教育还在因循守旧，教材选文都偏老化，教学手段单一化，评价方式固定化。大学生一方面已经在网络冲击下，在脱离父母管束的前提下，开始直接感知真实的社会；一方面又被关在教室里，听老师讲知识、背诵、答题、做作业、考试，重复中学式的闭合小循环。这样的结果一部分学生会排斥大学语文放弃学习，一部分学生则会习惯于这样的封闭，反而在进入社会之后无所适从。

（二）大学语文教育的师生关系

构成教育生态系统的生态因子之间应该是平等的、和谐的，其中关键的是师生之间、生生之间平等，是这种生态系统存在的前提。生态教育所追求的，应该是师生生命的充盈与完整，即师生人格的完整、个性的发展和情感与兴趣的满足。而对于大学语文中的师生关系，应该是两个平等的生态因子在很大程度上处于各自失位的状态。教师处在一个与学生因素和环境因素构成的复杂网状关系中，特别是在高等教育阶段，教师的职责不再是以知识传授为主，而应该越来越多地去成为一位引导者、咨询师、陪伴者，以及一位交换意见的参加者。大学语文教育应该更致力于发现和创设更有效果的和有创造性的教学活动：互相影响、讨论分辨、引导了解、积极鼓舞等。但事实上，我们的大学语文教师更习惯于扮演知识灌输者的角色。

高等教育的课堂，特别是基础教育课堂由于诸多因素，不是那么好把控，为了控制课堂，对教师来说似乎“我讲您听”的讲座式教学也更为简便。在这样的教师主导和控制的教育关系中，学生往往会出现一种理所当然的服从和退缩。在调查中笔者发现，大学语文课上，学生通常不会主动回答问题，而教师也习惯于要么问一些是与不是、对与不对的应答式问题，要么采用点名的方式让学生作答。很明显，在这样一种缺乏平等的课堂里，学生不会自主发现问题，更不会去发现自我、发现语文的魅力。那么从学生这个生态位来说呢？从本质上说，没有学生就意味着没有教育生态。学生才是学习的主体，决定着自己的学习效果和发展程度。学生这个生态因子也应该是最活跃、最主动的。但事实上，在高等教育中，学生很明显存在着不主动、不活跃的被动状态。在大学语文课堂中，学生最喜欢的就是那种大家一起回答“是与不是”“对与不对”的问题，可以堂而皇之地跟随大溜，不必做出自我的判断与思考。在遇到老师单独提问的时候，纷纷埋头生怕点到自己。从众与退缩，这是学生在大学语文教育中常见的两种特性。这两种特性也是造成大学生独立性和批判性较差的重要因素和表现。遇到困难就退缩，遇到问题不愿有自己的思想和表达，学生个体无法得到发展，学生品格无法得到锻炼。值得注意的是，大学语文教育中的师生关系还有着较为严重的疏离。相对于中学语文课课程多课时满还有早晚自习每天都要见，大学语文教师也许一周才能见一次。而和多数大学教师一样，进教室就埋头上课，出教室抬头也不认识，彼此交往局限在课堂上。大学教师与学生的关系，少了情感的认同与沟通，光靠课堂上的生硬联系，显然不能达到两个生命个体的情感交融，更无从谈起心灵的唤醒。

（三）大学语文教育的生态功能

功能平衡是生态系统整体和谐发展的重要方面，但随着市场经济的快速发展带来的功利化，高等教育的育人功能存在严重失调的情况。受传统发展观和功利取向的影响，大学语文也过分强调经济功能，片面强调工具性。忽略了教育的根本目的是促进人的全面发展，忽略了大学语文的文化传承和引导功能。语文教学作为一个客体对主体（社会与人）需要的满足。具体来说，体现在一学生学习的功利性目的。在每年都是“史上最难就业季”的大环境下，大学生不得不考虑学习和掌握一些看起来对自己就业有利的课程和证书。既然都已经学了十多年，也会写会读了，大学语文对找工作看起来没什么实际帮助。即使有学生愿意学好大学语文，也更多是为锻炼一个好口才应对面试，或者培养写作能力考公务员。

二是教材的经济利益指向。为什么这么多大学语文教材？在调查中笔者发现，由于没有统一的课纲和规范，大学教材成了编写者获利的一大工具。不少教材的编写和使用是有利益驱使的。在编写过程中，如何更系统更科学更受学生欢迎成了次要问题，首要的问题是考虑如何把教材编得厚一点，价格可以定高一点，即使不能卖给别的学校，也至少能够让自己学校的学生买这样的教材。于是一些地方院校对教材的选用标准也抛开教材本身的质量，掺入更多关系网的人为因素。三是教师的物质利益追求。作为大学语文教育的主要力量，教师也主动或者被动陷入了无形的功利圈子。大学语文作为基础课程，多数专职教师没有学院的归属，在科研经费、进修培训上没有专门的政策。收入普遍偏低，获各种奖项和精品课程的机会也比其他教师少，职称晋升机会更少，这个岗位根本留不住人。

为了解决这个问题，不少学校不设专职大学语文教师，而是由文学院刚入职不久的青年教师兼职上课。课时费不高、课程地位低，对职称毫无帮助，青年教师也不能专心教学，反而是想早日摆脱这个课程。没有稳定的师资队伍、教师梯队不完整、缺乏学科带头人，大学语文课程的师资问题显得越来越突出。

（四）大学语文教育的生态环境

高等教育的生态环境，是以高等教育为中心，对高等教育的产生、存在和发展起着制约和调控作用的多维空间和多元的环境系统。目前高等教育生态环境中的不利因素阻碍了整个系统的和谐发展。首先大学语文课程的地位始终不明朗。大学语文作为高校的一门课程，始终都没有取得“法”的保证。1986 年召开的全国大学语文研究会第三届年会曾把这一话题作为一个中心问题来探讨，想让大学语文课程作为必修的基础课被法定下来，结果却不尽如人意。其次表现为大众化教育迅速发展带来的物质支持不足。我国高等教育的发展已经步入大众化阶段，正向普及化阶段迈进，同时适龄人口数量在不断增加。巨大的人口数量对高等教育的发展提出了挑战，教师、教室等教学资源紧张。大学语文也是这样，在调查中笔者发现，学生一般都是合班上课，有的甚至跨专业、跨系别合班上课。一门大学语文课通常学生人数都在五十人以上，有不少超过百人。在大教室上大课，人数众多、专业分散，教师根本无从谈起对学生个体生命价值的关注，这是大学语文教育生态环境中最明显的状态。最后是教师待遇偏低造成师资力量供给不足，教材参差不齐造成教学内容的陈旧落后，教学方式单一造成教学资源的封闭。这些因素都制约着大学语文教育生态系统中能量、物质和信息的有效交换，阻碍着和谐流动的循环正常运转，从而无法建立起稳定态或平衡。中国人民大学校方表示，将大学语文课程由必修改为选修的原因之一就在于学生热情不高，多次课程测评的综合排名都是倒数第二位。

（五）大学语文教育的生态结构

我国目前有 1000 多所高校将英语列为基础必修课，而将大学语文列为基础必修课的高校只有 40 所左右。2012 年年初，武汉地区的大学语文研究会针对大学语文课程的调查发现，超过一半的高校将大学语文课程的课时安排为 32 个课时，甚至更少，而大学英语课的课时竟高达 300 个，有的高校甚至将其安排为 400 个课时。而本研究前期的调查也显示，和英语课程仍然是几乎人人必修的情况相反，大学语文的现状与 2012 年相比也几乎毫无进展，开课的学校首先就非常少，且多数都为选修。调查中笔者还发现，不仅课时少，大学语文的行课时间也被其他课程挤压，不少被安排到晚上或者周末。课程地位岌岌可危、课时少、排课时间边缘化，可以说大学语文在高等教育生态系统中的结构状态已经非常不合理。“由于人们对大学语文的重要性认识不足，大学语文的分量无法与专业课程以及计算机和外语课程相提并论，地位也处于可有可无的境地。”

郭思乐教授在《经典科学对教育的影响及其与教育生命机制的冲突》一文中指出：“教育是人的精神生命活动的过程。教育中生命活动的最大特点就是存在这种可能性，使生命达到调动起自身的一切，去不断地创造自我，改善和发展生命，生命会从中受到鼓舞，从而收获丰富和充实的人生。”如何贯彻生态化的教育理念，打造开放的生态环境、和谐的生态课堂、和谐的生态关系，关注系统内个体的可持续发展是未来大学语文教育生态研究的一个方向。

三、大学语文教育的生态失衡探因

综上所述，大学语文教育无论是在高等教育这个系统中还是在语文教育这个系统中，都处于一种失衡的状态。这样的失衡，成因是多方面的。从历史和现实的角度去考量，可归结成以下几个方面：

（一）大学语文教育的长期边缘化

高等教育是复杂的生态系统，每门课程的开课、比重、时长等问题，都源于对课程在整个网状结构中处于什么位置来进行权衡。从各个时期全国各地调查的情况显示，“学校排课靠后、任课教师靠后、学生选课靠后、课堂逃课较多、考试的及格率较低，大学语文课地位岌岌可危”。大学语文到底在高等教育这个生态系统中处于什么样的生态位？是主流还是边缘？是基本配置还是可有可无的选择？这些问题在近年来经常困扰着教育管理者、教师和学生。这种徘徊，有其历史的原因。

从历史的角度去深入探究，大学语文的边缘化首先来自国家层面的“重理轻文”。计划经济时代，国家的教育思想是“向科学进军”，优先发展科学技术，培养理工科人才，这种思想直接导致了1952年高等学校院系调整。那个时代的教育管理思想是人为地割裂了科学文化与人文文化的和谐、整体发展的大学生态关系。在以后的很长一段时间里，直至今日，理工科在国家决策者的意识形态和民众的思想里，仍然是受到重视的。大学语文作为人文教育的代表，在历史的洪流中很难不受到这种思维的影响。

再从现实的角度去追究，可用横向、纵向两个维度来思考。首先是纵向上看，语文教育的整合机制未能形成。基础教育和高等教育是教育体制中的主要环节，有共同的教育指向，也互相影响互相制约。不论是教材编写还是教师理念，都应该有连接有整合。目前我国每年有九百多万人高考，约百分之七十会开始接受高等教育，他们的成长成才是一个连贯的过程，有阶段性特点，但最终是一个整体，无法割裂开看。因此，高等教育和基础教育也必须形成有效的整合机制，让完成了基础教育的学生能顺利进入高等教育系统，不会被彼此的断层所困扰。但目前我国对基础教育和高等教育的管理指导是各自成系统的，在自身领域中都能有序进行，却无法互相联结起来，让终身教育的大系统有序运行。究其根源，还是信息的不畅通、不流动。主管部门的不交流、教师的不沟通，高等教育与基础教育之间长期的信息阻隔、各自为政自然也让语文教育深受其害。其次是横向上看，母语地位的腹背受敌。早在1999年11月，联合国教科文组织就将每年的2月21日定为“国际母语日”。联合国教科文组织总干事伊琳娜·博科娃在给第14个“国际母语日”的致辞中强调，联合国教科文组织倡导母语教学，因为“有助于传统知识的传承，还能帮助每个人表达思想并获得尊重，构成了推动社会包容的重要力量”。母语和母语教育的重要性已经毋庸置疑。但非常遗憾的是，我们的母语作为中华传统文化的重要载体，在国内外各种因素的压迫下显得腹背受敌。

从世界生态环境来说，英语的强势地位还不可撼动。长期以来欧美国家在经济社会发达背景下形成的语言优势，在全球化趋势的推动下，加强了英语的优势和吸引力。这给欧美国家的文化渗透打造了平台，掩盖了汉语的光芒。

从国内生态环境来看，汉语在网络入侵下已步步后退。首先就是网络时代交流方式对汉语的冲击。网络用语大行其道，成语被曲解和压缩，各类简称层出不穷，同音错别字更是比比皆是。其次随着电脑的普及、输入法的模糊，国人对拼音、笔画、笔顺和书法的概念，越来越淡化。最后信息化社会的阅读方式从纸质书本变成了手机等电子终端的阅读，碎片式快餐式阅读无法让汉语文学的魅力充分展现，无法培养文学审美。母语是一种延续终身的教育，在不同人生阶段中母语教育都占有很重要的位置。浙江师范大学的潘涌教授多年研究母语教育，他认为：“学子在母语中觉醒，在母语中感动，在母语中陶醉，在母语中生长并成人——这就是各国母语教育共同的价值追求。”因此，靠几年或十几年的时间完成全部母语学习的想法是不切实际的，把会读书写字当作母语教育的终点更是不可取的。不论是教育管理者还是一线教师，不论是学生还是家长，都要清晰明确母语教育的最终指向，去除功利性。只有大家共同努力，才能让我国的母语教育最终达到让学生成人，传承中华民族文化精髓的普世价值。

（二）大学语文教育的日益功利化

在市场经济创造出一个巨大的繁荣的物质世界的时候，功利主义具体表现为人们对物质利益的追求。对国家而言，功利化就是盲目追求经济增长；对集体而言，功利化就是一心追求利益最大化；对个体而言，功利化就是追求获得最多的经济价值。这种追求指向的是物质，本质是利己的，完全忽视了人类的精神需要。“有用性”是功利性价值观的唯一衡量标准。我国正处于市场经济发展迅速繁荣的时期，给功利主义价值观提供了沃土。学校追求的是升学率、就业率，教师只教要考的，学生只学看起来有用的，家长只关心孩子的成绩，单位招聘只看英语等级。大学语文教育也受到了功利化的冲击。在功利主义价值观大行其道的社会心理下，“可行性”与“教育规律”比起来，总是容易占上风。在管理上，理工科大学和高职院校因为学生语文素养普遍不高，为了提高学生的读写能力满足就业需要，就对开课比较重视，课时相对较多；在教学内容的选择上，也侧重于对学生语言表达能力的训练，期望语文能解决学生的语言交际能力，以适应社会需要；在教学评价的方式上，要么是如高考一样的闭卷考试，要么是交一篇东拼西凑的论文了事。对综合院校而言，语文并不能直接促进就业率，对管理者来说就成了可有可无的课程，高校领导层对语文的不重视，直接造成了大学语文的逐步取消。在学生方面，语文从小学到大，似乎会读会写就已经完成了语文学习，不论是考研、公务员还是就业，语文都没有实际明显的直接作用。

因此，大部分学生都将时间和精力用在了英语、计算机等实用性较强，各个地方都要考的课程上。语文成了鸡肋，用的时候才知道还不够，平时又不愿意去主动学习积累。调研中，有79%的学生表示更愿意去学习英语、计算机等对自己非常有用的“实用”课程。在教师和教材方面，也是如此。大学语文教师的地位不高、待遇偏低，让好教师留不住，不愿意去钻研，从而造成地位更低待遇更低，形成了恶性循环。教师追求经济价值和晋升空间，长期坚守大学语文岗位的少之又少。高校中重科研、轻教学的功利主义风气，也直接影响了大学语文教师的队伍建设。教材方面因为没有统一大纲，追求经济利益，显得编写上过于随意，几个人凑在一起拼拼剪剪就编出一本教材的大有人在。长江师范学院的大学语文教师肖太云就说：“教材更换频繁。近10年中换了近10种教材，几乎平均每年一换……有的教材甚至是本校教师作为编者参与其中，由利益而导致的人为因素渗透进了大学语文教材的建设和使用之中！”学生以就业为中心的实用主义，教材编写选用的功利主义，以及教师以自我为中心的职业定位，无疑就把大学语文带入了低俗的直观实用体系。这种功利性有时代的背景，也有语文教育本身的历史渊源。语文教学中长期以来对工具性的过分重视，中小学以高考为指挥棒的功利性延续，都是造成大学语文教育功利性的因素之一。

大学语文教育的理论迷失，大学语文“危机”和“边缘化”，除了外部生态环境的恶劣，还有内部理论上的自我迷失状态。二元对立的思维方式强调的是非此即彼，语文教育的课程性质争论长期处于这样的思维方式中，似乎非要去争个您死我活、您少我多。“语文教育无论具有多少功能，但万变不离其宗，其根本前提是学生必须能够正确理解和运用祖国的语言文字。”因此，不论是基础教育还是高等教育，首先都应该致力于学生语文能力的不断提高，掌握好自己的母语工具，其次才是对学生的文学熏陶，促进语文素养的形成与发展。在实际教学过程中，中小学已经在《课标》的指导下寻求平衡，但大学却仍然倾向于抛弃工具性。更有人提出“中学阶段，母语的基本技能训练已经完成，部分学生如果语文技能仍有较大欠缺，则应反思中学语文教育的效率，而试图在大学阶段再进行普遍性的语文技能训练，显然是不必要的”。这样的理念忽视了语言学习的连续性，忽视了语文教育的衔接性。工具性的断层，如无源之水、无本之木，让学生的人文性培养显得底气不足、力不从心。而“人文”这个概念本身就是非常复杂的。比如西方的人文是指个性的解放，而中国的人文指的更多是文明对人和社会的制约。用“人文”来定义大学语文的性质，似乎成了百宝箱，什么都可以装进去，大学语文被赋予了过多的使命。从历史到文化、从德育到美育、从文化底蕴到文化继承、从人文素养到道德伦理、从明理载道到审美情趣等各个领域，大学语文好像都能发生奇效。世风日下，传统文明的失落也可以归罪于大学语文。但“人文”究竟是什么呢？看看那么多篇呼吁加强人文性的论文，也并没有真正说得很清楚，反而是多把“人文精神”当成了思想、政治、情感、人格的代名词，以为在语文教育中加强“人文精神”，就是进行思想、政治、情感、人格的教育。在高等教育阶段，课程更多样，人文教育可以体现在各种文化课程中。只强调价值观教育，那么思想政治理论课更适合；只强调审美教育，那么艺术鉴赏课更有利；只强调文化传承，那么历史文化课更系统。因此目前教学实践中过于宽泛而飘忽不定的“人文”课程理念，让大学语文多了一些其他学科的属性，却少了一些自我的特质，反而似乎时时可以被其他课程替代。其实中国的和谐人文精神从生态学理论来说，涵盖了精神生活的各个方面：一是人与自然的关系，二是人与人之间的关系而形成的社会关系，三是人与自身的关系。和谐人文精神倡导的是关爱生命，突出生命伦理的基础性；勇于担当，提升生命伦理的根本性；家国一体，注重生命伦理的社会性；天人合一，实现生命伦理的全面性；博采众长，增强生命伦理的融合性；与时俱进，实现生命伦理的创新性。许多人反对人文精神，就是混淆了精神与思想的基本区别；有的人主张人文精神，也是混淆了二者的区别，试图以思想教育纠偏语言训练。从对生命的关注出发去看待大学语文的价值取向，跳脱出人文工具的二元对立旋涡，才能从根源上去解决大学语文的危机，走出尴尬的边缘化境地。江苏省中学语文特级教师蔡明说：“生态语文教育所追求的就是让每一个生命个体在语文素养不断形成和发展的过程中丰富自己，完善自己，自信自强，思想自由，精神独立，灵魂高尚，在任何处境和际遇中都能迸发出生命的奇迹。”生态学视域下的大学语文，不应在理论上执着于人文和工具的孰轻孰重，而是应该牢牢抓住母语教育这个根本属性。母语教育，必然是语言文学民族思想都融合在一起的教育。大学语文作为母语教育的高等教育阶段，也应该是融会贯通的，是指向人在母语中的自由发展的。大学语文教育追求的就是如诗人特奥多尔·冯塔内所描述的那样，“努力为毫无依靠的幼树提供一根拐杖，从而使其能在纯洁的空气中自由自在地、无忧无虑地成长”。

总结起来说，大学语文的生态失衡即是：从教育生态主体看，受教育者主体性得不到发挥，教育者待遇低下主动性不强；从教育生态环境看，对内课堂气氛单调、沉闷，对外课程设置不受重视，被其他科目挤压严重；从教育生态功能来说，工具性和实用性占据上风，人文素养提升无法实现；从教育生态资源来看，缺乏与基础教育的有效连接，教材版本多质量不高；从教育生态关系看，缺乏一种动态的、自然流动的激情与灵性，缺少情感的交融，缺少师生之间对生命价值的体认；从教学生态规律来看，对人的自然规律和教育循序渐进、因材施教的基本规律不够尊重。针对这些失衡问题，我们首先要解决的是弄清楚大学语文教育生态的内部构成和结构特征。通过对失衡的分析，找到影响大学语文教育最明显的几个生态因子，并分析其良性运转和谐发展的应然状态，从而有针对性地去解决失衡问题。

四、大学语文教育的生态学内涵

（一）大学语文教育的生态哲学观，生态危机让人类从不可持续发展的价值观转为可持续发展

这是一种“哲学转向”，让“生态化”成为大学教育的新理念。人类既有责任和义务，又有必要和有可能，通过大学教育的作用推动生态文明的发展。生态哲学扩展到其他领域，就是用生态和整体的眼光看待各种问题，用生态化的思维去思考各种危机。生态哲学思维倡导“用整体、立体、动态的眼光看待生命和事物，弘扬跨学科的研究方法”。生态哲学有着丰富的内涵，从世界观和认识论的角度来看，“生态哲学或者是生态世界观就是运用该生态学的基本观点和方法观察现实事物和理解现实世界的理论”。美国学者弗里特乔夫·卡普拉指出：“在生态世界观中，始终贯穿着两个主题……这两个主题——相互联系和运动是科学理论和东方哲学一再被提起的概念。”在梳理总结前人研究的基础上，可以说大学语文的生态哲学观包括：两个基本的理念——生态系统理念和动态平衡理念，三个基本理论——生态圈理论、全面和谐发展理论、可持续发展理论，三个基本观点——整体观、和谐观和系统观。本节主要的理论基础就来源于此。生态系统理念是指，在生态学里，“一切事物与一切事物有关”，也就是一切事物和现象之间都有一种基本的相互联系和相互依赖的关系。生态学理念中，生态的各种因素之间的作用和联系都非常重要，需要足够的重视。动态平衡理念认为“现实和宇宙在根本上是运动的，结构是一种基本过程的表现形式，而且结构和过程两者最终也是互补关系”。因此，生态哲学强调的是动态的过程而不

是静止的状态，把自然看成一个运动的过程，“这是生态哲学对现代哲学的一个贡献”。生态圈理论是生态哲学的基本理论之一，自然界的各要素相互制约，实现生态平衡，促进生态系统的和谐发展。这要求我们有整体观，将大学语文教育看作一个有机整体，其中的每一个要素均具有不可替代的意义，发挥着各自不同的作用，共同实现生态平衡。在一个开放、有序、复杂的生态系统中，大学语文教育的各个生态因子相互作用、缺一不可，共同构成了动态平衡的生态圈，实现教师和学生的平衡发展。全面和谐发展是生态哲学的又一基本理论。生态学要实现的发展不是某一物种或某一区域的发展，而是全面和谐可持续的发展。因此在大学语文教育改革过程中要致力于实现教师与学生的全面发展。教师要实现教学相长，学生要实现自我发展。学生的发展也不是某一类或某个学生的发展，而是全体学生的发展，不是学生个别方面的发展，而是身心等各个方面的发展。这就要求大学语文教育必须因地制宜、因材施教，针对不同学生的特点，采取具有针对性的交往策略和手段，促进学生的全面发展。可持续发展是生态哲学重要的基本原理，要求我们既要考虑当代的发展现状，也要考虑后代人的发展前景，实现人类经济建设与环境的和谐发展。以可持续发展理论审视大学语文教育，即是要实现教育目标、教育环境、教师和学生的可持续发展。生态学视野下的大学语文教育以促进教师和学生生命的可持续发展为本，关注个体的内在需求，注重生活体验，遵循教育的内在规律，共同创建动态中稳定前行的大学语文教育生态系统。生态哲学的内涵，学界有着相当多的论述，但“整体”“和谐”“系统”是其中都能达成共识的几个基本观点。整体观可以说是生态哲学的精髓所在，世界在整体观的前提下成为一个整体，在这个整体中，主客体是可以相互转化的，且都是平等的，处在普遍联系之中；和谐观是生态哲学的落脚点，理想的生态世界是人与人、人与世界的和谐共处，追求的是生态圈的平衡。生态哲学的系统观认为世界是由大大小小的系统构成的，每个系统内部都自成体系，系统之间又互相联系。生态哲学的产生与发展，为生态学以外的其他学科提供了一种新的思维方式和研究方法。对于大学语文教育来说，正是需要这样一种全新的理论视角，去探寻其失衡的现状成因，建立起一切与一切联系的理念，在动态中追求平衡，更广范围、更深层次去研究大学语文教育。

（二）大学语文教育的生态学解读

在生态学的视域下来看大学语文教育，有这样几个方面的概念值得关注和解读。孔子的教育生态智慧启示古代教育思想中占统治地位的儒家教育的本质也是生命教育。中国古代伟大的思想家、文学家和教育家孔子，作为儒家文化的代表，其教育观可以说是博大精深。其中不少智慧结晶中都蕴含着丰富的教育生态学观点。首先，孔子创私人讲学之风，主张“有教无类”，因材施教。相传有弟子三千，贤人七十二。“有教无类”的教育理念体现了教育公平性和多元性，尊重社会的多元性和人人受教育的权利，可以说是中国教育生态化理念最典型的体现。其次，孔子“因材施教，学以致用”强调教育必须符合人的天性及发展的规律。提倡教育要研究人的本性，在不同的人，和人发展的不同阶段实施不同的教育。这是最早的以人为本的教育观，也是一种教育遵循自然的理念。再次，孔子认为教育应注重实践、立足社会，提倡教育的开放性，以及教育与社会的紧密联系性。子曰："诵《诗》三百，授之以政，不达；使于四方，不能专对；虽多，亦奚以为？"子路饱读诗书、学识丰富，却办不成交给他的任务；让他出使国外也不能独立应对外交事务；这样，书虽然读得很多，可又有什么用处呢？这不正是高等教育中致力于培养创新与应用人才的历史映照吗？最后，孔子主张的是"知者乐水，仁者乐山。知者动，仁者静。知者乐，仁者寿"(《论语·雍也》)，在教育中非常注意培养生态观念。提倡君子应该仁民、爱人、乐山乐水，要求弟子将人间的和谐与自然的和谐统一起来，把生态伦理教育有机地融入人伦道德教育中。孔子的教育思想对改变目前大学高等教育重专业知识传授而轻价值观培养的教育生态失衡状态具有重要意义。在德育中渗透生态观教育，注重教育的开放性，以人为教育的主体和目的，尊重教育的多元和平等性，这些观点至今仍然闪耀着未被历史尘埃掩盖的光辉。通识教育与教育生态理念的契合"通识教育"(general education) 也称为普通教育或一般教育，它是大学教育中区别于（或相对于）"专业教育"的一个概念。通识教育注重更广泛、更深入的有关人文、社会和自然的基本知识的教育、人类文化遗产的传播及对学生人格的教化作用。用生存哲学和生命哲学的视野来理解教育对人的心灵、情感和创造的价值，通识教育是最好的教育方式。通识教育不是训练学生某一方面的技能，而是侧重于训练学生的有效思维。从思想上去提高学生表达、判断和鉴别的能力，"并以此使学生的感情和理智都得到发展，从而有助于造就全面发展的人"。通识教育并不仅仅是一种课程类型，更不仅仅是一种培养模式。从生态学的角度看，通识教育实际上是一种教育理念，"强调能力和心智的并养，专业教育和综合素质教育的均衡发展，人的人文素质与科学素质的和谐发展"。这种教育理念本质上体现了生态的整体发展观。美国哈佛大学"将通识教育分为 7 个领域，即外国文化、历史研究、文学与艺术、道德思考、社会分析、定量推论和自然科学"。这是西方通识教育的典型写照。而作为我国的通识教育典范，复旦大学分了"文史经典与文化传承、哲学智慧与批判性思维、文明对话与世界视野、科技进步与科学精神、生态环境与生命关怀、艺术创作与审美体验"6 个板块。不难看出，这些通识教育的领域都与教育生态理念息息相关。从教育功能上说，"人文、社会科学类的通识教育有利于培养大学生的生态人格，促进其生态道德观念的形成和人性中真善美的发扬；工程、自然科学类的通识教育有利于培养大学生生态文明建设的能力，使大学生深刻认识到科技进步和创新是实现资源节约和环境保护的最佳途径"。

大学语文教育应当也可以作为基础课程，承担通识教育中人文的核心功能，这与教育生态理念是完全吻合的。徐中玉先生就认为："大学语文课程在大学阶段应是重要的'通识'课程，贵在以学生的需要为中心，力求引导学生，使他们确立自觉、积极学习的态度。"素质教育一种可持续发展的生态教育理念，联合国环境与发展委员会 (WCED) 在 1987 年公布的报告《我们共同的未来》中，指出："为达成可持续发展所需的转变，教师扮演着决定性的角色"，首次提出了"可持续发展"概念，引起国际社会的广泛注意。此后，国内外的教育家从可持续发展的概念和原则出发，提出了教育的可持续发展思想。在教育领域来说，可持续发展的教育作为一种追求生态平衡的教育，“既要满足当前社会对教育的需求，又要满足未来对教育的要求”。那么从教育指向来说，能够实现可持续发展的教育，只能是素质教育。素质教育的核心是以人为本，致力于使学生“具有初步的创新精神、实践能力、科学和人文素养以及环境意识;具有适应终身学习的基础知识、基本技能和方法”。在生态学理念中，人是自然的人，教育需要尊重人的自然性、习性，也就是尊重生命。因此，素质教育的本质就是回归生命本体的教育，一种可持续发展的生态教育。教育生态平衡要实现，就必须全面推进素质教育。因为“只有实现了教育生态的平衡，才能实现真正意义上的素质教育”。对大学语文来说，也必须是素质教育，实现可持续发展的教育，才能实现人的全面发展这一教育目标，也才能让大学语文教育既满足当下又着眼未来。首先，大学语文教育必须遵循可持续发展规律。可持续发展理念要求大学语文教育不仅仅关注教育本身，更要注重与社会、经济、文化等各个方面各个领域的连接协同，只有素质教育能让彼此都达成可持续发展的共识，并共同努力，促进整个社会的可持续发展。

其次，大语文观是一种普遍联系的生态教育理念。大语文观，是指以科学的人文精神为指引，以全面发展的人才为培养目标，从多种角度和途径，全方位立体化学习语文知识，从而实现语文教育目标的思想、观念和方法。长期从事语文课程、教材研究与小学语文教材编写工作的崔峦说:“学习母语，是靠尽可能多地接触语言材料，尽可能多地利用语文教育资源，在大量的、丰富多彩的语文实践中培养语感，逐渐感悟习得，逐渐掌握运用语文的规律。”把语文看作母语教育，把语文教学置于社会生活中，利用生活作为语文教育资源，在实践中学习和使用语文，这就是大语文观。大语文观在本质上看，就是一种教育生态理念。二者共同的哲学基础是，认为教育内容、教育资源和教育环境作为生态因子，是互相联系、相互制约，并动态生成的。

大语文观不再将教育资源局限在教材课本中，不再将教育过程框定在学校和课堂上。大语文观重视环境对教育的影响，让教育过程覆盖到生活的方方面面，不孤立看待教育问题。这与生态哲学中的整体观和普遍联系的理念不约而同。这种契合就要求语文教育需要遵循整体性、系统性，具有开放性、尊重生命性，追求生态平衡。体现在教育环境上，就是将整个汉语社会看作语文教育的大课堂，全方位分析环境与人的互动共生关系；体现在教育资源上，就是把生活交际的一切都作为教学文本和实践载体；体现在教育方式上，强调综合性、自主性的对话式教学;体现在教育评价上，就是注重过程性评价，尊重多元化。在大学语文教育的范畴内，大语文观也是教育生态理念在指导思想上的体现。在观念上，要高；在内容上，要全；在方法上，要变；在范围上，要广。这需要大学语文教育的管理者、实施者和研究者共同去学习、体会、总结和实践。无论是高等教育中的概念“素质教育”“通识教育”，还是语文教育中的概念“母语教育”“大语文观”，都是一种教育生态理念，符合生态学的认识论和方法论，也因此可以说明从生态学的视域去开展大学语文教育研究，是完全可行和必要的。

五、大学语文教育的生态因子

大学语文教育生态系统的生态因子有很多，任何与大学语文教育相关的教师、教室、教材等都是其中之一。对于大学语文教育的良性生态因子，根据失衡问题的分析，本节认为主要包含教育主体、教育资源、教育过程、教育环境、教育关系、教育规律等。主体、资源和过程侧重于大学语文教育体系内部的建构与完善，环境、关系和规律则指向对大学语文教育有较大影响的因素分析和利用问题。这些生态因子共同构成了大学语文教育的生态系统，共同促进大学语文教育的生态平衡发展。而各个生态因子系统的互相制约和共生发展，也是大学语文教育生态系统能达到平衡发展的决定性因素。根据生态因子的不同，大学语文教育生态系统可下分为教育主体系统、教育资源系统、教育环境系统等，任何一个因子系统发展的超前或者滞后，都会直接影响其他因子系统，从而造成大系统的割裂与失衡。

教育生态系统因子中，教育生态主体和教育生态环境是两大不可分割的部分，也是一个由多种生态因素组成的复杂整体，它们“都对教育者和受教育者在教育活动中的认知、情感和行为产生影响，对教育活动进程和效果施加持续的系统干预”。因此，要讨论大学语文教育的良性生态因子，最重要的是考虑“两个主体”和“三个环境”：“两个主体”指教育者和受教育者，“三个环境”是指自然社会环境、学校家庭环境、个体内在环境。除此之外还有“两个关系”和“三种规律”：“两个关系”指人与人的关系、人与环境的关系，“三种规律”指自然规律、社会规律、教育规律。

（一）大学语文教育生态主体

从生态哲学的意义上看，生态就是由生命要素组成的主体的自我成长和更新。而在教育中，这个生命要素组成的主体就是人。因此，大学语文的良性教育生态主体是人，目标就是培养人、生态自然的人、平等共生的人。回归教育生态主体的自然性这里所说的“自然”不等同于古代农业文明中处于被动仅仅敬畏的“自然”，而是生态文明时代里主动生态化的“自然”。也就是尊重人的个体价值，尊重生命本身的意义，顺其自然去引导，使之成为他应该成为的那个人。首先，这是自然规律的根本要求。马克思在《1844 年经济学哲学手稿》里明确指出：“人作为自然存在物，而且作为有生命的自然存在物，一方面具有自然力、生命力，是能动的自然存在物；这些力量作为天赋和才能、作为欲望存在于人身上。”人是自然界的一部分，追求教育主体生态化的自然，是顺应自然规律的必然选择。这要求大学语文教育重视人的自然属性，不揠苗助长，更不能过多去干涉和破坏人与自然的和谐共存与发展。其次，这是人和谐发展的真实需要。人本身是由具有自然性的生命要素构成的，人的发展与自然规律、自然环境、自然因素息息相关。要达到人的和谐发展，就需要在教育过程中主动发现和把握人的身心发展自然特点，遵守其自然发展规则，积极寻找人在教育中的生态位。生态心理学等研究人类身心规律的学科不断发展，为大学语文教育目标的生态自然提供了有利条件。这要求大学语文教育关注情感熏陶，尊重个体生态差异，不人为划定一条分数线。最后，这是社会发展对教育的时代要求。当前社会主义和谐社会的建设对高素质的生态型人才提出了要求，这种人才的核心特征就是身心和谐、有强烈的生态理念。生态学家徐嵩龄就曾提出“理性生态人”概念，“要求人们在社会生活中，除了成为某一行业的专家外，还应具备与其职业活动及生活方式相关的自觉环境保护意识”。云南大学生命科学院博士生导师段昌群教授认为生态意识和生态道德的形成，都依赖于生态教育。

这就要求大学语文教育在生态型人才的培养中发挥功能，在对教育主体的把握中体现强烈的生态性。实现两个教育生态主体的平等共生大学语文教育生态系统的主体包括教育者与被教育者。二者的相互共生，是教育生态平衡的关键要素。教育者和被教育者在教育系统中互相依存、相互作用，且能够彼此转换。首先是教育者的客体化。大学语文的教育者首先也应该是个受教育者，母语的学习是终身的，教育者对语文的学习也应该是伴随一生的。因此，在教育过程中，要求教育主体能主动意识到自己的客体化，并能够在大语文教育体系中接受教育。其次是实现被教育者的主体化。受教育者在教育过程中不能始终处于被动接受状态，而应该成为学习的主体，主动学习。

最后是实现教育者与被教育者的平等化。大学语文教育关系的三个层次，最低层次是教师主体化，较高层次是学生主体化，最高层次则是师生真正的平等，也就是教师会教、学生会学，师生各自以一种理想能量的互动关系存在，既不失位，也不越位，共同协调、促进大学语文教育的和谐发展。在教育者与被教育者的平衡中，还要求社会给予足够的支持，建构起覆盖全社会的教育网络体系，让教育者和受教育者都有足够的社会资源支撑学习，而不仅仅限于课堂。

大学语文教育生态环境教育的环境往往是自然因素、社会因素和文化因素（包括人的心理、生理因素等）相互交叉渗透、融会贯通的复合生态系统，也可视为是由教育的自然环境、社会环境、规范环境和教育对象的生理和心理环境的综合。教育生态环境对大学语文教育的发生、存在和发展产生着影响与反影响作用。大学语文教育不仅需要积极主动地去适应环境的发展要求，同时也能积极有效地利用环境获得自身更好的发展。

因此，大学语文教育生态系统，时刻与外部的社会生态环境和内部的主体生态环境发生着作用，并通过不断适应和能动地影响环境，使其达到动态平衡。这样的互相适应和改造的过程就是对大学语文生态环境的优化。大学语文教育的生态环境可以分三个层次：一是外部的自然和社会生态环境；二是学校和家庭环境；三是包括个体心理和生理等内在的环境。因此，大学语文的良性教育生态环境包括三个方面：

1. 贯穿生态文明价值观的社会生态环境

经济发展的模式和速度、经济增长方式和利益追求方式都会对教育产生一定的现实影响，大学语文也不例外。在市场经济快速发展的背景下，追求物质利益最大化和快速化，让大学语文教育陷入了工具性的旋涡，能说会写成了大学语文最简单直接和有效的功能。

对传统历史文化的淡化，快餐式娱乐流行文化的冲击，让大学语文在人文性功能上也产生了异变，深刻性系统式的审美体验被浅表化碎片式的阅读理解所掩盖。功利价值观对大学语文教育直接产生了负面的影响，弱化了大学语文教育的地位和作用，造成了边缘化的尴尬处境。要实现其对大学语文的积极促进作用，营造贯穿生态文明价值观的社会生态环境，需要社会各界的共同努力。

2. 开放自主教学相长的学校生态环境

学校生态，包括了学校以学风为代表的学习氛围、以教风为代表的教学氛围、以校园文化为代表的文化氛围。因此，大学语文教育需要营造一种开放自主、以学生为本的生态环境，让学生自己把握学习的主动性；同时也需要营造一种教学相长、专心从教的生态环境，让教师在教学中展现价值，而不仅仅是传授知识的工具；此外还需要营造一种学校开放包容、自由文明的生态环境。转变象牙塔自我封闭的办学模式，从教育管理理念上就树立起大语文观，与学生家庭、其他高校、中小学等社会各界形成整体效应。氛围融洽重视母语的家庭生态环境。

家庭教育是大学语文的重要教育资源，父母亲人也是大学语文重要的教育者之一，潜移默化地发挥着或正或反的作用。作为母语教育，大学语文教育比其他学科更容易受到家庭因素的影响。家庭生活是大学生日常生活的重要部分，家庭在母语的学习和使用中占有不可替代的独特位置，因此也成为大学语文教育重要的教育资源和实践平台。一个良好的家庭文化氛围，能有效提升大学语文教育的实际效果。而作为人际关系中的重要部分，父母亲人的语文素养、教育理念和学习方法，对大学生也有着润物细无声的潜在影响。有效的大学语文教育，应充分肯定和利用家庭对大学生良好语文素养形成的积极因素，让学校、家庭和社会在密切结合和相互促进中推动大学语文教育的发展。

3. 健康稳定积极向上的个体内在环境

个体内在环境指的是受教育者个体内在的身体、心理因素。身体因素是比较容易理解的，健康的身体是学习的基础条件。而同样的，心理因素也是学习中有较大变量的生态条件。越来越多的人开始认识到健康的重要性，积极锻炼打好身体基础，是有效学习的先决条件和必要条件，对大学语文而言亦是如此。而心理因素就较为复杂，需求、愿望、情感、认知、信念等都是。因此，大学语文教育在个体受教育者身上到底实效如何，兴趣、意志、性格和习惯都会起到一定的作用。

（二）大学语文教育生态关系

教育生态系统中，生态关系就是指与教育相关的所有生态因子之间及其与生态环境之间的关系。那么，在大学语文教育生态系统中，就是师生、生生、与父母亲人之间的人际关系，以及个体与大学语文教育环境之间的关系。各种生态关系形成了生态链，任何一种关系的破损和断裂都会引起生态链的危机，从而影响生态系统平衡。

大学语文的良性教育生态关系首先分为人与人之间的和谐关系、人与环境之间的和谐关系。人与人的和谐关系首先是平等和谐的师生关系。师生是最显性，也最直接作用于大学语文教育的人际关系，因此也备受关注。在生态系统中，师生关系不是教育者与被教育者之间的固定模式，而是可以互相转化的。在终身母语教育中，老师既是教育者也是受教育者。作为独立的生命个体，师生之间也应该是平等的。但目前大学语文教育的现状是，受传统教育体制的惯性影响，教师仍然处于主导的位置，学生处于被动接受的位置，且带有高等教育阶段较为突出的师生关系疏离问题。

因此，在大学语文教育生态系统中，最首要最关键的一是师生关系，使之平等、协调、合作、对话、互相促进、彼此交融。这方面的策略已经研究较多，本节后面也会专门谈到这个问题。二是融洽和谐的亲情关系。前面谈到作为人际关系中的重要部分，父母亲人的语文素养、教育理念和学习方法，对学生有着润物细无声的潜在影响。这一点在幼儿教育研究中和实践中已经得到了验证，但在高等教育阶段却没有引起足够重视。教育从来都不仅仅是学校和老师的责任，也是社会和家庭的义务。作为最重要的交际工具，母语在父母亲人与学生个体的交流中有举足轻重的作用，从而也对大学语文教育的外在系统起作用。一个不重视语文教育并很少与孩子讨论语文素养、文化传承、审美体验的父母，带给孩子学习语文的兴趣和态度都会是负面的。而目前功利价值观影响了不少在职场打拼的父母亲人，也同时将例如“学英语才有用”“中小学都学了语文就够了”“会读会写就是学好了语文”这样的观念传递给了学生。重视大学语文教育中的亲情关系，将其纳入教育系统中，并着力发挥其正面引导作用，是研究者和实践者都应该引起注意的课题。

三是合作和谐的生生关系。作为独立的生命体，学生在教育生态系统中也与其他个体之间有着相互影响的密切联系。在课堂上学生之间的关系比任何其他因素对学生学习的成绩、社会化和发展的影响都更强有力，但课堂上同伴相互作用的重要性往往被忽视。但这种生生关系长期以来并不为大家所重视。王策三先生在《教学手稿》中所说的“缺乏真正的集体性，每个学生独立完成学生任务。教师虽然向许多学生同样施教而每个学生各以自己独特的方式去掌握。每个学生分别地对教师负责他们即学生与学生之间并无分工合作，彼此不承担何责任，无必然的依存关系”。这样的情况在大学语文教育中随处可见。

因此，在大学语文教育中，需要更多组织和调动学生之间的合作精神，促进学生之间情感的交融、思维的碰撞。四是团结和谐的师师关系。和生生关系同理，教师与教师之间的关系也是有一定影响的。教师个体之间的社会责任、社会权利和社会地位都是平等的，因此平等互尊是最重要的交际原则。这要求教师之间互相尊重、互相欣赏，在学生面前自觉维护其他教师的权威，给予其他教师的教学思想、方法和劳动成果足够的尊重。同时自觉营造好团结协作的氛围，让教师之间存在的意见分歧，通过交流对话的方式加以解决。一个积极向上、团结协作、理论联系实际的大学语文教师团队，对教师自身素养的提高、教育理念的提升、教学水平的加强都是有积极促进作用的。

反之，单兵作战或同事对大学语文教育的认同感非常低，教师的教育热情会很快被浇灭。而且值得注意的是，教师处理同事关系的行为为学生与同伴群体、成人交往提供了参照，是学生学习语文的学校生活环境，学生往往会将教师之间的交往行为与语文教师传递的人际关系处理理念相印证。

人与环境的和谐关系。大学语文教育的生态环境前面已经讨论过，不管是教育者还是受教育者，与社会、家庭学校以及个体内部环境之间都存在着各种复杂的关系。普遍联系，这是生态哲学的重要观点，也是对大学语文教育优化的重要启示。这些复杂的关系包括范围非常广泛。例如从宏观来看，教师与政治、社会、经济背景之间的关系，学生与社会道德水平之间的关系，以及师生与高等教育发展之间的关系；从微观来看，师生与教材、课堂的关系，与网络社会媒体交流之间的关系；等等。环境是个复杂的多面体，因此人与环境之间的关系优化也是一个复杂的多元体系。这要求我们尽可能全面去考察大学语文教育面临的各种环境要素，去分析各个要素对个体的正反作用，并对其权重有所判定。在具体的教学实践中能够全面、系统、动态去看待每个要素，并着力于发挥其正面作用，抑制和规避其反面作用，这对大学语文教育效果也是非常重要的。每一种生态关系都存在紊乱和协调、互补和对冲等状态。对生态关系的优化，就是让生态关系处于相对整体协调、互补共生的状态，尽量避免紊乱和对冲相克。大学语文的良性教育生态关系就是人与社会、学校、家庭之间的和谐共处，以及人与自身个体内在环境的和谐统一。

大学语文教育生态规律是事物存在和变化过程中所固有的、本质的、必然的稳定联系。任何事物运动过程都是有规律的。生态规律，就是生态运动过程所内含的固有、必然和本质的联系。

大学语文教育的生态规律按照所属领域不同，分为自然生态规律、社会生态规律、教育生态规律。

1. 关注生命价值的自然生态规律

任何一种生态规律的提出都是以生态哲学为基础的，而尊重自然性是生态观的重要观点。因此，生态系统首要的还是遵守自然生态规律、尊重人与事物的自然性。教育不例外，语文教育更不例外。在大学语文教育领域来说，首先就是树立自然生命观，将人回归自然生命体的本性，关注生命价值，并用自然的眼光去认识和理解自然界的事物。

2. 关注母语交际的社会生态规律

社会生态规律，是指人类生态系统或社会生态系统的运动规律，是主导人类生态运动过程的规律。人类生态系统与纯粹的自然生态系统不同的是，以人及社会组织为主体，沿着维持人的生命存在，以及社会繁荣的方向来运行。因此，可以说社会生态规律既包含了自然生态规律，又因为有人为的介入和目标，比自然生态规律具有更复杂的形式、内容和特点。在我们的社会现实当中，母语交际贯穿了社会发展的各个环节。因此在大学语文的良性生态因子中，需要我们尽可能去认识和理解与之相关的社会生态规律，融入大学语文教育过程中来，特别是重视母语交际的社会生态规律，在母语历史文化沉淀、语言的发展规律等方面需要更多的结合交叉和统筹思考。

3. 把握语文本质的教育生态规律

规律其实就是一种关系，但不是任何一种关系都是规律。各种关系当中最本质的关系才是规律。教育中的关系非常多，教育者与被教育者之间、教育者之间、被教育者之间、教育主体与环境之间、教育方法与教育评价之间等。这些关系当中，最本质的必然的关系，就是教育规律。在众多纷繁复杂的教育现象中，如何去梳理总结归纳其本质联系，辨别、发现和把握教育规律，是大学语文教育生态系统需要重视的地方。教育生态规律很多，在大学语文教育生态系统中我们讨论其中较为常见和重要的三个：耐性规律、限制因子、富集。首先是耐性规律。美国生态学家谢尔福德 1913 年提出了耐受性定律 (law of tolerance) 耐性规律。这个规律指的“是生物的存在与繁殖，要依赖于某种综合环境因子的存在，只要其中一项因子的量 (或质) 不足或过多，超过了某种生物的耐性限度，该物种就不能生存或者灭绝”。

在大学语文教育中，教育者和受教育者的比例不合理，学生人数过多，则会直接影响个体教育效果。教育者在教育过程中如果忽视了受教育者的接受程度，过快过慢都会影响受教育者的学习兴趣和态度。这个规律需要我们研究教育生态因子的耐受度，并让各个因子在正常的耐受度范围内发挥更大的作用。其次是限制因子。在教育生态系统中，临近或者超过耐性限度的生态因子，就成为该教育生态系统的限制因子。限制因子的存在制约教育系统的正常运动和发展，需要我们不断去发现和优化。教育生态系统中的限制因子是多种多样的。例如目前学生人数过多、专业教师过少，都是大学语文教育显性的限制因子。从影响大学语文的要素上看可以分为自然的限制因子、社会的限制因子、精神的限制因子等，要看到这些限制因子的客观限制性，足够重视、理性分析，排除限制作用和影响。最后是富集规律。教育生态系统中的物质流、能量流、人才流、信息流等高度集中，造成富集现象。教育生态系统中的富集现象一方面可以促进教育生态系统的发展，对整个生态系统的优化起作用。

但另一方面，在一定时间和空间的前提下，如果个别富集度过高，也会产生不平衡，对生态系统的优化起到反作用。例如大学语文教育中，在课程地位和教育资源没有较大改善的前提下将师资力量快速增强，教师学历层次提高到博士，职称提升到教授，失去了良性竞争共同进步的空间，反而会制约整个教师队伍的健康发展。这就需要我们关注教育富集现象，避免其反作用。以生命关怀为出发点和落脚点，重视各类生态环境的影响，关注各种复杂的语文关系，尊重各种生态规律的大学语文教育，可称之为生态的大学语文教育。因此，大学语文的良性生态因子包括体现自然性、追求平等共生的教育生态主体；贯穿生态文明价值观的社会生态环境、开放自主教学相长的学校生态环境、氛围融洽重视母语的家庭生态环境、健康稳定积极向上的个体内在环境；和谐的人与人之间关系、人与环境之间关系；关注生命价值的自然生态规律、关注母语交际的社会生态规律、把握语文本质的教育生态规律。每一种因子都保持良性状态，这是一种理想，绝对化的实现也许不可能，但我们可以也应该向这样的理想不断靠近。

三、大学语文教育的生态特征

生态系统理念和动态平衡理念是生态哲学的基本理念，生态圈理论、全面和谐发展理论、可持续发展理论是生态哲学的三个基本理论，整体观、和谐观和发展观是生态哲学的三个基本观点。从这个理论基础出发，本节认为大学语文教育作为复合生态系统有几个特征。

（一）大学语文教育的整体有序性

生态系统的整体性观点是生态哲学的基本观点。大卫·格里芬的有机整体论指出世界是一个网络，整体与部分、部分与部分之间相互包含。生态系统的整体性主要表现在其和谐、有序性且动态变化。那么，相应的大学语文教育生态系统也有和谐、有序和流动的特点。大学语文教育受社会、文化、经济的环境影响，彼此适应互相统一。大学语文教育内部的各个生态因子，教师、学生、教材、教学法也是互相联系、彼此作用的。在大学语文教育的系统内部，还有多个子系统，这些子系统有自己的位置和秩序，但同时不管是生态因子还是子系统都在不断动态变化中。这种和谐、有序和动态变化共同构成了大学语文教育生态的整体性特征。

（二）大学语文教育的普遍关联性

德国生态哲学家汉斯·萨克塞指出，“生态哲学的根本任务就是告诉人们用广泛关联的整体观点看问题”。“生态学的前提是自然界所有的东西联系在一起的。”美国生态学家巴里·康芒纳在《封闭的循环》中指出“每一种事物都与别的事物相关”。生态系统的每一个环节都不是孤立存在的，必然与其他的环节互相关联，牵一发则动全身。因而，大学语文教育生态系统内部的每一个生态因子都是普遍联系、相互作用的，不可分割来看。每个生态因子的变化，都不可避免地会引起其他因子的变化，因此各因子之间需要互相约束共生，协调发展。同时，生态因子与外部环境之间也是有联系的，大学语文教育与自然环境、社会文化、政治背景、科学发展等因素都是有着密切关系的，绝不能单单从大学语文的视角来看大学语文的问题和出路，必须结合起来研究。了解这一点，对我们全面把握大学语文教育的问题，建构优化的实施策略有着重要的意义。

（三）大学语文教育的过程共生性

大学语文教育生态系统具有协调共生的特性，而且这种共生是在系统中的生态因子互动的过程中产生的，包括的是系统内部的教育主体之间、教育主体与教育环境之间，以及大学语文教育生态系统与其他学科教育生态系统之间的共生和竞争。这种共生和竞争都应该是不断在运动变化的，没有永远的朋友，也没有永远的敌人，一切都在过程中。从这个意义上说，大学语文教育的生态因子之间是平等的，生态因子之间、生态子系统之间是可以正当、合理、良性竞争的，只有在过程中协调共生才能促进大学语文教育的全面、健康、可持续发展。

（四）大学语文教育的动态平衡性

生态系统的动态平衡，强调的是人与自然、人与社会、人与人的和谐共生。它指的是在某一个时空范围内，生态系统的结构、物质和能量的流动都处于一种相对稳定的状态，但这种稳定不是绝对的静止，而是处于相互适应与协调的动态之中。因此，动态平衡规律同时具有动态和平衡的特性，也就是说在长期来看是具有绝对动态性的，但在某个时期内需要保持相对静态的平衡稳定性。在大学语文教育生态系统领域，要求大学语文教育生态系统在一定的时空范围内，在具体的条件背景下应该在结构、物质和能量的流动中都处于一种相对稳定的状态，教育因子变化太多太频繁会让师生无所适从。但同时又要保持流动性，防止停滞不前，在不断适应和协调中去动态地实现系统的平衡。

（五）大学语文教育的自然生命性

生态哲学的观点是建立在尊重自然基础上的，自然规律必须遵循，人的自然性也必须遵从。这就让教育生态系统和其他自然生态系统一样，具有了强烈的自然属性。对于人来说，最自然的属性莫过于生命。不同年龄阶段的人对教育的需求和理解是不同的，即使是同一年龄的人对教育的接受度也不一样。所以教育并不是要让所有人都成为一种类型，而是需要顺其自然又因势利导，使其成为自己应成为的那个人，保持对生命个体的尊重。因此，大学语文教育系统的自然生命性，就是系统在自然生态中的本原状态，以及生命至上的教育观。各生态因子都有自然性，回归自然本质，把握和遵循自然界的各种规律。同时，又在系统中尊重每个生命体的存在价值，让教育者和受教育者都回归生命体的本质。只有这样，才能让大学语文教育生态系统符合生态哲学，实现真正的和谐。

（六）大学语文教育的主观能动性

和自然生态系统不同的是，教育生态系统与人的生命息息相关。人又是有意识的存在物和社会存在物，他具有智慧，能主动认识和改造世界，主体主动性在这里达到了高级的形式。人类正是站在他所在的生态系统的最高控制点上。因此，大学语文教育生态系统是人类可以控制的社会生态系统。人是系统中的主体，系统中的其他因子都可以通过人类的各种主观努力去建构、改善和调控。分析和把握大学语文的生态特征，对我们更准确去探寻大学语文在生态学视域下的历史、现状和发展方向，有一定的促进作用。这几个特征之间本身有一定的交叉融合，因此也不能去孤立看待，整体性仍然是最基本的特征。这就需要我们积极地探索和把握基本的生态规律，并在不违背其基本生态规律的前提下，主动去协调、优化大学语文教育生态系统的各种生态因子，以实现各因子的位置的最优化、功能的最大化、互动的和谐化，最终去实现大学语文教育生态的综合平衡。

把目标定为“提高学生的听说读写能力”“培养学生的文学鉴赏力，提升写作技能”等。这样言之无物的教学目标形同虚设，没办法具体指导课堂教学，更无从谈起对教学效果的评价标准。

一是综合性太强，缺乏语文味。大学语文教师学识相对中学教师更加渊博，对自身的专业研究也更为深刻。这个特点造成某些大学语文教师在教学目标设定时，过于宽泛，过于跨学科，例如在讲到某诗歌时，不仅将诗歌产生的背景和诗人的写作背景都介绍了，还花了大量时间延伸到诗人所处朝代的政治、经济、文化生活的方方面面。语文的外延与生活相同，不管是历史、地理，还是政治、经济，必然都是联系的，因此适当的拓展是有益的，但不能喧宾夺主，让课堂变得不伦不类。

由此来看，提升语文素养，让大学语文课堂首先是语文课，设计较为明确的教学目标就尤其重要。二是分得过细，缺乏整体性。许多老师在制订课堂目标时都采取了罗列“知识与能力”“过程与方法”“情感态度价值观”的方式，貌似面面俱到、充分详尽，但生态课程观告诉我们，大学语文是一个整体系统的过程，其中的各个因子众多，彼此之间也是互相联系的。因此，无论目标有多少，都应该是整合融汇、相互渗透的，不能分得过清楚过细致过独立。三是忽略主体，缺乏学生味。受传统教学目标制定的影响，不少大学语文教师在制定目标时考虑的仍然是自己的教学任务如何完成，而很少关心学生如何达到自己的学习目标。“使学生掌握……”“提高学生……的能力”“培养学生……”，这样的描述仍然随处可见，忽略了学生这一主体的主动性。生态课程观认为学生也是教学的重要主体，生态化教学目标设计的原则根据生态课程的特性，大学语文的教学目标编写首先应有一定的弹性、可变化性和个性；其次强调知识的情景性、整体性，强调知识应在大语文环境中展现，学生应在完成真实任务的过程中达到学习的目的。在设计教学目标时，首先应该根据学生实际情况，弹性设计教学目标。不同层次的学校、不同专业的学生，都是有所区别的，这就要求教师在设置教学目标时要留有余地，能够有伸缩的空间。教学目标不完全等同于学习目标，因为学习目标是由学生自己确立的。因此，对教师来说，注意设计的教学目标与学生生成的学习目标有一定的契合度，非常重要。这就要求大学语文教师不能一次备课管好几年，不论哪个专业的学生哪个时间段都用同一个教案。与学生有效沟通，提前了解学生需求和现状，也就是学生的学习能力的起点，这是首先要做到的。在从多数学生实际出发，根据大多数学生的“最近发展区”制订教学目标之后，也需要对个别特别优秀和相对落后的学生有所兼顾，也就是说教学目标的设置应该在某种程度上富有弹性，允许一点个性化的区别。

其次是应该根据教学资源实际情况，系统化设计教学目标。教学目标是一门课程目标的具体化。因此，在设计针对一篇文本、一个教学资源的教学目标时，既要围绕这个文本资源，又不能仅仅把眼光放在一篇文本上。“大语文”的教学观念，母语教育的课程理念，生态课程的特点要求，都需要大学语文教师在设计教学目标时，具有整体观和系统观，根据学生循序渐进的教育规律，根据语言学习的基本规律，根据教学资源的具体情况，有意识地将“这一课”放到一个单元、一个学段的时空中，以及放到一种语文能力、一个人的语文素养这样更庞大的体系中。

因此，深入探寻这个教学资源在课程体系中处于什么位置、有什么特点、能达到何种预期效果、与后面的学习有何种关系，是教学目标设计中需要注意的。再次是应该根据对教学过程的关注，展开性设计教学目标。生态学视域下的大学语文研究认为大学语文教育重要的是过程，而非结果。在对教学目标的设计中，不仅要预期教学效果，更要将目光聚焦到学习过程中学生的行为表现和情感体验上。这就要求大学语文教师认真研读深挖教学资源，充分了解学生，在课程中设计一些能够引发学生思考和讨论的问题，激发学生的学习主动性。但同时，要注意不能将问题抛出来让学生自己去讨论出一个统一的结果。这里所说的大学语文教学目标不应该总是确定的、必须达成共识的，而是在这个讨论的过程中学生能够得到和提升的。给学生展开的空间，这也是教学目标设计中就应该考虑的。最后是应该根据学习者的表现，设计反思性教学目标。生态课程观要求教学目标是开放性的，这符合语文教学的特点。语文能力的提高不是一门课程就能做好的，大学语文教育的教学目标应该是具有一定开放性的，在这一文本中、这一阶段中学生到底能获得什么，这不仅仅是教师的判断，还应该是学生的自我反思。而对于大学生来说，对自己的学习已经能拥有足够理性的了解和判断。因此大学语文教学过程之后的结果是教师要考虑到的因素，但教师也要关心学生在教学活动中做了什么、做的结果怎么样，以及学生对学习过程的感受和反思。也就是说在教学目标中设计中就要考虑让学生意识到自己在语文学习活动中做了什么、做的结果怎样。根据迪克与凯里模式，教学目标应由以下三部分组成：第一部分为教学分析中确定的技能和大体的行为，可以既有动作，也有内容和概念。第二部分描述学习者完成任务时的条件，是否允许使用其他资源？这是关于学习者能用什么来完成所期望的学习结果的问题。第三部分是描述用来评估学习者表现的评判标准。

1. 生态化教学资源开发

开发和筛选教学资源材料是迪克与凯里系统化教学设计中的重要环节。针对大学语文现状中教材质量参差不齐的问题，在生态课程的建构中，本节将其扩大为教学资源。教学资源是为教学的有效开展提供的素材等各种可被利用的条件，通常包括教材、案例、影视、图片、课件等。传统的大学语文课程观念认为语文学习就是课堂，教材是主要甚至唯一的课程资源，忽略了社会发展、学校文化、班级氛围等因素对学生产生的影响。生态课程观念告诉我们，开放性的教学，教学材料并不局限于教科书，所以教师在教学设计中对教学材料的开发就更为必要。大学语文生态课程中，课堂不再是唯一的教学活动载体，文本教材不再是唯一的教学资源。基础教育的新课程标准认为："语文课程资源包括课堂教学资源和课外教学资源，例如教科书、教学挂图、工具书、其他图书、报刊、电影、电视、广播、网络、报告会、演讲会、辩论会、研讨会、戏剧表演，图书馆、博物馆、纪念馆、展览馆、布告栏、报廊、各种标牌广告等。自然风光、文物古迹、民俗风情、国内外重要事件、学生的家庭生活以及日常生活话题等也都可以成为语文课程的资源。"大学语文亦是如此，甚至更为广泛。进行了教学材料的设计和开发，教师在上课过程中就能很好地根据材料来引导学生，而不至于整节课漫无边际、散漫无组织。理解生态化教学资源的特征大学语文生态课程的教学资源具有开放性、生成性和生活化的特点。教学资源是完全开放的生态化课程资源没有文本的限制，没有内容的限定。教材为代表的文本资源毕竟是有限的，有题材、体裁、篇幅上的限制，同时也将目前非常重要的媒体资源排除出去。大学语文教育应当走出文本的束缚，以开放的姿态，将生活中的所有语言片段、文字材料、媒体数据都看作课程的资源。只有将生活的方方面面都当成课程资源，才能让大学语文在母语教育的属性中，在大语文观的审视下，丰富多元、生动具体。教学资源是不断生成的在现实中各种鲜活的语言现象、不断产生的文学作品，都是大学语文课程的重要资源。这些资源每天都在不断更新，旧的词汇消亡了，新的词汇又产生了。

经典的文学作品还在变换角度解读，新的文学现象又在前赴后继中催生。特别是网络文化的冲击，我们的语言和文学都在迅速发生着变化。每年都有网络热词产生，其中有的昙花一现，有的则日益普及被收进了字典。前些年还受到批判的网络文学，如今已经登上大雅之堂。不关注这些变化着、不断生成的课程资源，大学语文教育就会失去活力，失去对生活的映照。教学资源是与生活同步的和其他学科的课程资源不同，母语教育与师生的日常生活紧密相连。不论是口语交际，还是书面表达，抑或是思维过程、情感抒发，母语是基本工具，母语教育也就与每个人生活的每个过程都息息相关、不可分割。大学语文教育是母语终身教育中的一环，因此可以说大学语文课程生态化资源，与个体生命中的高等教育这一阶段生活基本是同步的。我国现代著名教育先驱陶行知先生在《生活即教育》一文指出："生活即教育，就是社会即学校。"他提出"生活教育"主张，就是因为"学校里的东西太少"，只有让教育与生活同步，才能让"教育的材料、教育的方法、教育的工具、教育的环境都可以大大增加，学生、先生也可以多起来"。重视隐性课程的生态教学资源，将大学语文课程的教学资源看作动态生成的生态化开放体系，让母语高等教育扎根生活，与生活密切相关，回归生活，成为生活的一部分。这也是大学语文课程生态化的重要步骤。

所谓隐性课程是与显性课程相对应的范畴。显性课程是学校教育中有计划、有组织地实施的"正式课程"，也就是我们课程表和成绩单上能够看到的课程。而隐性课程则是学校通过教育环境（包括物质的、文化的和社会关系结构的）有意或无意地传递给学生的教育经验。因此，大学语文隐性课程指在学校规定的官方语文学科课程之外，潜移默化地影响学生的知识、态度、价值观念的非预期的语文课程。作为语文课程系统的生态因子，隐性课程是对传统语文显性课程的补充。隐性课程资源的有效开发不仅可以优化语文课程结构，为反复的语言实践提供更超越课堂时空限制的平台，在潜移默化中提高学生的审美素养和人文修养。大学语文隐性生态课程资源相对显性课程资源来说，有潜在性、广泛性和不确定性、难以定量等特点，也有语文课程特有的审美体验性。

隐形课程资源从呈现状态来看可分为物质文化资源、精神文化资源和行为文化资源。物质文化资源包括校园所在的地理位置、周边环境以及学校的建筑风格、空间布局，教室内的布置，以及校园的石刻雕像、道路名称等。苏联伟大的教育家苏霍姆林斯基所说："一所好的学校连墙壁也能说话。"学校物质环境的好坏，实际上就体现了教育管理者的价值观。精神文化资源包括学风校风、人际关系、文化氛围，也包括学校制度、办学宗旨、教育价值观等。学校的各种规章制度以及校训、校园精神和教风、价值观念等都能激励、感染和引导学生完善个性、提升素养，为教学创设良好的环境氛围。

行为文化资源包括师生交往、生生交往等各种人际关系行为体现出的文化资源。其中的教师个人魅力展现、学生个性特征表达、交际礼仪文化等，都能对学生产生影响。同时，师生交往和生生交往都主要体现在教育过程中，这个交往过程中的一切都能成为大学语文的教育资源。认识和利用大学语文隐性的生态课程资源，就是要将学生从课本中解放出来，让学生与自然、社会和现实亲密接触，在与现实生活的接触撞击中感受生活、认识生活，从而主动地学习。把握生态化教学资源的开发原则，显性课程资源和隐性课程资源共同构成了大学语文的课程资源，要让这些开放的资源整合起来，发挥其应有的积极作用，服务于大学语文教学，就需要有意识有计划地开发。而无论是什么样的教学资源，在开发利用的时候都要遵循几个原则：统合原则。把握尺度，考虑系统性。无论是显性的课程资源如教材，还是隐性的课程资源如校园文化、流行歌曲、教师魅力等，都应该统筹考虑，注重发挥其互相补充、互相促进的合力。而不是为了形式上的新颖和噱头，生搬硬套增加一些课程资源，甚至喧宾夺主成为最主要的课程资源。

例如近年来自媒体盛行，有的大学语文教师就将微博、微信作为课程资源，这个行为本身贴近生活与时俱进是值得肯定的，也抓住了学生的兴趣点，但如果演变成一个学期都以自媒体作为主要课程资源，或者不加筛选，势必造成学生对语文的误解，放大隐性教学资源作用的同时也放大了其弊端。因此，在对大学语文课程资源，特别是隐性课程资源的开发时，必须本着统合的原则，将各种形态的资源科学合理地进行组织设计，使其发挥出整体的最优功能。自然原则。把握个性，考虑差异性。这里的差异有多个维度，一个是地域，一个学校性质，一个是学生个体。根据我国的实际情况，不同地方特别是不同民族聚居地的自然差异是较大的，这就造成了民俗文化、地域文化、城市文化的不同，在开发与生活息息相关的课程资源时，必须考虑地域的差异，尊重和遵循其自然性；而对于不同的大学而言，综合性大学比专业院校更便于跨学科资源的开发，文科大学或艺术院校相对文化氛围较为浓厚，本科院校相对高职高专来说教师个人素养较高、物质资源更加丰富，因此不同性质、不同层次、不同学科的大学有其固有的差异性，需要我们在开发课程资源的时候要有针对性；学生个体的差异就更加明显了，需要教师在教学过程中能够加以区别，从课程资源的开发利用上就力争因材施教。择优原则。把握目标，考虑可行性。语文教育是生活化的母语教育，生活中的一切都可以成为课程资源，但不是每一种资源都能指向优质的教学效果，也不是每一种资源都需要我们立刻全面去开发利用起来的。

经济条件的限制、地域性的倾向、学校的特点、教育体制的现状，都会对教学资源提出一定筛选的标准。这就要求我们在面对复杂多样的语文隐性课程资源时，要本着择优原则。一方面要根据学生的心理特征和兴趣进行灵活的设计，以符合学生的心理发展趋向；另一方面考虑开发所要用的开支和精力，以最少的开支取得最佳的效果为目标。也就是由轻重缓急之分，有可行难易之分。协同原则。把握主力，考虑合作性。大学语文不仅仅是教师和学生之间的活动，课程资源的开发利用还应该让学校的管理者、课程的制定者、其他学科的教师和教辅人员等加入进来。诚然，大学语文教师仍然应该是课程资源开发的主力军，并发挥其主导作用。但我们与之相关的其他人也应该主动参与其中，对大学语文课程资源的开发利用提出自己的见解，给予力所能及的帮助。

同时，还要注意学生在课程资源开发中的重要作用。学生接触到的各种生活化的资源可能比教师还广泛，学生的关注点也会符合他们的普遍心理特征，教师将其择优利用起来则会事半功倍。因此，大学语文课程资源的开发需要多个群体的协同，形成一种多元的课程资源开发模式。拓宽生态化教学资源的开发途径，编写以人为本的生态教材。教材依然是教学活动中不可或缺的主要资源，因此教材的质量高低与大学语文教育教学的效果有直接的作用。当前大学语文教材版本众多，问题也多，编写体例和选文标准都千差万别。因此在教材的编写上需要更多体现生态化，以人为本应是编写的最根本理念，以学生的身体、心理特性为依据，以学生的全面发展为目标；还要兼顾时代性，将最鲜活的现代生活体现其中，实现教育与时代的共振；选文要开放，与历史、政治、经济等有关联，与当下的生活有关系，与国际国内的形势有联系，与主流价值观有共鸣。

上海交通大学夏中义主编的《大学新语文》将选文原则定为：“使一个人的灵魂变得博大。并充分考虑了经典性和现代性的融合，文学性和思想性的融合，国粹性和世界性的融合。”以其人文气息浓厚的特点引起了大家的广泛关注，值得借鉴。打造富有文化气息的校园环境。环境对人的作用不容忽视，环境中的教学资源也要有意识去开发。首先是创造完善的校园物质环境，在校园规划、教室布置、图书馆建设等方面加强规划性，并将学生意见纳入这些规划的重要考虑因素中；其次是营造浓郁的校园文化环境，根据自身特色深化凝练大学精神，设计各类校园文化产品，引导优良的校风、教风和学风；最后是建立健全科学合理的课程管理制度，调动起一切力量，对资源开发的各个环节进行指挥、部署和协调，使其走向制度化和规范化。重视和谐的校园人际关系。德国教育家雅斯贝尔斯说：“教育不过是人对人的主体间灵肉交流活动，其必须是立足于人与人之间人格平等之上的交流合作、共同参与、共同创造、共同分享，唯有如此，教育才可能成为人的灵魂的教育，教育中的启发诱导才有内在的基础与可能。”

人际关系的好坏，关系到大学语文教学效率和质量的好坏。和谐的人际关系能更容易让学生感受到生命的美好，实现人格的完善。平等、民主的师生关系，友好、合作的生生关系，互助、协作的师师关系，都能为大学语文教学提供源源不断的优质资源。最后还要考虑教学资源对目标人群的适合程度，例如词汇语言水平，某个目标人群的发展、动机和兴趣水平，普遍的背景和经历，以及特殊语言要求或其他需求，特别注意是否存在性别、文化、年龄、种族或其他形式的偏见。这是评价教学资源是否适合目标人群的重要因素。

2. 生态化教学过程的实施

为达到最终目标，在教学中要采用教学策略。迪克与凯里系统化教学模型的教学设计者在进行设计时，就得考虑设计好每一步应该怎样引导学生。例如在利用网络来学习时，网上信息纷繁复杂、鱼目混珠的众多。大学语文教师如果不事先设计好教学前的活动、信息呈现方式，不引导学生正确选择和辨别网络信息，反而会阻碍教学。因此，这里提出两个策略：全媒体教学和交互式学习。8 月 3 日上午，中国互联网络信息中心（CNNIC）第 38 次《中国互联网络发展状况统计报告》（以下简称为《报告》）对外公布。《报告》显示，中国的互联网时代已经全面到来。

截至 2016 年 6 月，中国网民规模达 7.10 亿，互联网普及率达到 51.7%。这个背景要求大学语文课程大力改革教学方法与教学手段，积极探索“互联网 +”时代下新的教学模式。将先进的理念和技术运用到教学中，使之为大学语文教学服务。采用多媒体技术辅助大学语文教学，多媒体技术有利于现代化教学，这点已经得到了教育界的普遍认同和重视。不管是在基础教育领域还是高等教育中，多媒体融合多种形式和技术，实现更为优良的表现力、交互性和共享性，在教学中已经占有一席之地。在大学语文教学中，多媒体技术使教学内容相互贯通，激发了学生强烈的参与意识，对其发展有积极的促进作用。但我们要警惕的是，喧宾夺主式的多媒体教学，形式大过内容。如有的教师在课堂上以整部热门电影作为教学内容，然后匆匆讨论一下电影主题就结束，并不着重挖掘电影中的语文要素。

学生看似很欢迎，但教学效果非常有限。在多媒体技术的运用上，关键是要摆正其作为辅助教学手段的位置。任何教学手段必须是围绕教学目标因时因地有计划进行的，不能单纯为了迎合学生的兴趣而失去初衷。值得强调的是，互联网多媒体技术涵盖面是非常广泛且发展迅速的，绝不仅仅等同于制作和播放 PPT 代替板书，这是目前我们能看到的谈多媒体教学的论文中最明显的误区。

开发各类媒体中的语文教学资源，目前微信、微博等自媒体盛行，各种新闻客户端、网络文学网站、直播平台也受到青年大学生的欢迎。网络生活已经成为大学生日常生活的重要组成部分，且有越演越烈的趋势。这决定了作为生活语文的大学语文教学不可避免要接触到这些新鲜的网络元素。但无论是我们的大学语文教材还是教师，都还在这种媒体时代处于较为滞后的位置，有意无意在回避这种发展。有的教育家和教师甚至认为媒体资源都是快餐式无营养的，不屑一顾，更谈不上去有效开发和利用其中的语文教学资源。存在即是合理，语文作为母语教育是必然要跟时代息息相关的，回避并不能阻挡媒体的发展，反而会失去对大学生进行有效引导和规范的机会。

同时事实也证明，在这些鲜活的媒体资源中，必然有一些值得挖掘的精品，符合主流价值观，语言优美表达流畅，且具有审美价值和人文精神的精品。这需要更多的教师和教材编写者摒弃偏见、深入生活，对媒体信息给予足够的关注。当然，媒体的更新速度是非常快的，且各类信息良莠不齐，需要辨别、去粗取精。这个过程在客观上也给语文教学对媒体资源的及时开发利用提出了挑战。因此，在筛选的过程中应该联合传媒学科的专业力量，利用大数据和各类调研辅助，更快速更准确地从中获取有效的语文教学资源。特别是依托开放性的网络教学资源平台，实现多单位共建资源、师生共建资源。

通过共享、分享、聚合，提高资源利用率，避免重复建设。而教师本人也可以适当做一些小范围的尝试，在课程中选取一些优秀的网络文学作品、网络新闻作品、自媒体文章作为部分教学资源。同时，发挥学生的主动性，允许和鼓励他们从各类媒体中选择和提供符合语文教学目标的资源。师生对于资源的评价，也应成为资源择优汰劣的重要标准，及时更新。高度重视师生的媒介素养，提升面对媒介各种信息时的选择能力、理解能力、质疑能力、评估能力、创造和生产能力以及思辨的反应能力，就是媒介素养。中国人民大学新闻学院教授、博士生导师陈力丹认为："媒介素养分两个层次：一个是公众对于媒介的认识和关于媒介的知识，另一个是传媒工作者对自己职业的认识和一种职业精神。"现代社会的每一个成员都既是受众，也可能是传者。与媒介发展日新月异不相匹配的是，目前我国的媒介素养教育意识和水平都还不高。

在青年大学生日趋成为网民中坚力量的时候，媒介素养成为教育中缺失最多需求也最急迫的环节。作为媒介的主要语言，语文与媒介天生就紧密相连，因此大学语文教育必须重视与媒介素养教育的融合，互相促进、共同发展。在此需要强调的是，大学语文教师必须首先提高自身的媒介素养，才可能带动学生在面对纷繁芜杂的各类信息中寻找、选择、理解有益的部分，并有意识地带领学生一起创造和生产高质量的媒介信息。目前我国的媒介素养教育不成系统，师生能接受媒介素养教育的机会和平台并不多，这需要国家和教育部门、高校都加强这方面的意识，开设相关课程，对教师做一定的系统培训。逐步探索大学语文课程的在线教学。第 38 次《报告》显示，"2016 年上半年各类互联网公共服务类应用均实现用户规模增长，在线教育、网上预约出租车、在线政务服务用户规模均突破1亿，多元化、移动化特征明显。在线教育领域不断细化，用户边界不断扩大，服务朝着多样化方向发展，同时移动教育提供的个性化学习场景以及移动设备触感、语音输出等功能性优势，促使其成为在线教育主流。"

互联网的快速发展使大学语文的教学走出教室，突破时空限制成为可能。而早在 2013 年，大规模在线开放课程 (MOOC) 就席卷全球。MOOC 是一种数字环境下的全新教育模式，即基于网络媒介、数据发掘与"云"技术展开的教育行为。即时性、互动性、持续性、动态调整、平等交流、自主学习是这种新教育模式的特点。它将优质教学资源直接开放给大众，促进了教育资源的公平化，使按需学习、终身学习等理念成为现实。大学语文生态失衡的表现就在于学生人数众多、排课时间受限、师资力量不足、学生水平不一，如果能在有条件的学校和地区尝试在线教育模式，那么这些问题不再成为阻碍。南开大学"大学语文"在线教学系统 (http：//222.30.60.18/sedu) 实施十多年来，已开发了全流程在线教学平台，形成了一套以自主学习、正向激励为特色的教学模式，取得了初步成功。其模式可以作为经验在全国推广。但不可否认，在线教育也存在弊端，教学过程的即时互动、监督无法保证，没有面对面教学的保障，教学效果也会打折扣。所以在线教育还只能作为一种可尝试可探索的教学模式，需要系统的研究和全面的调研，在综合评估的前提下逐步推进。只有在多媒体技术的辅助运用上积极主动又不滥用，在教学资源开发上不忽视不回避新媒体资源，在教学过程中融合媒介素养教育，在教学方式上根据实际情况大胆尝试在线教育模式，才能打造大学语文课程的全媒体时代，而不是表面上的做做PPT、放放视频、写写博文。

“体验—提炼—实践”交互式学习策略教育生态理念认为教学是一个动态的过程，这个过程中有许多环节、各种方式，因为教学资源的不同、教学目标的不同和教学主体的特点而呈现出千差万别的状态。但总体来说，大学语文的学习过程可以总结为“体验—提炼—实践”这个动态的体系。一是生态学习过程的体验。体验是指各种教学资源的开发利用环节以师生的体验为主要方式。打破“教师向学生讲授真理”的传统教学观点，倡导学生首先直接去接触和认识教学资源，获取第一手的感性信息。传统教学法中先讲知识点然后举例说明的方式，影响和干扰了学生的自我感性认知，使学习成了一种证明过程，而非发现和创造。建构主义教学理论就认为只有当学习者与外界环境主动地进行交流和联系时，才会出现真正意义上的学习，强调学生的主动学习意向。而目前看来，各种形式的阅读仍然是教学过程中师生体验最方便也最有益的途径。从具有社会审美意识形态的、凝聚着作家生活体验的、蕴含丰富情感交流的文本中去学习、体会语文在思想启迪、道德渗透、文学修养、审美熏陶、写作表达等方面的综合效应。体验的过程使学生的学习不再是静态被动地接受各种孤立事实的过程。这要求教师在教学资源的选择方面注意丰富性、真实性和经典性，通过丰富多元的、接地气与学生有共鸣的、具有一定代表性的优秀文本让学生从中体验，主动学习。二是生态学习过程的提炼。学生在介入文本形成附有自身独特印记的作品后，需要评价和总结，提炼出相应的语文知识、情感或技能。提炼的基础是评价，学生对教学资源自发自觉并不受他人影响的分析和判断。评价并不一定是完全正确的，因此还需要互相交流和比较，在讨论和探究中去检视。在学生交流评价过程中，教师应该引导学生持有敢于怀疑的态度，不人云亦云，更不能带有强烈倾向性和暗示性。只有敢于怀疑，才能催生出创新思维，因此教师必须把握度，不能参与过多，扼杀了学生的创造力。在对彼此的评价经过充分讨论，学生已经能够比较清晰明确理解语文信息之后，教师还需要带领学生一起总结归纳、找出规律、融会贯通，使资源中的语文元素知识化、系统化、理论化，使学生领悟到语文学习的特点和规律，为今后的终身自主学习奠定基础。三是生态学习过程的实践。任何教育都是需要实践的。大学语文也是如此，生活语文来自生活，也必须在生活中加以应用和检验，并创造出更多的语文资源供体验。大学语文作为一种母语学习，将理论用于实践其实是每时每刻都在进行的。但这里强调的是，在实践过程中需要有明确的倾向性和超越性。语文课程中学到的语言规律、文学常识、审美方式等，教师都应该引导和要求学生有意识地在日常阅读写作、交往表达中去应用，并不断尝试和训练自己的模仿、加工和创新。

目前最直接的实践是课程考核，也就是考试。传统意义上考试虽然能有针对性地检验学生对语文知识的学习效果，但对于学生的综合语文能力、语感、创作能力的评估还是比较有限。因此，考核方式的多样化和科学化值得去深入研究。大学语文对个体的学习过程来说，理论上就应该是一个“体验—提炼—实践”的单向流程，但同时整个学生群体的学习过程，又是一个无限循环的闭合过程，实践为教学提供了源源不断的资源，才能有文本可以体验。把握了这个动态的过程，有利于大学语文课堂的生态化，从而促进大学语文教育的生态平衡。

3. 生态化教学评价体系

把握生态化教育评价的特点作为教育效果的评估和展现，发挥以评促学的重要作用，大学语文生态课程的评价方式应该更注重以人为本。具体说来就是评价标准由单一固定变为多元灵动，评价主体从教师为主变成多元主体，评价标准由客观转向主客观兼顾。评价标准的多样化。大学语文教育评价的目的不应该再是等级性、竞争性的区分式评价导向，而是要促进每个学生的全面发展。在这个前提下，评价标准就不再是单一的、固定的，评价的等级也不再是少数优秀的精英文化导向。而是针对每个学生的不同特点，通过不同方式、不同标准的评价来帮助学生认识到自己的长处和短处，因势利导。

通过有针对性的评价，体现对学生生命价值、个体特点的积极关注，以此促进学生的身心健康和谐。评价主体的多元。教育主体的多元，决定了大学语文教育生态系统中评价的主体也应该多元。不仅仅有语文教师，还有家长、同学和其他学科的老师等。特别是应该把学生作为评价主体的重要组成部分，通过引导学生积极主动又客观自觉地进行自我认知和评价，让他们参与更多的教育过程，关注自身发展。评价方法的丰富。长期以来，受到应试教育的影响，教育评价都局限在书面客观的程序化方法上。特别是在英语课加入了口试环节后，语文依然是停留在笔试层面。近年来，对大学语文教育的评价模式基本上可以划分为两类:科学主义评价模式和人文主义评价模式。前者以语文试卷为代表，注重“标准”“程序”“客观”；后者以课程论文、文学写作为代表，注重个案研究和评价方法的定性化。两类评价方法各有利弊，只有相互补充、取长补短，并辅以口试、多媒体创作等多种评价方式，才能在大学语文教育评价中发挥良好的作用。调查中显示，师生对于评价方式也有明显的多元化需求。构建生态化教育评价体系生态课程的评价对象不应仅仅是学生的学习效果，还应有教师的教学效果。一般来说，教学评价包括对教学过程中教师、学生、教学内容、教学方法手段、教学环境、教学管理诸因素的评价，但主要是对学生学习效果的评价和教师教学工作过程的评价。

评价的方法主要有量化评价和质性评价。在教育生态理念的指导下，大学语文需要构建起一种开放、多元和重过程的教育评价体系。教育评价内容的开放性。不论是对教师还是对学生的评价都应该考虑多种因素，在内容上体现开放性。例如，对教师教学的评估至少应该从教学理念、教学资源、教学过程、教学方法和教学效果等多种角度去评估，同时要考虑教学环境、教学管理、学生互动等多个方面的因素。简单以学生网上评价为主的现行大学语文教师教学评价，远远不能满足评估的要求，更无法全面反映教师的真实教学状态和趋势。因此，要求我们在教学评价中用生态系统观和普遍联系的观点去综合考量各个生态因子的作用和关系，以及生态因子与环境之间的关系，而不仅仅从师生关系出发。同样的，学生的学习效果评价，目前大学语文多数采用平时成绩加期末成绩的方式，有的是四六分，有的是三七开。

期末成绩又有两种方式，一是考试，二是考查。考试多为闭卷，形式与中学相似，考查多为开卷，以写作为主。这种现行的评价方式也是忽视了学生学习有关的其他因素，孤立静态去看待学生的学习效果。因此饱受诟病，无法达到以考核促进学习的目的。这就要求我们在考核方式上更加丰富，从学生参与学习的主动性、创造性、全面性等多个方面设置考核方式和指标。教育评价主体多元化。大学语文教育的主体不仅仅是学生，还包括语文教师、父母亲人、朋友同学、其他学科的教师等。因此，教育评价结果也不能由学生或者教师任何一种主体决定。在对教师的教学评价和学生的学习评价中，应该根据实际情况，适当加入其他学科教师、教学管理者、学生家人等多个主体，通过不同主体的权重分布吸收和接纳他们对教学效果的评价。例如，集中选拔和聘请一部分其他师生，随机进入课堂进行课堂教学观察，及时记录和评估。

同时不定期邀请辅导员、班主任、教辅人员和家长对教师的教学和学生的学习进行问卷调查和座谈，给予评价。这些方法其实在中小学已经使用较多，特别是对教师的教学评价方面是发展趋势，但对大学语文来说还很陌生，基本上没有采用。众所周知，只有保证了主体的多元，才能避免目前评价体系中语文老师一个人打分决定学生成绩，学生又可以根据自己喜好给教师打分的随意性和主观性。这种随意性和主观性带来评价的片面，也造成了师生之间的评价成为二元对立。比如有的教师给学生打分高，学生就给教师打高分，反之就在网上评价给予“报复”。教育评价方式注重过程性。教育评价的方式有多种多样。而对于大学语文课程来说，将课程看作一个动态的过程，因此，对大学语文的评教也应该是以过程作为主要指标范畴的。这点在现状里体现非常有限。

大学语文课堂评价的作用在于指导语文教学更有效，而不是区分教师学生的优劣和简单地判断答案的对错。因此，现在普遍运用的以考试成绩或者论文等级来评定学生学习效果，以学生评教分数作为教师教学效果评定，很明显不能发挥评价的指导性作用。要促进教师和学生的发展，就不能只对学生的学习情况和教师的教学情况做简单的好坏之分，而在于强调其形成性作用，注重其发展功能。课堂观察是行之有效的过程评价方式，需要定量与定性相结合，设计出科学有效的量表。一次评价不仅是对一段教学活动的总结，更是下一段教学活动的起点、方向和动力。大学语文的教育评价更需要在过程中去关注问题，加大对课程观察的比重，将评价和指导相结合。

同时，要注意把评价的结果加以分类分析，反过来放在教学过程中去思考，对今后的教学提出有针对性和实操性的改进意见。当然，对过程的关注就必然要求评价注意师生的个体差异性，因人而异、因时而异、因课而异。从实际操作层面，大学语文课程的评价体系可以构建以下两个系统教师的教学评价：课堂观察（40%）、问卷（30%）、个别访谈（30%）。评价主体为其他师生组成的评教人员、学生和其他学科教师及教辅人员和家长学生。学习评价：课堂观察（20%+20%）、考试或考察（40%）、问卷（10%）。评价主体为其他师生组成的评教人员和教师，教师，其他学科教师以及教辅人员和家长。

第三节　大学语文生态化教学设计方案示例

任何一门课程都离不开教学设计方案，就是我们通常所说的教案，教学设计方案是对整节课的教学进行的系统规划，通常包括教学内容、教学目标、学习者特征分析、教学过程的设计（包括教学模式与教学策略的选择）、教学评价的设计。在生态学视阈下，主要根据迪克与凯里系统教学设计模型，大学语文的生态化教学设计示例如下。

《蒹葭》选自《大学语文》华东师范大学徐中玉主编，第九版。设定学生为新闻专业学生，大学一年级。

一、教学目标设计

1 知识与技能：

①温习和加深对《诗经》的创作背景、主要内容等文学常识的了解。

②理解起兴的创作手法，能判断和运用“以景起兴，借景抒情”。

③基本掌握重章叠句、一唱三叹的结构特点。

2 过程与方法：

①通过情境导入的学习，了解《诗经》的基本文学常识。

②通过小组合作掌握起兴手法和重章叠句的解构特点。

③通过延展阅读和诗歌朗诵，培养语感和审美欣赏能力。

3 情感态度和价值观：

①感受诗歌的意境美和语言美，提升文学鉴赏能力。

②培养团结合作、主动与他人交流、敢于提出自己见解的精神。

③体会诗人借景抒情，感受美好情感。

④在对文本的审美中，提高民族自豪感和自信心。

二、学习者特征分析

（一）学习者的学习起点分析

①学习者的一般特征：大学一年级新生一般处于 18~20 岁这个年龄，此阶段处于从高考中释放出来，脱离高压管理的最初时期。学生易受外界影响从而导致成绩两极分化的特点，同时也具有可塑性、主动性和独立性的特点。

②学习者的起点能力：新闻专业学生有一定的语文基础，可以基本理解诗歌语言的含义。中学时代已经学过《诗经》及诗歌的普通常识。《蒹葭》相关的歌曲传唱度较高，媒体资源丰富，可以激发学生的学习兴趣及学习热情。

（二）学习者的学习风格分析

学生的学习风格有动感型、触觉型、视觉型和听觉型，所以在学习时对不同知识的呈现模式会有不同的敏感度。《蒹葭》在教学过程中知识的呈现方式有内容讲解、观看视频、小组讨论、朗诵表演等，可以为不同学习风格的学生提供有效的知识呈现方式。

（三）学习者动机分析

学生学习《蒹葭》有内部动机和外部动机。大学生对于爱情比较感兴趣，而这个文本的学习可以为学生提供用美丽优雅的方式表达感情的范本，可以增强学生的学习内部动机。另外，这个文本属于诗歌的经典作品，是教学评价中的重点篇目，可以增强其外部动机。

（四）学习自我效能感分析

学生语文能力和审美能力高低各不一样，学习诗歌的信心不相同，对自己的要求也不一样。在教学过程中，会根据《蒹葭》的重难点进行不同程度的讲解、练习和评估，对某个知识点要求有某百分比的同学掌握即可。同时，教学过程注重协作学习、小组讨论、分享交流，有利于增强学生的自我效能感。

（五）媒介素养的分析

新闻专业学生可以通过网络学习和掌握起兴与重章叠句等知识点，且能进一步拓展诗歌阅读，将其运用到平时的阅读和写作中来。

三、教学资源的设计

（一）设计理念

根据大学语文的基本教学目标和课程定位，对教学资源设计的理念主要围绕以下几点进行：

①以提高全体学生人文素养为目标，既注重知识的传授和技能的训练，也注重对学生学习兴趣、探究能力和创新意识以及审美水平、情感体验和民族精神方面的培养。

②注重培养学生协作能力和媒体素养。采用小组合作的教学方法，首先提出问题，让学生猜想与假设，接着教师指导学生根据要求进行资料收集整理、交流与合作等完成探究过程。学习过程中，学生经历自主探究过程，学习科学使用新媒体素材的方法，培养其创新精神和实践能力。

③从生活走向语文，从语文走向生活。教学中贴近学生生活，符合学生认知特点，激发并保持学生的学习兴趣，让学生通过学习和探索掌握诗歌的基础知识与审美方法，并能将其运用于阅读和写作实践中。

④注意学科渗透，通过联系其他学科让学生了解诗歌创作的历史背景和人情风貌，让学生注意学科间的联系与渗透，从而培养学生的知识迁移能力。

⑤注重评价改革导向，促进学生发展。该资源在辅助教师教学时有利于教师注重形成

性评价与终结性评价结合，教师不仅注重学生学习成果，同时也注重评价学生的学习过程，以了解学生对学习内容的掌握程度。

⑥重视学生的主体地位和教师的主导地位。整个教学资源的设计充分发挥以教师为主导、学生为主体的教学理念，注重培养学生解决问题、创新等能力及掌握科学探究的思维和研究方法。

主要教学资源:《在水一方》音频、视频文件,《蒹葭》相关影视作品图片，使用起兴、重章叠句的其他诗歌作品。

（二）教学过程设计

课前准备。教师在课前完成多媒体资源的制作。此外，还应精心备课，根据学生的认知水平、语文能力，创设能够调动课堂氛围，使学习气氛更加浓厚，促进学生学习热情探究问题情境。提醒学生提前预习，明确学习目标，收集有关资料。

1. 快速让学生进入问题情境

①充分利用多媒体，根据运用现代技术媒体教学表达直观、生动、形象等优点，利用多媒体资源创设情境，从而激起学生的学习兴趣和求知欲，使得学生注意力集中、精神振奋和思维活动积极，提高学生接收信息的效率，从而提高课堂效率。②从学生熟悉的事物或现象入手，用播放《在水一方》歌曲、请学生即兴创作三句话情书等实例创设情境，贴近学生生活，激起学生的浓厚兴趣和学习热情。

2. 努力营造一种民主、宽松、和谐的教学氛围

探究活动是学生与环境相互的建构过程，教师要创造一个有利于学生探究学习的环境，首先要营造民主的教学氛围，尊重学生发言权。其次，允许学生对教师、教材质疑问难，给予学生思考的自由，让学生在愉快学习、在发现中学习、在学习中发现。鼓励学生的质疑精神和求异思维，对学生有不同寻常的言论给予理解和支持。

3. 充分发挥学生探究实验的作用

教师要有效调动学生动手和动脑的积极性，让学生在学习中自主探究，使学生思路更加清晰，印象更加深刻，提高学生学习的主动性与趣味性。

4. 培养学生的交流与合作精神

在引导学生进行合作学习时，对学生进行分组，每组 5~7 人。要求小组内的角色分工要明确，注意发挥每个学生在教学活动中的作用，充分体现分工与协作。此外，还应重视引导学生开展讨论和交流活动，使学生发表自己的学习成果和方法、倾听他人的经验，并进行客观的比较和鉴别，从不同角度改进自己的学习经验，提高认识，克服独立学习的片面性和局限性，正确理解所获得的知识。

5. 师生交往的策略

教师要尊重学生的人格、尊重学生的思考方法，营造宽松、和谐、民主的教学氛围。当学生的思维结果错误的时候，要容忍学生，并鼓励学生大胆发言。在课堂中，教师要与

学生平等地面对问题，用最精练的语言来引导学生的思维，点拨处于“愤”“悱”状态的学生，保证课堂探究的顺利进行。

6. 教学关系

①师生之间的关系。教师在教学中起主导性的作用，给学习者创设情境，提供问题，引发学生思考，指导学习者进行学习活动，讲解知识内容等；学习者是学习过程中的主体，在教师的指导下进行学习活动，发现问题、解决问题。

②学生与学生之间的关系。学习过程中，学生对于教师提出的问题进行交流、讨论，小组内成员合作学习起兴手法和重章叠句的结构特点，小组间对各自的归纳进行评价等，学生之间是一种协作学习的关系。

③师生与计算机的关系。在教学过程中，教师利用计算机创设情境，讲授知识点，展示音频、视频等多媒体资源，利用计算机辅助教学。学生利用计算机进行知识点预习活动，运用计算机帮助学习。

教学评价的设计主要是对学生的评价，主要包括学生学习过程的评价、学生学习结果的评价，主要是对小组学习的合作程度、知识掌握程度进行评价。

学生学习过程的评价。学生参与学习活动情况的评价：对教师在情境导入、知识运用等环节提出问题的回答情况以及实验探究过程中，学生的活动情况进行评价。学生学习态度的评价：学生自主学习，参加小组交流。

学生学习结果的评价。学习目标达成度：针对知识能力情感的教学目标进行针对性评价。达标测试：自查，反思自己对起兴和重章叠句的知识点掌握。实践作品：改写《蒹葭》或创作多媒体作品。大学语文生态课程是灵活多变的，迪克与凯里教学设计也是一个开放的模式，将它应用于以“学”为中心的系统化教学设计主要是侧重于设计过程的指导和组织，并不是在教学设计过程中的机械套用。因此，在使用过程中大学语文教师可以根据具体的教学内容来增减其中的部分或改变设计的顺序，以适应大学语文生态课程的特点，满足学生的需求，改进教学手段，实现教学目标。

近日，《每日邮报》报道，英国政府投放 1000 万英镑（约合 8650 万人民币）在英国公立学校推进汉语教育的计划正式启动。英国政府的目标是到 2020 年，培养出 5000 多名中文流利的学生，保证英国更具国际竞争力。这个消息被凤凰网、新华网等多个网站转载，引起社会热议。据中国国家汉语国际推广领导小组办公室和孔子学院总部网站的统计显示，截至 2015 年 12 月 1 日，全球 134 个国家（地区）建立了 500 所孔子学院和 1000 个孔子课堂。这充分说明汉语热已经逐步到来，让我们为之振奋和自豪。然而，在国际汉语文化大繁荣的时候，我们更不能让外热内冷忽视母语的现象继续下去，更不能让语文教育长期止步高考，不能实现终身教育。诚然，我国的大学语文教育问题很多，积累的时间也较长。但大学生素养提升有需求，民族优秀文化传承有责任，大学语文教育既应该也可以进行改革。讳疾忌医或者视而不见，都只能加剧问题的积重难返。只有不断去探索、发现、总结、分析，从历史的厚度和世界的宽度去思考，借鉴其他学科的更多理念和方法，才能让大学语文教育迸发新的生机活力。随着生态环保理念的普及，生态文明建设正加速了生态学在各个研究领域的延伸。如生态学家威廉·鲁克尔特指出："我们必须倡导生态学视野。没有生态学视野，人类将会灭亡，生态学视野必须渗透到我们时代的经济、政治、社会和技术领域，对它们进行根本性的改造。这不是一国范围内的问题，而是全球性的或星球性的问题。"生态哲学与教育理念的交融，为大学语文教育的困境突围拨云见日奠定了基础。

大学语文教育要得到持续、健康、稳定的发展，应该将生态理念融入教育理论研究和教学实践之中。以积极的态度从生态学中汲取智慧，摆脱岌岌可危的生态困境，恢复对生命教育的重新思考，建设绿色的语文教育生态环境。大学语文教育的危机在生态学视阈下就是一种生态失衡。生态位理论能帮助我们将大学语文教育生态系统的坐标放置在高等教育和语文教育的交点上。在不同的系统中，大学语文的失衡呈现出不同的状态特点，分别去探析，对于我们在实践中更准确地把握其重点有方法论的积极意义。

实现大学语文生态教育，我们需要首先对大学语文生态系统做全面的解构，了解其内部构造，摸清其主要特征，透视其互相作用的方式。教育主体、教育环境、教育关系、教育规律是大学语文教育生态系统中作用最明显、运动最活跃的主要因子，因此本文将这四个因子作为重点来分析。根据生态哲学的基本理论和观点，大学语文教育生态系统的特点可以界定为整体有序性、普遍关联性、过程共生性、动态平衡性、自然生命性、主观能动性等，特点之间是互相交融、有所交叉的。对概念、结构和特点的准确把握，有利于对宏观教育生态的整体理解。宏观教育的集中呈现还是微观课程，要实现教育生态系统的平衡，首先就要把握大学语文生态课程的良性因子，然后在此基础上进行建构。课程的目标、课程的设置、教育主体和教育关系的优化，这些都是课程研究中不可忽视的要素。而针对课程中更为具体的教学设计，本文也借用了迪克与凯里系统化教学设计模型进行了分析，并做了简单示例。生态课程的构建涉及方方面面，很难穷尽性描述和分析，本文的重点还是放在几个比较活跃的生态因子上，以期对大学语文的教学实践提供一点力所能及的参考。

从解构到建构，从教育生态到课程生态，本文始终紧紧围绕生态哲学的要点，紧紧抓住母语教育的属性，倡导回归语文的本质，倡导终身学习的理念，追求对教师和学生个体生命价值的关注，追求大学语文教育对人全面发展的最终目标，追求课程与家庭、学校、社会的高度协同，从而构建起和谐、开放、可持续发展的大学语文生态课堂，使之不断靠近平衡。大学语文教育生态系统的平衡、大学语文生态课程的实现，这应该是广大教育工作者的不懈追求，也应该是学生、家长和社会各界的共同历史责任。作为母语的使用者和受益者，我们每个人都有义务为之做出自己的贡献。也许道路还很遥远，荆棘还很多，但不积跬步，无以行千里，这条路我们会一直走下去。由于调研的范围有限、学识和精力不足，在研究过程中依然存在不能将生态学理念与大学语文教育完全融合的情况，在失衡归因上还显得不够深刻和全面，在策略的提出上还显得泛泛而论。大学语文教育的现状不是一朝一夕形成的，要改善和发展也不会是一蹴而就的，笔者会在今后的学习和研究中，力求增加更多一手的调研资料和实践数据，将生态学的理论更深地融入大学语文教育的研究当中，将理论放到实践中去检验和修正，实实在在去推动大学语文教育的生态化发展。

四、教学内容

（一）利用网络资源，修订大学语文教材

丰富、完善教学内容，拓宽文学作品的选择标准，通过多元、开放的文学经典再解读来激发学生的学习兴趣。

在网络语境下拓宽文学作品的选择标准，对文学经典进行多元、开放的再解读是焕发大学语文生命力，提升审美教育品质的重要途径，它包含三方面内容：一是对传统经典的多元解读和开放式教学；二是现代经典作品的挖掘；三是开放经典的诠释权，让学生自主诠释经典。通过这几个方面的努力，大学语文教材和教学内容可能会赢得更多学生的认同。教材编订者可以尝试将学生选定的经典篇目纳入教材中，授课教师可以就学生喜欢哪些网络文学作品进行调查，然后在课堂上采用开放式教学，由学生主讲、教师评点。笔者在计算机学院 2012 级学生中做的调查发现，当代大学生非常喜爱网络文学，他们喜欢的网络作家和作品有当年明月《明朝那些事》、桐华《那些回不去的年少时光》、南派三叔《盗墓笔记》、江南《此间的少年》、阿越《新宋》、流潋紫《后宫甄嬛传》、燕垒生《天行健》、匪我思存《碧甃沉》、辛夷坞《致我们终将逝去的青春》、九把刀《那些年，我们一起追的女孩》、李可《杜拉拉升职记》、崔曼莉《浮沉》等。这些作品类型丰富，有历史、青春、探险、穿越、玄幻、宫廷、战争、爱情、职场等，都是视角独特、结构巧妙、叙事精彩、语言优美的网络文学上乘之作，有的还曾经获得过文学奖项。在参与调查的学生中，有超过 80% 的人认为这些网络文学作品是人气加实力之作，有跻身文学经典行列的潜质。

其实，学生的想法不无道理，这些作品的确是近年来广受欢迎的网络文学“畅销”之作，而“畅销”正是目前市场语境下“经典”行世的必要前提。传统文学经典也曾经历过“畅销”阶段，也是在“畅销”中因阐释与再阐释的循环而得以不朽的，所以，谁能说优秀的网络文学作品不会在“畅销”中经受住时间的考验而逐渐经典化呢？而且，文学经典潜移默化的影响是无处不在的，网络文学无论多么强大，就其源头和根性而言，还是传统经典文学。很多网络作家都曾明确表示自己深受传统文学的熏陶，在网络创作中吸收、借鉴过传统经典的精华和手法。显然，网络文学的兴盛极大地拓展了文学经典发展的新空间，传统文学经典中那些求真、尚美、向善的正面影响借助网络的巨大能量更加深入地渗透社会生活的方方面面。对文学经典的多元化、开放化的再解读和提高包容度，无疑能使大学语文教学呈现出多彩多姿的魅力。只有允许学生阅读并挖掘网络文学的优秀作品，允许他们自主解读、诠释经典，激发出他们内心鲜活而丰富的审美体验，才能促进他们思维空间的发展和审美品位的提升。当然，在此过程中，教师自身要加强对网络文学的了解和研究，对学生进行适时而正确的引导，帮助他们掌握甄别网络文学优劣的方法，防止受到低俗甚至媚俗文学的不良影响。

（二）丰富的网络教育资源

网络提供了丰富的学习资源、教学资源，网络化的学习环境提供了一种图文声并茂、虚拟现实，又兼具人—机交互和人—人交互的教学方式。所谓的网络语境意味着对等、多元、沟通（互动式）。网络语境下的大学语文教学包括教学内容的网络信息化、教学过程的对等互动式教学，教材选编、文本诠释的多元开放。教学内容的网络信息化即打破教材局限，教学内容专题化，一课一专题，以教材内容为信息的辐射中心，收集时事言论，针对学生专业特点，谈论古今。比如，我们还可以在学习余秋雨的《都江堰》时，引导学生阅读余秋雨的《文化苦旅》《山居笔记》，学生从中发现余秋雨先生在散文创作中的创新及“文化散文”的特点，同时利用网络信息渠道，引导学生查阅对其散文的讨论和评价，让学生尝试去参与讨论，培养学生的分析能力和研究能力。我们在学习《孙武》时，引导学生查阅司马迁博览群书，收集民间野史，终成《史记》等资料，同时让学生了解《史记》的内容，认识司马迁史家风范，使学生能进一步深入学习和研究《史记》。

要想改变大学语文目前的状况，增加学生的学习兴趣，学校首先应该从语文课本的选择内容上进行更新。将大学语文课本上那些与现代社会逐渐脱节的教学内容删去，适当地增加目前社会上的热点话题和一些新兴的网络文学，使语文课本从内容上与网络社会相适应，以此来吸引大学生的目光，增加学生的学习兴趣。以目前使用率最高的北师大版本的《大学语文》教材为例，虽然这一版本的教材在模块设计上遵循了促进学生全面发展的理念，包含阅读欣赏、应用写作和口才训练这三个部分，使学生的赏析能力、写作能力等都能受到培养和提高。但是从课本具体的内容来看，国学经典篇目和经典的现代文占据了大部分的篇幅。虽然这样的内容设置目的是传播国学，并进一步加深学生对于语文的学习，但是，其中的一些篇目如《洛神赋》《春江花月夜》等不仅内容理解困难，而且篇幅较长，给学生的学习带来了较大的困难。然而大学生普遍更为欣赏和喜欢那些时代特色强、贴近大学生现代生活的文章，不仅能够激发他们的学习兴趣，而且也让学生在学习的过程中有更强的代入感，给学生带来更多的思考。这些表达着与时代格格不入的价值观与世界观的经典作品明显不能让学生产生学习兴趣。所以教师应该利用网络平台的便利和多媒体技术，对大学语文的教学内容进行适度的创新，把一些流行的文学带入大学课堂中。

（三）提高中国传统文化的素养

互联网的发展给人类社会生活所带来的巨大震荡性影响怎么估计都不过分，而且这种“震荡”最终将达到何种程度，我们今天也很难预料——也许它是没有“最终”的。它对教育已经产生的影响，人们评价各异、褒贬不一。比如，对于学生接触网络的现象，有人认为这是素质教育应该提倡的，并将其视为“信息时代教育改革的必然结果”；而相当多的人则认为这种现象影响了学生的正常学习，而且网络上不健康的信息将有害于学生的成长。具体到语文教学上，笔者注意到这样一种有意思的现象：一些教师一方面赶时髦似的将电脑多媒体技术生搬硬套地强加到语文教学中以体现其“现代教育气息”，另一方面对学生上网则忧心忡忡，甚至竭力反对，担心学生网络技术在一天天增强的同时各种能力却在弱化（比如不再接触社会生活、不再读经典名著、传统书写和写作技能下降等），于是呼吁要“让学生的语文学习回到传统”。

正如前文所说，在网络文化冲击下，在大学生中风行的是时尚文化、消费文化，而这些进一步地加剧人的物质化和庸俗化，这必然会加速文化精神的颓废，要治疗这一现代文明的痼疾，中国传统文化其实是一张良方。现代大学生之所以对中国传统文化有着隔离感，是因为总是将传统与落后、保守联系在一起，认为它对现代社会没有任何指导意义。因此，要提高学生中国传统文化的素养首先就要破除学生的这一观念，让学生意识到中国传统文化的先进性和存在的价值与意义。如以学习为例，我们常说要理论联系实际，很多课程都开设了实践环节，而这种实践课程很多人认为是引进西方教学理念之后才有的。实际上，在两千多年前，孔子就说过：“学而不思则罔，思而不学则殆。”并且说：“诵诗三百，授之以方，不达；使于四方，不能专对；虽多，亦奚以为？”（《论语·子路》）明代王阳明也提出“知行合一”，他说：“知者行之始，行者知之成。圣学只有一个功夫，知行不可分作两事。”在中国古代传统文化中，所有的修身养性最后都要落到实处，小到日常生活的待人接物，大到处理国家政事。这种实践精神怎能说是从西方传播过来的呢？现代人生存的一大困境是环境的恶化，其原因是缺乏对大自然的平等态度和热爱，而在中国古代，有道家的“万物齐一”观念，有儒家学者张载的“民胞物与”思想。这境界远远超越了现代人因生存需要而被迫提出爱护生物的观念。我们常为人过度物化感到叹惜，希望找到一条能将人从这种状况中拯救出来的道路，实际上传统文化中重视精神愉悦恰是一剂良药。孔子说：“饭疏食饮水，曲肱而枕之，乐亦在其中矣。不义而富且贵，于我如浮云。”为大家所熟悉的陶渊明《饮酒其五》：“结庐在人境，而无车马喧。问君何能尔？心远地自偏。采菊东篱下，悠然见南山。山气日夕佳，飞鸟相与还。此中有真意，欲辩已忘言。”这正是渊明陶然于自然美景之中，领略出的人生真谛，物质虽贫瘠，但精神的满足更让人愉悦。因此，大学语文教育可以从中国传统文化的先进性和现实指导意义入手，让学生理解并热爱上中国传统文化，从而自觉地承担起传承中华文化的责任。

（四）培养高雅的审美情趣

审美教育是大学语文教育的一大目的，面对受网络文化影响，大学生审美趣味日渐恶俗化的现状，培养学生高雅的审美情趣无疑是当务之急了。因此教师在分析作品时，可以从语言、意境、思想情感几个方面入手，引导学生细细体味其中的美感。如李商隐的《无题》中的“蜡照半笼金翡翠，麝熏微度绣芙蓉”，对室内环境气氛的描绘渲染，很富有象征暗示色彩：烛光半笼，室内若明若暗，恍然犹在梦中；麝香微淡，使人疑心爱人真的来过这里，还留下依稀的余香。上句是以实境为梦境，下句是疑梦境为实境，写恍惚迷离中一时的错觉与幻觉，极为生动传神。再如杜甫《秋兴八首其一》的“江间波浪兼天涌，塞上风云接地阴”。清代杨伦《杜诗镜铨》评论说：“波浪在地而曰兼天，风云在天而曰接地，极言阴晦萧森之状。”使人感到天上地下，处处惊涛骇浪，风云翻滚，阴晦惨淡的气氛笼罩四野，分明是阴沉压抑、动荡不安的心情和感受的写照。这就与杜甫当时时代的背景有了一种“象喻”的联系。这一句就不仅是写景之语，更多的是表达杜甫将个人命运与国家命运联系在一起的情感。

正是这样，学生在这些作品中感受到“美”，并受其感染，从而滤掉情感中的杂质，使情感纯洁和高尚起来，审美情趣就不再停留在纯粹的感官愉悦和最浅层次的普遍性生命体验中。

五、网络语境下大学语文教学表现

通过调查，我们发现，学生对网络语言的认知程度已经达到了一个比较高的水平，有不少学生已经能够用一种非常平和的心态来对待网络语言，但是也存在很多问题。具体分析如下：（1）网络语言已经在学生中流行并受到欢迎，影响深刻而广泛。调查显示，对网络语言一无所知的学生只占极少比例，其中近六成的学生不仅熟知网络语言，并且也经常使用网络语言。调查中，有些学生还透露他们已经使用这些语言很多年了，甚至几年前流行的一些网络语言，如“菜鸟”“大虾”等都已经过时了，很少再使用。从成因上来分析，主要是由于网络的普及，加上中学生追求新奇的心理，于是网络语言就特别容易在中学生中流行，被调查的学生中，很大一部分表示他们是因为看到别的同学使用了这些语言才跟随效仿的。在网络语言里，我叫“偶”、不错叫“8错”、喜欢叫“稀饭”、不要叫“表”、这样子叫“酱紫”，半数的被调查学生认为类似这样的表达方式灵活、有趣，也有学生认为这样表达很有个性。很多同学表示，网络语言丰富了他们的语言，对他们创造性思维的培养也是有好处的。还有个别的学生表示，在传统的语文教学中教师是权威，在网络这个自由的虚拟空间中，没有权威的压力和传统的束缚，使用这些新鲜活泼的、富有个性的语言是对权威的挑战。大学生思维活跃，叛逆心强，喜欢猎奇求异，追求个性另类，接受能力强，任何新鲜的事物对他们都有吸引力。网络语言新奇、怪异，不受规范约束的特点，正好能满足他们的心理需求。此外学生面临着很大的学习压力，他们在课余时间借由网络语言来排遣郁闷，发泄和缓解学习压力，也是情理之中的事。因此网络语言在中学生的群体中有很大的“市场”也不足为奇。此外，中学生大多处于心理尚未完全成熟的阶段，判断能力和自制能力还没有完全形成，同时中学生大部分还没养成严谨的语言习惯，打下扎实的汉语言文字基础，对于“劣质”语言，他们的辨别能力不强，缺乏防范意识，缺乏免疫能力，这就造成了各种网络语言可以肆意闯入他们的语言体系中，对他们未来汉语的学习和使用造成不利影响。

大部分学生清楚地知道要在合适的场合下使用网络语言，绝大部分受调查的学生在网络上使用这类语言，也有两成左右的学生会在自己的作文和日记中使用网络语言，也有很多有手机的学生表示他们在发短信息时也会使用网络语言。这和网络语言的特点有关，网络语言是以书面的形态出现的，它包含很多符号、数字和英文字母，使用起来非常方便。在对象的选择上，绝大部分的学生表示会对同龄人使用这些语言，几乎没有人愿意和成年人尤其是长辈使用网络语言交流。

六、大部分学生对网络语言的前景较为乐观

被调查的学生中，认为网络语言没有生命力，表示反对的只占两成左右，而绝大部分使用过网络语言的学生都表示他们不会放弃使用的，除非更有趣、更新奇的语言形式出现。有些学生还表示，现在有的网络语言已经被很多成年人所接受，比如电视娱乐节目上也经常见到或听到“PK”“粉丝”等字眼，随着时间的推移，将会有更多的网络语言受到人们的认可，获得“合法地位”，纳入主流语言中。调查中，仅20%左右的被访学生感到网络语言会不利于语文的学习。其他的学生认为，他们不会把网络语言带到正规的学习中，更不会带到考试的试卷上，因此不会影响语文学习。更有一些学生觉得网络语言给语文学习带来了新的活力，会对他们的创造性思维的培养和汉语言文字的学习带来积极的影响。

七、学生普遍对网络语言的危害认识不够

对于网络语言的危害，大部分学生认为：可能会因为别人看不懂而造成沟通障碍。其实这只是一个浅显的认识，网络语言深层次的危害是多方面的：不利于塑造学生的文化底蕴。网络语言代表的是一种流行文化，精华和糟粕共存，其中的糟粕在长期潜移默化的影响下会使人的价值观变得浅薄和庸俗，尤其不利于培养学生对传统文化的热爱，不利于培养科学的学习习惯和学习态度。网络语言一味求新求快，又不乏错字、别字，语法上也有很大的随意性和简化性，十分不规范，中学生由于好奇而模仿，会助长他们浮躁、散漫的心理和对语言随意生造、篡改的不良习惯，以及随意挑战权威的不良心态。另外，由于网络语言的形象生动、口语化、通俗化，而传统语言的文章大都讲究文采和谋篇布局，表意含蓄委婉，不像网络语言那么平白易懂，于是习惯于使用网络语言的学生就会对传统语言有厌恶情绪，对于文言文、唐诗宋词、大部头的经典著作就更加反感了。不利于培养学生的表达能力。网络语言句式结构简单、松散，多为词语和短句，结构上也常常直接切入，缺少铺陈和描述，长期接触这类语言可能会造成一些学生写作文时语句简单、平白粗俗，文章的整体结构松散；另外，学生使用网络语言时，由于文字中夹杂着符号和图形，这些形象的符号，没有相对应的语音形式。这样就打断了学生对整个句子结构和发音（包括语调、语速和情感）的把握，进而影响学生的口头表达能力。可以说，很多中学生面对网络语言，基本是乐此不疲地效仿和使用，而以上这些危害具有一定的隐蔽性，他们是难以深刻认识到的。

网络语言对正常的语文教学造成了一定的冲击。我们民族的传统汉语是严谨、精致、

规范的，它在长期的形成中积淀了中华民族的价值观念、思维方式、行为习惯，蕴含着中华民族的传统美德。语文教学承担着提高学生听说读写能力的重任，要学生学会使用规范的语言文字始终是语文教学的重点。忽视或放松语言文字规范的教学，将严重影响语文教学的质量。网络语言正在“异化”中国的传统语言文字，对现行的语文教学提出了挑战。同时，语言也是一个积累运用的过程，学生在课堂上学习的规范用语，需要反复不断地强化才能保持。学生频频接受和使用不规范的网络语言，减少了规范用语对大脑的刺激，势必影响学生对规范的汉语言文字的学习。

网络语言对语文教学的正面影响。打破传统，敢于创新网络语言是伴随着网络应运而生的产物，与我们千百年来的汉语有着巨大的差异。权威数据表明，30岁以下的群体是网络活跃分子，他们这个年龄都有着开放、猎奇、创新意识强等鲜明特点，在语言上自然不受传统语法规则的约束，他们对于新奇的事物有着与生俱来的创造力，使他们更能跟得上这个社会的发展和时代的大流，不至于在历史前进的潮流中被淹没。因此他们创造的网络语言不仅代表着高效率，而且充满新奇感，很符合当今年轻人追求所谓“时尚”“潮流”的心理，同时，在一定程度上，网络语言的出现确实给汉语言的发展带来了一股清新之风，让人们意识到“创新”是人类进步的重要条件，开始更多的关注和重视网络语言的发展。作为语文教师，怎样利用网络语言构造出具有创新活力的、让学生感兴趣的课堂呢？有一位语文教师在进行文言文教学时，就充分利用了网络语言的优势。众所周知，学生对文言文多数都有畏难情绪，尤其是讲到文言文翻译这一块，更是集体“打瞌睡”。但这位语文老师在教学文言文时，在网络上搜索了一些学生喜闻乐见的网络用语，然后在课堂上考学生能不能找出文言文中对应的句子，在学生觉得有难度的时候，自己再适时点拨，给出自己的翻译。我们来看看这位老师是怎样把流行语言翻译成雅致的文言文的。原文：每天都被自己帅到睡不着。翻译：玉树临风美少年，揽镜自顾夜不眠。原文：有钱，任性。翻译：家有千金，行止由心。原文：人要是没有理想，和咸鱼有什么区别？翻译：涸辙遗鲋，旦暮成枯；人而无志，与彼何殊。原文：别睡了起来嗨。翻译：昼短苦夜长，何不秉烛游。原文：别嗨了我要睡。翻译：我醉欲眠卿且去，明朝有意抱琴来。原文：吓死爸爸了。翻译：爷娘闻女来，自挂东南枝。原文：你这么牛，家里人知道吗？翻译：腰中雄剑长三尺，君家严慈知不知。原文：丑的人都睡了，帅的人还醒着。翻译：玉树立风前，驴骡正酣眠。原文：主要看气质。翻译：请君莫羡解语花，腹有诗书气自华。原文：也是醉了。翻译：行迈靡靡，中心如醉。原文：心好累。翻译：形若槁骸，心如死灰。原文：我的内心几乎是崩溃的。翻译：方寸淆乱，灵台崩摧。原文：你们城里人真会玩。翻译：城中戏一场，山民笑断肠。原文：重要的事说三遍。翻译：一言难尽意，三令作五申。原文：世界那么大，我想去看看。翻译：天高地阔，欲往观之。原文：明明可以靠脸吃饭，偏偏要靠才华。翻译：中华儿女多奇志，不爱红装爱才智。原文：我读书少你不要骗我。翻译：君莫欺我不识字，人间安得有此事。原文：沉默不都是金子，有时候还是孙子。翻译：圣人不言如桃李，小民不言若木鸡。原文：备胎。翻译：章台之柳，已折他人；玄都之花，未改前度。原文：

长发及腰，娶我可好？翻译：长鬓已成妆，与君结鸳鸯？原文：人与人之间最基本的信任呢。翻译：长恨人心不如水，等闲平地起波澜。原文：认真你就输了。翻译：石火光中争何事，蜗牛角上莫认真。原文：那画面太美我不敢看。翻译：尽美尽善，不忍卒观。原文：我只想安静地做一个美男子。翻译：北方有璧人，玉容难自弃。厌彼尘俗众，绝世而独立。原文：我带着你，你带着钱。翻译：我执子手，子挈资斧。原文：给跪了。翻译：膝行而前，以头抢地。原文：平民终有逆袭日。翻译：王侯将相，宁有种乎？原文：不要在意这些细节。翻译：欲图大事，莫拘小节。这样一改，不仅不会被学生认为是“老古董”，跟不上潮流，不理解他们的心理，反而会让学生崇拜得五体投地。不妨设想，如果老师上课经常把网络语言改成文化气息浓厚的文言文，这样的教学语言，岂不是既受学生欢迎，又避免了忧语言不规范之虞吗？

彰显个性释放自我。社会的发展让每一个个体都有了充分展示自己的舞台。网络是一个相对独立而自主的另类空间，在这里，人们可以肆意地展示自我、释放自我，张扬自己的个性，从而吸引他人的注意力，使自己成为“焦点人物”。网络语言是网友展示其个性的最好工具，激情、时尚、追求特立独行是年轻人用以自我表达的方式，这使得以年轻人为主体的网友不仅主动地使用网络语言，而且积极创作网语，这也是网络语言具有旺盛生命力的原因。因此在网络交际中，与众不同、充满个性的网名；与人交流时，那些幽默且标新立异的语言就成了年轻的网民追捧的目标，所以只有不断创造才能满足日益增长的需要。网络是虚拟的，电脑屏幕背后却都是一个个鲜活个体的思想和行为，网民们可以使用各种身份在网上与人交流、发表言论，这样就保护了他们的隐私。在现实生活中，人们每天都在扮演着各式各样的角色，中学生慢慢成年之后，压力也随之产生，来自家庭、事业、学业、爱情等的压力，让现在很多的年轻人都在高呼着“伤不起”，他们向往自由自在、无拘无束的生活，但“梦想很丰满，现实很骨感”，于是他们把目光投向了网络这个“让人心灵平静的沃土”。在这里他们可以尽情地释放自己，让自己在这个虚拟的世界里得到现实的满足感和幸福感。那么，网络语言又能给语文教学带来什么样的正面影响呢？现在的学生升学压力大、学习紧张，他们需要有一个释放自我的空间。而网络语言恰好能满足这一需要。有一位语文教师组织了一次“我给某某拍拍砖”的语文综合性实践活动。活动的形式大致是：每个同学写一张纸条，可以匿名，但要写上是给哪位同学或哪位老师提的意见，由语文教师统一收齐后，再择取一部分，分别交给那些被提意见的学生。令老师惊讶的是，也许是由于语文老师在设置活动时使用了“拍砖”（提意见）这一网络词语，学生写的匿名纸条上，各种网络用语也层出不穷。私下问学生原因，有学生说，既然老师都用了，我们还怕什么？还有学生说，这样会显得委婉一些，不那么容易伤人心，还使对方在轻松幽默中乐于接受。还有学生说，最主要的，是这些都是我们发自内心的话，使用网络语言，能让我们自如地表达，不说假话，彰显自己的个性。我们不妨来看几条学生提的意见：“老师，我每天做您的作业就要花掉两个半小时，我知道您敬业负责，可我实在是亚历山大（压力很大）。”“A 同学，不要再装土豪了，毕竟父母挣钱不容易。靠钱交不到真朋友的。”“你 BXCM(冰雪聪明)，上课发言为什么不‘亮剑’呢？让大家都分享分享你的真知灼见嘛！”“B 同学，你无论上课发言还是下课闲聊，论调都“么么黑”(态度悲观消极)，其实仔细想想，生活还是挺阳光的，我们都觉得你很幸福呢！”“同桌 C，上课请不要再和我说话了，看到你我都想闪，因为你严重影响我听课。不过如果你改掉说小话的毛病，我们还可以‘么么哒’。”“你那么宅是在忙什么呢？每次约你打篮球你都不去，多运动运动嘛！”“D 同学，我不得不说你很傻很天真，尽快成熟起来吧，不然以后到社会上怎么混？”“不要再给我写情书了，等我们都考上大学再看是否有缘吧。现在，我想静静。”“同学，你的作业都是山寨来的，这样的知识，你真的懂了吗？”“有料也别嘚瑟呀，希望你低调奢华有内涵。”还有很多用网络语言提的建议，这里就不一一列举了。值得肯定的是，这位语文教师在把收上来的建议发给对应的学生后，请他们每人写一篇自我反思的周记，这样，就把语文综合性实践活动和写作有机结合起来了。从上面这个例子可以看出，网络语言可以使学生释放自我、彰显个性，也使表达更为风趣幽默。所以，对待网络语言，我们不能“一棒子打死”。

网络语言对语文教学的负面影响。网络语言中的失范现象。网络语言因其便利和随意性，产生了失范现象，对青少年对语言学习产生较大障碍，网络语言的失范现象主要分为两个类别，语法失范和道德失范。网络语言的语法失范现象。现代汉语的语法基础是由典范的白话文著作。对这一说法，学界并不存在争议。网络语言的语法失范，主要表现在用英文的语法替代中文的语法，或者把中英文的语法夹杂在一起。比如说“吃饭 ing”“睡觉 ing”“幸福 ing”……在中文中，并没有正在进行时这一时态，英文却把时态分成过去式、正在进行时、完成时。在一些网络用语中，网民直接将表现正在进行时的“ing”照搬过来，表示自己正在干什么。其实，加 ing 强调正在进行中毫无必要，因为在汉语语法中有对应的表达方式，即“在……中”。还有一种语法失范，也是来源于英文的“have”，英文中出现“have”除了表示“有”之外，还表示正在完成时。网民把“have”直接翻译成“有”，创造了许多不符合汉语语法规范的句式，比如“你有吃饭吗？”“你有泡吧吗？”“你有在等我吗？”“你有在图书馆吗？”仔细斟酌，这几句网络语言中的“有”都可以删去。更重要的是，汉语中也没有在表示行为的词或短语前加“有”字的习惯。还有一种语法失范是叠音词的滥用，这主要来自港台腔。比如“你好坏”说成“你好坏坏”、“你很漂亮”说成“你好漂漂”，“这是什么东西”说成“这是什么东东”。还有一类语法失范是省略动词，用名词直接替代动词。比方说“记得电话我哟”“我会伊妹儿你”“你可以百度”，这样的省略容易造成理解上的歧义和混乱。往深入想一想，如果继续这样省略下去，是不是“我电你”这样的句子也会出现呢？还有一类语法失范是语序的颠倒。比如说“你先吃饭”，要说成“你吃饭先”；“说说，今天晚上谁和我一起去参加活动”，用网络语言说，就会变成“今晚谁和我一起去参加活动的说？”“我不在图书馆”的网络语言表达形式是“图书馆，我不在。”我们难以想象，后一种句式会出现在规范的现代汉语里。尤其是最后一句“图书馆，我不在”，主语到底是“图书馆”还是“我”呢？也许有网民认为，之所以借用其他语言的语法，是因为现代汉语的语法不足以满足表达的需要，但是看看笔者所举的例子，几乎都能更正成规范的现代汉语。这就有“去己之精华，拿人之糟粕”之嫌了。比语法失范更可怕的是道德失范。因为语法失范仅仅是语言运用层面的，不会对人的精神和心灵构成致命的打击。但是道德失范则不同，网络语言道德失范的实质是语言暴力，但由于网络这个特殊的平台，许多人不得不承受网络语言的道德失范。笔者归纳了网络语言道德失范的几种类型：第一，出口成“脏”。许多网民在网络聊天或者进行回帖评论时，不知道哪里来的愤怒，动辄就是变形“脏”言，有人戏谑称，如果把网络语言中的脏话进行搜集和整理,那么都可以出一本书了。事实也正是如此,2014 年,有 25 个网络低俗词语榜上有名。但是，出口成“脏”只是网络语言道德失范的最低级阶段，第二个道德失范的表现是网络语言中充斥着与性有关的黄色词语。比如“菊花”“蛋疼”“是男人你就上”“很黄很暴力”。“菊花”本来是高洁、坚强的象征，在中国传统文化中有着特有的美好的象征含义，但是这样一用，显得低俗。更关键的是，现在上网的人群中，青少年普遍偏多，家长、教师和社会想尽办法引导他们远离不健康的网站，但这些层出不穷的不健康的网络语言，又把他们的注意力吸引过去了。第三个层次的道德失范，是在网络上对他人直接进行人身攻击。比如称呼对方“粪蛋”（浑蛋）、“绿茶婊”（虚伪的拜金主义者）等，这些网络语言是对他人人格的诋毁和伤害，会造成对方心理上的阴影。

网络语言的粗俗暴力。2015 年，诗人余秀华在微信朋友圈中爆红。一篇原名“诗里诗外余秀华”的评论，对某刊采用“晃晃悠悠的人间——一位脑瘫患者的诗”为题、以诗人残疾身体为卖点表达了不满。但在此帖转入微信后，它的标题却被改为“穿过大半个中国去睡你”。可想而知，无论煽情的“脑瘫诗人”，还是低俗的“睡你”，都意在刺激读者感官，赚取点击率。在网络信息的海洋中，措辞平淡就会无人问津，于是“标题党”盛行。他们不惜用煽情、惊悚、污秽和侮辱性的词句赚取眼球，甚至连许多内容严肃的文章，也采用了恶俗的标题。比如《梵 · 高的“破鞋”引发大战》，实际说的是海德格尔、夏皮罗、德里达等人对油画《鞋》的不同阐释；而《这帮姑娘不穿衣服怎么也不害羞》说的是一种新的艺术探索形式。种种类似的表达已经在互联网这个公共语境中形成了语言暴力。最典型的网络语言暴力使用的是隐喻身体器官的脏话及其变体，它们原本出自口语，仅在个体之间传播，不仅公共场合很少听到，稍微正式的私人谈话也不会使用。但如今它们却悄然变成文字，传播到每一部手机、每一台电脑中，甚至结合符号、英文，成为特色屏幕语言或“网络书面语”。只要读屏，就免不了被迫读到这些字眼儿。随着刺激程度越来越强，人们也提高了容忍度，有时还带着几分捉弄人的快感参与到转发行列中，把粗鄙当成魅力。初次触网的学生面对网络语言的粗俗，感到有点不知所措。一周十几二十几个小时的泡在网里，正如古人所说：“与恶人交，如入鲍鱼之肆，久而不闻其臭。”而后学生对待网络不文明语言的态度大多是无所谓！网上交流时更无暇顾及什么语句和语法，标点和错别字那更是一笑而过。一般情况下，正常网上聊天，相互之间可以得到有益的帮助，可以弥补现实生活语言交流的不足，还可以通过相互诉说得到心理的慰藉。然而有些品行低下的青少年，为了一点鸡毛蒜皮的事情，不惜在网上相互谩骂，甚至发展到进行人身攻击。更有甚者，在有的校园网上，就有部分内容是学生针对个别老师的恶毒谩骂和人身攻击。一些青少年在网上传播交流一些粗俗、下流的语言，侵蚀他们的心灵，而且语言的下流，造成道德认识的模糊。毋庸置疑，网络聊天已经成为某些现代人日常生活不可缺少的一部分，这种付诸言语符号的“纯语言”交流方式正以它独特的魅力对人们的心理和行为产生重要的影响。奥斯汀说“某种事情会经常地，甚至常规地对听话人或说话人或其他人产生一定的影响，影响他们的感情、思想和行动”。因势利导，从网上走到网下。根据新课标的要求，语文是工具性与人文性的统一，新课改实施以来，更重视语文课外实践活动的拓展。学生喜欢上网，喜欢使用网络语言，无非是他们觉得这种新生事物新奇、有趣，假使我们能因势利导，使学生感受到语文学习的丰富性与趣味性，或许，他们也愿意从网上走向网下。

开展主题演讲比赛。针对网络语言在生活中被学生广泛运用这一事实，教师可以组织学生开展主题演讲，比如“网络语言给我的生活带来了什么”，这对于语文口语交际亦是一个很好的锻炼。有的学生可能会说，网络语言丰富了自己的知识，自己听到不太明白的网络语言，就上网去查出处和来源，结果一查发现，很多网络语言都来自时下的热点新闻事件。比如甬温铁路线出事后，前铁道部新闻发言人王勇平说，“至于你信不信，反正我信了”，这类网络语言背后，都是真实而深刻的社会现象，让语文不再是空中楼阁，而是与大生活、大时代有了连接。有的学生可能会提出，网络语言的滥用伤害了自己的自尊。因为自己比较胖就被同学戏谑为“胖纸”；更有甚者，同学之间出现了一些小矛盾、小误会，动辄就互相以“呆瓜”相称，如果有学生在演讲中提到这样的情形，语文教师应及时引导学生：网络语言的使用有时就像叫别人的绰号一样，你叫别人“八戒”，人家心里肯定不愿意；但是你真诚地称别人为“大咖”，别人一定欣然接受。笔者也以为，语文教育应具有一定的教化功能，适时的引导是不错的渗透。还有的同学可能会提出，网络语言给他的家庭生活带来了不和谐。他作为“新新人类”，随口就会冒出网络语言，但绝不是什么脏话、粗话，但家长就是看不惯、听不惯。而且自己的微博、微信、QQ 等都被家长“监控”了，家长一看到自己使用一些“怪怪的”语言，就要打破砂锅问到底，生怕自己学坏了。就这样，自己和家长之间的鸿沟越拉越大。语文教师可以借此契机引导，我们说话要注意区分场合和对象，对父母、长辈，语言还是“中规中矩”比较恰当。对同龄人，不妨随意些。这实际上也是在教育学生如何进行有效的语文交际活动。

开展“网络诗歌创作小能手”大赛。近年来，“凡客体”“淘宝体”“梨花体”这样的网络语言风行，网友们纷纷借鉴这种体裁，自创诗歌。学生一向对作文缺乏兴趣，身为语文教师，为何不大胆尝试，让学生仿写网络体的诗歌呢？我们先来看两首凡客体的诗歌：尚四季做生产，也重品牌宣传做推广，更为客户着想，爱时尚，爱美丽，爱着尚四季，我什么都爱，更包括陪伴我近十年的郊区老厂房，做过布衣裁缝，做过学校老师，当编织梦想成为一种习惯，我变得更加全面，我是淘宝城里的女装——尚四季女裤之都的老作坊新品牌。在服装界我不是路易 · 威登，我是尚四季。和大家一样，我也有梦想陪伴。努力，奋斗，才扛得起大旗。还有一首是韩寒写的：爱网络，爱自由，爱晚起，爱夜间大排档，爱赛车；也爱 29 块的 T-SHIRT，我不是什么旗手，不是谁的代言，我是韩寒，我只代表我自己。我和你一样，我是凡客。有学生仿写：做自己，也照顾他人；有梦想，不好高骛远。每天，勤勤恳恳地努力不仅为分数，更为理想。我不是高富帅，但一样能攀上珠穆朗玛的峰顶。还有学生仿写：爱读经典，也热衷漫画，刷题库，也爱跑步。上课认真听讲，但偶尔也看看窗外。有时很萌，有时又假装小大人。这就是我，独一无二的自己！我为自己代言！学生的文笔显得稚嫩，但无论如何，兴趣是第一位的。他们从仿写中获得了乐趣，进步就会越来越大。而且“凡客体”还非常适合让学生写出真心话。谈完了“凡客体”，我们再来看“淘宝体”。“淘宝体”诗，一般指用淘宝上旺信上流行的沟通语言写诗，但也有争议说，早在淘宝流行之前，就有了“淘宝体”诗歌。且看诗人大卫的《赞美》：从额头到指尖，暂时还没有比你更美的事物三千青丝，每一根都是我和大海比荡漾，你显然更胜一筹。亲，我爱你腹部的十万亩玫瑰，也爱你舌尖上小剂量的毒，百合不在的时辰，我就是暮色里的村庄孤独，不过是个只会摇着拨浪鼓的小小货郎，喜欢这命中注定的相遇，眼神比天鹅更诱人。这喜悦的早晨，这狂欢的黄昏，没有比你更美丽的神，积攒了多少年的高贵仿佛就是为了这一个小时的贱做准备。你是我的女人，更像我的仇人，不通过落月，我照样完成了一次辉煌的蹂躏。“淘宝体”诗“亲”字使用频繁，在创作诗歌时容易以爱情为题材，这时候，我们要引导学生扩展写作的内容和范围，不要陷入只写爱情的泥淖。比如有一个学生仿写的“淘宝体”诗歌：亲，在我的童年在我还不知道你是谁的时候，就被晚风送往你的藕花深处亲，在我少年梦里，你是一个贵妇，不食人间烟火，但道绿肥红瘦。亲，在我去远方的时候，总会想起，你那“雁字回时，月满西楼”。而今，大雁年年归来，你却已无觅处。我只知，你一生的沧桑，化为一本《金石录》。这首诗写的对象明显是李清照，诗歌本身饱含了对易安居士的深情。再看“梨花体”。“梨花体”的代表性诗人是赵丽华，我们先来看几首她的诗。一个人来到田纳西，毫无疑问我做的馅饼是全天下最好吃的，我爱你的寂寞，如同你爱我的孤独。赵又霖和刘又源一个是我侄子七岁半，一个是我外甥五岁，现在他们两个出去玩了。当你老了当你老了，亲爱的那时候我也老了。一直以来，语文教学都存在着“作文难教”的问题，但是，自从有了网络，有了形式丰富的网络语言，学生“发表”自己作品的渠道多了很多，比如微博、博客、微信等，但是学生对一本正经的课堂写作仍然不感兴趣。如果教师能把网上流行的写作方式引入课堂教学，让学生仿写“淘宝体”“梨花体”“凡客体”，一定能大大激发学生的写作热情，也提高他们的写作水准。

开展“网络语言知识竞赛”。既然学生这么热衷网络语言，那么为何不能以此为桥梁，同传统语言“嫁接”上呢？竞赛可以分为以下板块：第一个板块是“打回原形”。假设一些网络字词被“妖魔化”了，学生人人都是孙大圣，要用手中的“金箍棒”把这些字打回原样，写出这些字的正确字形。比如“斑竹”（版主）、“神马”（什么）、“虾米”（什么）、“猴赛雷”（好犀利）等。第二个板块可以是“今词古解”。近年来，有许多早已荒废的古字又冒了出来，在网络上“行走江湖”，成为“网语宠儿”。但它们的意思，早已经被异化了。竞赛时，可以让学生说出这类字词的本义。这一类的字有囧、槑、焱、骉、зи等，相信这些字一“闪亮登场”，会大大提升学生对古汉字的兴趣，说不定还会让一部分学生把《说文解字》借来看呢！这样不也巧妙地达到教育目的了吗？第三个板块，可以是“正本清源”。现在网络上把诗词乱改流行语的现象比比皆是，我们的学生也深受影响，在诗词默写题的时候，只记得网络流行语，而不记得原诗原词。这对传统文化是一个很大的侵蚀和糟践。比方说，我们在试卷上看到的一些不良的答题现象：“在天愿做比翼鸟”的下一句，学生答“大难临头各自飞”；“桃花潭水深千尺”的下一句，学生答“不及富翁赠我钱”；“疑是地上霜”的前一句，学生默写成“爱是一道光”；“何当共剪西窗烛”，学生接“夫妻对坐到天明”；“十年生死两茫茫”，竟有学生对“喜洋洋和灰太狼”；“处处闻啼鸟”接上句，学生写的是“一朝被蛇咬”；“洛阳亲友如相问”接下句，学生默写出“就说我在做作业”……这些不知所云的答案，足以让语文老师忧心忡忡。这时，我们就需要以举办活动这种灵活的形式，为这些诗词正名，让学生在活动中记住“在地愿为连理枝”“不及汪伦送我情”“床前明月光”“却话巴山夜雨时”“不思量，自难忘”“春眠不觉晓”“一片冰心在玉壶”。这样，也许会让学生对网络语言少一份依赖，对语文多一点敬畏。并且，在竞赛中温习知识点，也比强硬的灌输要来得有效、有趣。时至今日，网络语言成为众多语言中不可或缺的一种，就像新文化运动时期的白话文那样，但仍然充满了演变的可能。互联网的创新能力不断更迭、新事物的不断涌现、网民的群体不断扩大，都让网络语言有了更多的普及和创新空间。而在新旧事物碰撞交汇的过程中，中学语文教学将继续受到前所未有的挑战。作为语文教学传播者的语文教师，需要在社会发展的大潮中找准位置，充分利用网络语言的积极因素，扬长避短。这样，网络语言与语言教学都会大有所为。从语文教师的教学角度说，不可把网络语言一味拒之门外，那样，会与学生之间产生隔膜。教学首要面对的是学情。在电视在英国普及的时候，英国学者曾经做过实验，在教育教学中，禁止孩子看电视，禁止一切与电视有关的资料。但效果并不理想，甚至适得其反。后来，英国教育者调整了策略，变禁止为引导，把优秀的电视节目引入课堂，反而收到了出人意料的效果。今天的网络语言，就犹如当初的电视，想一味靠“管”“堵”“禁”是不可能的，也不具备现实操作性。这就要求我们的语文教师慧眼如炬，积极寻找其中有利于提升学生语文素养的因子，因势利导、循循善诱。但需要注意的是，疏导不等于放任，语文教师要站在一个更高的层次、更理性的平台上和学生对话，毕竟，学生还是未成年人。如果缺乏引导，势必误入歧途。从社会的角度说，社会定然会有杂质，但请还教育领地一个相对纯粹、相对平静的空间。学校教育是社会的一部分，语文教学是学校教育的一部分，如果在监管的策略上不有所作为，那么，贻害的，将不只是一代人。笔者以为，没有任何人希望中国的下一代与传统文字失之交臂，而只用网络语言沟通和交流。毕竟，传统文化的精髓有相当一部分是网络语言所无法替代的。对于网络语言和语文教学，笔者的态度是：取其精华、去其糟粕。让网络语言为语文教学服务，同时，语文教学又不会为网络语言所“绑架”。

第三章　汉语语言文学概述

第一节　汉语语言文学审美问题探究

随着我国经济实力的不断增强，我国在国际上的地位逐渐提高，使得我国的汉语文化成为世界文化的重要组成部分。汉语语言文学的包容性较强，涉及较为广阔的知识领域，蕴含丰富的知识文化，具有跨种族、跨国别的特点，因此，很多国家通过开设孔子学院，对我国汉语语言文学进行更加深入的研究和学习，对于我国传统文化的传承和发展具有十分重要的现实意义。为更好地发掘汉语语言文学的魅力，我们必须对其审美问题进行深入的探究，进一步促进汉语语言文学的创新和发展，这对提升自身的审美素养和人文素养具有重要意义。

一、汉语语言文学简析

（一）汉语语言文学的概念

汉语语言文学是人文社会文化的重要组成部分，在我国悠久历史的演变中，文字和语言得到丰富和发展，从而形成了今天独具魅力的汉语语言文学。汉语语言文学是对我国古代和近现代先辈的生活情况和思想文化的记载和传承，反映了民族精神和人文理念。为深入研究和传承汉语语言文学魅力，我国教育体系中将汉语语言文学学科设置为国家重点培养学科项目，通过系统性的教育，来提升广大学子的文学素养。汉语语言文学有利于培养更多的优秀文学作家，创造更多的文学作品，向世界展示我国的民族魅力。例如我国著名作家莫言成为我国首位获得诺贝尔文学奖的作家，推动了汉语语言文学的发展。

（二）汉语语言文学的特征

汉语语言文学学科的主要研究对象是古代汉语、古代文学、现代文学、近代文学、外国文学等，超越了民族文化差异，具有重要的教育和研究价值。汉语语言文学涉及的三大文学领域为中国汉语文学、汉民族文学、华文语言文学，是我国母语文化传承的重要载体。中国汉语文学注重文学的多元性和多样性，包括汉民族在内的 56 个民族的民族文学，将各个民族的特色文学进行了全面的分析和总结；汉民族语言文学则主要反映了汉民族文化经过漫长历史发展形成的文学体系，具体而生动地展现了传统文化、历史精神以及民族特色；华文语言文学是对国际上汉语文学表现特性的研究，是我国文化向世界传播的有效手段，如各国设立“孔子学院”，对汉语语言文学的发展具有良好的推动作用。汉语语言文学学科有利于培养学生的人文情怀和素养，其中汉语语言文学审美的研究十分重要。

二、汉语语言文学审美要点

（一）语言的审美

语言审美是汉语语言文学审美的关键内容，语言具有明显的区域性特点，因此形成的审美标准也不尽相同。汉语语言文学属于一种人文学科，在培养学生语言表达能力的同时，可以提高学生的文学造诣。在汉语语言文学审美研究中要遵循一定的规律，尊重其独特性。我国幅员辽阔，居住着56个民族，不同区域、不同民族的语言具有各自独特的魅力，我国南北方语言文化存在明显差异，南方人语言表达发音不够精确，例如s和sh的读音就很难分清，而北方相对来说发音较接近普通话，但是北方人民对于卷舌发音也不是很敏感，因此，汉语语言审美要尊重区域文化特点。此外，我国还有很多少数民族，语言的表达各具魅力，使得我国汉语语言文学更加丰富多彩，具有重要的研究价值。普通话是国家的通用语言，在汉语语言文学审美中要以普通话为根本标准。

（二）文字的审美

汉语语言文学审美的另外一个重点就是文字的审美，尤其表现在我国古代诗词文字方面。我国古代诗歌采用对偶、白描等手法，通过描写景物抒发内心的情感，勾勒出美好的意境，可以激发读者丰富的想象力，并让读者产生情感共鸣。例如“孤帆远影碧空尽，唯见长江天际流”的诗句中，描述了海天相间、孤帆远行的情景，抒发了作者对友人深刻的不舍和留恋之情。我国古诗词中常常借物喻人、以诗言志，是汉语语言文学审美的一个重要标准。此外，从文字的形态审美角度出发，我国的汉语文字具有独特的历史魅力，汉语文字经历了由甲骨文、金文演变为大篆、小篆、隶书，最后定型于东汉、魏、晋的楷书、草书、行书诸体等一系列演变，使得我国书法艺术得到传承和发展。汉字的楷书形体方正、笔画平直，行书如行云流水，令人赏心悦目；草书结构简单、偏旁假借，具有很高的艺术欣赏价值；而行书则介于楷书与草书之间。因此，从古至今，我国汉字不仅具有丰富的形态，还可以表达深厚的意境，充分展现了汉语语言文学的魅力。

三、汉语语言文学审美的发展

汉语语言文学的审美主要是对人文性和思想性的分析，在审美中要综合考虑各类文学作品的艺术形式、时代特征和思想内涵。我国汉语语言文学审美在不同时期表现不同，具体包括以下两点：第一，古汉语语言文学的审美，我国古代汉语语言比较注重文字的美感，如南朝骈体文与宫体文，因此，会用很多华丽的辞藻来进行修饰，难免出现华而不实的问题，但是战国时期的墨家、法家等代表作品提升了语言文学的实质，具有较强的实用价值。古汉语语言源于生活，诗人通过观察和体验生活，运用语言创设独特意境，展现自己的内心世界，因此古汉语语言的审美重点在于如何通过事物的描写让语言构成审美价值。第二，传媒时代汉语语言文学的审美，鲜明的语言审美特性为语言的应用探索带来了新变化，时代背景的不同深刻地改变了文学的形式，同时文学审美也发生改变。比如20世纪80年代，文学作品的审美更注重思想、历史与人性的探究，对思想意识形态进行深思，对人性进行反思，对文学本身进行反思与批判，从而在独特的时代背景下赋予汉语言文学独特的功能与审美。

总而言之，汉语语言文学审美是对我国传统文化的传承和发展，通过深入挖掘汉语语言文学的魅力，能够有效提升我们的文学素养和能力，在汉语语言文学审美中要结合时代特点和地域特点，进行全面的分析和研究，推动汉语语言文学的丰富和发展。

第二节　汉语言文学教学中审美教育的渗透

在当前高等教育中，汉语言文学作为一门重要的专业，可以培养和提高学习者的文化素养。而且，其多元信息与丰富的内容受到了广大教学者与学习者的喜爱和追求。在汉语言文学专业教学过程中渗透审美教育，有助于提高学习者审美境界，进而使他们在竞争激烈的人才市场中立足。并且，审美教育还强化了学习者感知美好事物的能力，有利于他们主动发现生活中的美，进而更好地、更有意义地进行学习和生活。下面，笔者对此浅谈几点见解。

一、概述审美教育的内在含义

培养和提高审美能力是审美教育主要内容，而审美能力可以称之为对审美感受、创造、想象力等能力的总称。其中，审美感受能力是其他能力开展的前提，是整个审美过程的初入点，并为审美教育教学的主要内容。鉴赏能力就是在感受“美”的前提下，辨别和评价“美”的能力。辨别能力是进行审美教育一个重要环节。想象力是对外部感知下“美”与自身能力、知识结构、工作经验等各要素综合起来的精神美感受。审美创造能力就是在想象力基础上，在实践创造下所获得的“美”，对于审美能力而言，审美创造能力是最高层次。

二、概述审美教育潜藏的价值

从各方面而言，审美教育也是一种学科教育，但它与其他学科教育相比，有其特殊性，可以提高学习者的审美能力，促进学习者取得更好的发展。通过研究发现，审美教育价值表现在如下几方面：

（一）培养学习能力，提高素质素养

审美教育在培养人们审美能力方面具有较大的应用价值。所讲的审美能力就是对审美鉴赏、审美想象、审美创造力等各方面能力的统称。其中，审美感受能力就是推行所有审美活动的前提，是指在感官作用下获得美好体验的一种能力。从本质上来讲，审美教育就是一种情感教育，在汉语文学专业教学过程中渗透审美教育有很强的实用性，可对学习者的精神世界不断丰富，对他们的实际能力提高尤为关键。在一定程度上审美教育还起到了培养学习者心智的作用，对拓展学习者的思维能力意义重大。在价值定位上，审美教育还健全了学习者的心理结构，为彰显学习者的个性奠定了基础，在提高他们审美意识上，推动学习者健康稳定发展。同时，形成审美价值需要构建在物质层面上。审美教育有利于学习者在日常生活和学习中追求感官享受、远离低级趣味的东西，为他们可以快速适应社会打下良好基础。特别是在文化多元的背景下，无论是广大教学者，还是学习者，都广受各种信息的冲击，很容易在多种信息中迷失自我，严重影响着他们日后的健康发展。而审美教育可以使人们自觉抵制不良、低级信息的侵蚀，构建起正确的人生观、世界观、价值观。

（二）丰富审美情趣，健全人格心智

众所周知，我们每个人都有爱美之心。这种爱美之心决定着我们对美好事物有着向往和追求之心。从某种程度上而言，审美教育再现与展示了美好事物，极大程度上满足了人们对美好事物的需求。在汉语言文学教育教学过程中开展审美教育，有助于激发学习者的学习激情，充分发挥其主观意识能动性。在审美教育创设的教学气氛下，升华了审美精神，塑造了学习者健全的人格品质。同时，健康、向上的审美情趣以学习需求为主，并主动积极地追求审美情感。在各种审美教育活动的开展下，引导学习者树立正确的价值取向，引导他们对生活和学习中出现的各种问题理性对待，并积极寻找解决问题的对策，进而使自身始终保持着良好的心态来生活和工作。另外，在不同程度上审美教育还体现了社会、艺术和自然等魅力，提高了学习者追求美好事物的水平，推动了其养成良好的审美习惯。审美教育中结合善与真，是在理性沉淀相关内容。审美教育有利于引导学习者，对于发展他们的智力非常重要，提高了他们坦然面对困境和失败的能力，使他们能够以更加积极、健康的心态来生活。可见，在汉语文学专业中渗透审美教育具有一定的可行性和必要性。

三、汉语言文学教学中出现的问题

从历史角度而言，汉语言文学专业出身的学习者应具有一定的审美能力，他们既可以充分利用专业的、扎实的理论知识来回报社会，实现自我价值，也可以在对人身人格魅力完美塑造下，加强自身审美趣味，对我国优秀的传统文化大力弘扬。但结合实际情况来讲，在具体汉语文学教育教学过程中存在很多问题，尤其是安排课时这一问题，明显汉语言文学课时太少，上课条件太差，从而造成汉语言文学课程难以深入开展。当前很多学习者汉

语言文学知识学得并不好，甚至对这门课程一点理解都没有，但能够顺利毕业，这就表现在考察汉语文学专业中也有很多问题，教学注重结果，而忽视了过程，这样的实际情况，造成很多学习者只是盲目地选择了这门课程，却很难了解到这门课程的真谛，这样教育出来的学习者汉语言文学素养自然不会很高。

四、审美教育在汉语言文学教学中有效开展的对策

（一）重视创新教学方式，提高学习者学习热情

在汉语言文学教学中融入审美教育，创新教学理念与教学模式是关键。我们都知道，兴趣是一件事情成功的动力。在具体教学中，教学者应结合学习者的性格特征、学习能力，适当地创新教学内容，培养学习者的学习兴趣，营造出良好的教学气氛，让学习者在浓厚的学习兴趣与良好的教学气氛下，充分发挥自身主观能动性，从而更加积极地学习，并不断提高自身的学习和审美能力。例如，教师可通过多媒体教学方法、案例教学方法等在汉语言文学教学过程中充分使用，也可以多种教学方法结合使用，最大限度活跃课堂气氛，激发学习者的学习欲望。

（二）结合汉语言教学与实际，拓展学习者学习思维

汉语言文学作品是在体现作者的内心思想。因此在教学中，教学者可利用一定的情境或者事物，让学习者深刻理解汉语言文学，并拓展他们的想象力空间，提高他们的观察与审美能力，达到真正意义上的审美教育。如在教学中，教学者可引导学习者联想文中的内容与场景，让学习者对文章内容有更深一层的理解，站在作者角度展开联想，与作者产生共鸣。

（三）挖掘汉语言教学审美因素，增强学习者审美意识

汉语文学就是一种美，是很多位作家的结晶。在汉语文学教学活动过程中，教学者不能只是“照本照读”，要对教材中相关字眼与内容进行深度挖掘，组织学习者对其中存在的意义和内涵深度感悟，对作品中的内在结构、渗透的情感等有所感悟，在挖掘作品的审美因素中，提高学习者的审美水平。

（四）加强汉语言教师的文化素养，提高教学效率

从各方面而言，文学作品就是在表达作者的情感。在文学作品解读中，汉语言教师要深刻准确剖析作品内涵，引发学生无限的想象，大力鼓励和支持敢想、敢说，并与其他同学进行积极沟通和交流，切实让所有同学都能够体会到作者当时创作的心情，引导学生树立正确的审美观。这就需要汉语言文学教学深刻，并深入挖掘文学作品中的内涵，激发学生学习文学的兴趣，提高他们鉴赏文学的水平。在做好这些工作后，教师还需要结合单篇教学手法，在品读作品过程中充分发挥单篇教学方法的综合性、整体性以及系统性优势，抓住每篇作品的特色，引导学生树立正确的审美意识，从而不断提高自身审美层次。另外，

在实际教学过程中，汉语言教师应认识到自身的不足，在课余时间针对性弥补自身不足，以发展和创新的眼光来开展课程教学。

总而言之，在人才竞争如此激烈的今天，想要在社会上立足，必须提高自身各方面的素质素养，特别是审美素质。当前很多教育者也意识到审美素质的重要性，提倡在汉语言文学教学中融入审美教育，让学习者在欣赏文学作品中，深刻感知作品内涵，进而提高审美趣味与审美体验，实现审美素质的提升。相信在汉语言文学教育全面开展下，并在大力渗透审美教育中，我国国民素质势必会得到进一步提高，我国的实力也会得到进一步加强。

第三节　汉语言文学及相关专业“现代汉语”课程

“现代汉语”是一门开设历史较长的课程，其来源可以追溯到 20 世纪 50 年代，现在其教学理论和教学实践都十分成熟，许多学科包括汉语言文学、对外汉语、新闻学及广播电视编导、秘书学等专业都将其设为必修课。但随着改革开放和市场经济的发展，高等教育进一步向大众化、精细化和专业化发展，社会对不同专业毕业生提出了更高和更精细的要求，不同专业对“现代汉语”课程的需求也不尽相同。可是令人遗憾的是，很长时间内“现代汉语”的教学内容、教学目标和教学方法变动不大，没有做到与时俱进，有必要根据各专业需求以及国家语言文字发展情况，对“现代汉语”课程进行必要的改革。

一、国内高校“现代汉语”课程基本情况

（一）教材和教学内容

《现代汉语》教材数量不少，难以统计准确的数据。据殷树林、吴立红（2015）统计约有 50 种，当然这是比较保守的数字，还有部分学者的统计比这个更多。早期现代汉语课程使用比较普遍的有三种教材，分别是北大版、黄伯荣和廖序东版及胡裕树版《现代汉语》。最近国内高校使用最多的是黄伯荣、廖序东版的《现代汉语》教材，它由老版教材增订而来，已出至第五版。有些地方高校由于受部分学者的学术影响会采用不同教材，主要有张斌主编的《新编现代汉语》和邵敬敏主编的《现代汉语通论》，三本教材各有特点。

根据黄廖本《现代汉语》教材，该课程主要讲述现代汉语系统的语音、文字、词汇、语法和修辞五部分，其具体内容包括以下方面：语音部分主要运用语音学原理，系统地讲述有关普通话的语音知识；文字部分讲述汉字的性质和作用、汉字的结构和形体、汉字的整理和汉字规范化问题，以及国家关于汉字的方针政策；词汇部分讲述现代汉语语素、词和构词法，词义、词汇的构成，词汇的变化和词汇规范化等问题；语法部分讲述现代汉语组词造句的规则和有关的基础理论知识；修辞部分讲述词语和句式的选用、常用的修辞方式。

（二）教学方法和教学手段

根据“现代汉语”课程的教学目标和教育部颁发的“现代汉语”教学大纲规定，现代汉语教学分为“基础教学”和“能力培养”两部分，传统的教学方法和教学手段主要围绕这一目标展开。传统方法和手段在具体实施过程中有如下特点：①重基础教学，轻能力培养。一般教材都把基础理论和基本知识放在重要位置，作为教学主要内容，如胡裕树版《现代汉语》指出“现代汉语是一门基础课，讲授现代汉语基础知识”。传统现代汉语教学特别重视各个基本的概念、术语的理解及语言学基本理论的掌握，轻视运用汉语知识进行汉语教学能力的培养，不能满足培养合格的语文及对外汉语教学人才的要求，因此有很多学者如邵敬敏（1993）、张强（2010）等提出现代汉语教学必须在教学内容和方法等方面做出适当调整。②功能定位不准，教学模式单一。现代汉语课是很多文科专业开设的基础课程，都强调培养学生的语言基础知识和能力，适用面较宽，但“对不同层次和专业的特殊需求没有照顾到”，如学生层次有专科和本科，类别有师范和非师范，专业有汉语言文学、对外汉语、新闻、文秘等。由于教学不能与具体层次、类别和专业有效结合，教学与实际需求脱节，导致教学目标与教学方法出现偏离，不能学以致用。③教学方法和手段单调。由于现代汉语教学重基础教学、轻能力培养，教师讲授过程中重视现代汉语的理论性和研究性，没有兼顾语言的实践性和启发性，教学时讲授式教学较多，能力操作训练较少。

二、“现代汉语”课程建设思路

（一）调整课程目标

“现代汉语”课程目标应当根据不同专业和不同方向，在“三基”“三能”的基础上略有变通。“三基”“三能”只是现代汉语课程具有的普遍目标，但针对不同专业要求，应该有不同的课程定位。下面针对对外汉语专业、汉语言文学方向、文秘和戏文方向谈谈专业方向的课程目标调整。①对外汉语专业是在国内对来华留学生进行的汉语教学，它主要培养第二语言学习者使用汉语进行交际的能力，对外汉语专业的课程教学目标必须服从于对外汉语教学的需要，与传统的汉语言文学专业区分开来。本专业课程应当以汉语作为第二语言教学为导向，培养学生使用现代汉语知识进行对外汉语教学的能力，不仅要让学生掌握现代汉语本体基础知识，而且要熟悉汉语与外语差异和培养对外汉语教学能力。②汉语言文学方向的课程应当“服务于中小学语文教学”，除了讲授现代汉语基础知识和基本技能之外，还应该重视提高学生口头表达能力、文章阅读能力、作文评改能力，推广规范汉语语音、文字的能力，规范性要大于学术性，在保证完成基本教学目标的前提下，学术性比较强的部分可以供学生选学。③文秘和戏文方向的课程要服务于戏文专业，培养具备戏剧、戏曲和影视文学基本理论及剧本创作能力，能从事文学创作、编辑和理论研究工作的要求；要服务于文秘专业接受完整的秘书行政及人文方向素质培养和初步的社会科学研究训练，具备文书写作能力。

（二）合理选择教材和教学内容

黄廖版教材在国内使用量较大，具有内容丰富简练、条理清楚的优点，适合作为高等院校对语言基础知识要求较高的专业的现代汉语教材。但这部教材的缺点也是很明显的，主要表现在三个方面：首先，它的编写时间较早，已经使用了 30 多年，现在第五版和原来版本的差别并不大，对语言学的最新进展及时吸纳和调整不多，显得“体系陈旧、知识老化、信息量不足、结构不合理”。其次，这部教材理论知识性的内容占比较大，但是实践能力方面的内容如关于意义、解释、动态、宏观的把握不足。最后，这部教材主要为汉语言文学专业编写，没有考虑到对外汉语、文秘、戏文和新闻等专业的实际情况，不太适合其他专业。

要解决上述问题首先应当根据各专业特点综合选用优秀教材，如汉语言文学专业可以选用邵敬敏的《现代汉语通论》，该教材比较注重学生的理解、分析现代汉语的能力和表达、应用现代汉语的能力，当前汉语研究一些较新的理论和方法都适当地吸收进来了。当然由于没有照顾到其他专业的特点，《现代汉语通论》如果用来作为汉语言文学专业之外的教材还是不太合适。目前其他专业的现代汉语教材还没有比较权威的公认比较好的教材，各高校选择教材不尽相同。其次，不同专业的现代汉语课程应当在教学重点和主要内容上有所选择，如汉语言文学专业讲授时注意提高普通话水平、规范使用汉字；对外汉语专业要培养对外汉语教学能力，能根据所学语言知识进行汉语基础知识第二语言教学、语言习得的教学工作。最后，教学时既要注意基础知识的培养，让学生理解和掌握现代汉语语音、文字、词汇、语法和修辞的基本结构和特点，也要注意培养学生使用现代汉语进行交际、教学和写作的能力。

（三）丰富教学方法和手段

现代汉语属于语言学基础课，语言学学科和文学有一定区别，语言学注重语言结构的构造、语言组合聚合的规则，科学性较强，要讲好现代汉语需要将这些结构和规则的理解、分析和推理过程展示出来，这需要教师具备较强的语言专业知识功底。现代汉语课程的教学效果取决于教师讲授的方法和艺术，传统的以基础知识和基本能力为主的讲授缺乏生动鲜活的语言材料的验证，往往显得枯燥乏味。课程教学过程中要注意以下方法的综合应用：①贯彻语言理论讲解的科学性。现代汉语的科学性较强，教师需具有真才实学，对讲授内容有深入全面的了解。授课时条理清晰、重点突出、举例生动、分析透彻，能够将其中的语言规律用学生可以理解的方法展示出来。②注意现代汉语的实用性。将现代汉语基础知识、基本技能和所学专业结合起来，如对外汉语专业教学时，需注意能进行正确发音、辨音，用手势辅助表达发音方法，熟悉一般发音偏误类型和原因并进行纠正；能教写规范汉字，熟练使用直接解释法、翻译法、语义联系法、比较法等词语释义法；能发现留学生写作及会话中常见的修辞错误并进行纠正。③多种教学方法并用。现代汉语课既是一门基础理论、基本知识课，又是一门基本技能训练课，教学时可以以讲授为主，适当进行语言技能的操练。

总之，“现代汉语”课程建设不仅需要教师具备扎实的专业知识、广阔的语言视野、灵活的教学方法，还需要他们具备高度的责任心，本着对学生负责的态度教书育人，提高教学效果。同时我们也需要完善其他环节，如建立课程资源库、增开相应的选修课程等。

第四节　汉语的语言辩证关系

一、汉语语言逻辑的矛盾对立性

分析汉语的辩证关系存在，我们首先要看到语言本身所存在的矛盾对立性。在不同的环境下，语言的表达方式、表达范围都有着极大的不同，既是源于人们主观意识的量化标准，也是限制性条件的影响。所谓的语言辩证关系可以看作语言表达上“矛和盾”的现象，在我们使用汉语进行描述的时候，我们既可以言明“左”，也可以说明“右”，而不是不分逻辑的顾左右而言他，就仿若我们对不同的想法和意见既可以提出疑问，也可以进行肯定，而产生的这种相对应的关系，可以看作汉语语言逻辑中存在的辩证关系。这种辩证关系可以让我们言明事物、准确表达，能够详细而富有逻辑地认识事物并用语言准确地表达出来，当然只局限于主观立场而言，因为一万个读者，一万个哈姆雷特，每个人都是不同的，彼此的语言意识存在着极大的差异。汉语的逻辑辩证是普遍存在的，正如马克思所言：矛盾是推动世界向前发展的根本动力。对于汉语来说这句话依然适用，汉语不仅在逻辑上存在着矛盾的辩证关系，其语言机制上也普遍存在着辩证形态，正像是“对和错”永远存在且统一辩证的形态一样，汉语的表达往往也是对立且统一的，这种对立统一关系的存在既能够帮助人们用语言清楚表达事物的特点，也能促使人们借助他人的语言表达，准确地认识事物，形成清晰的事物概念。

二、汉语语言的“整体与个体”

汉语的辩证不单单存在于汉语的逻辑形态当中，其语言综述和字词的使用更趋向于整体和部分的联系。整体性的语言表达可以看作是辩证关系下的整体存在，而相对的字词概念更像是独立语境下的个体，虽然综述性的语言由所有的字词构成，但是字词个体是整体性语言综述的全部集合，正是由于字词个体强化了语言逻辑的准确性，才促使字词个体与整体的语言综述联系得更为密切。

三、汉语“语言和言语”的辩证统一

汉语的辩证关系还在于语言与言语的辩证，语言和言语是汉语的基本组织架构之一，二者是辩证对立统一的关系。一方面语言和言语有着本质的区别，是两种不同概念的东西，另一方面语言与言语有着密切的联系，它们既紧密相连相互依存，又相互转化，互为前提、相互辩证地进行作用。人们要清晰地理解语言概念，并清晰地认识到语言的作用效果，必须明白语言的存在，同时要以语言为基础，建立起相互依存的言语，才能最为准确直接地了解语言的特点。可以说语言是言语的工具，也是言语的产物，二者相互依存，这种对立统一的关系好比工具与工具的使用关系，要工具得以使用，必须有工具，要工具得到价值体现必须以使用工具为前提。言语在语言系统中是工具使用的依托，语言的具体体现形式是言语的具体表达方式，其情感逻辑有着一定的相似性，但是其情感关系是对立统一的。

四、汉语语言的社会属性和言语的个体属性

相对而言，语言具有社会性，而言语有着明确的个体属性，语言的社会性表现在社会的广泛使用和人与人之间的表达与交流，它不属于某个人而是整体社会意识下共同协作的交流表达方式。汉语是整个汉民族使用的语言，而不是某一个汉人的语言，它是所有汉人所共有的语言特征。换句话而言，汉语具有社会属性，是一种存在的社会现象，是民族共同创造的精神财富，不具备个体使用价值。而言语具有个体属性，每个人的表达方式是不同的，他的言语也是不一样的，它和语言不一样，是对语言的具体应用，通过个体的行为来体现。就如人与人之间交流是个体对汉语的不同使用，言语就是个体对语言的运用，属于个人行为，有着强烈的个体属性。每个人的语音、音色、音调都是不同的，在汉语的直接表达风格上也有着极大的差异，其语言风格因人而异，从这点而言，言语就是具体的语言运用方式和具体的语言风格，而语言是整体的社会使用方式，是社会交流对象之间的交流工具。二者互为依存、相互转化，辩证统一。

五、汉语的矛盾转化

在不同的语境下，汉语的矛盾是对立且统一存在的，但是基于不同的使用条件和使用范围，汉语的矛盾是相互转换的，有可能正确的语言意识成为错误，错误的语言意识成为正确，就好像当你认为答案是对的时候，你是站在正确的客观立场上，当你认为正确的答案是错误的时候证明你本身就错了，站在了错误的客观立场上。语言也是一样，受到不同使用条件的限制，汉语的不同表达方式在一定范围内既可以是错的，也可以是对的，因为客观立场的改变，语言中存在的矛盾是相互转变的，唯一不变的是二者的辩证关系。

汉语的语言辩证关系既表现在其语言逻辑上，也表现在其语言情态上，言语和语言二

者也相互对立且统一，受到不同使用条件的限制，语言中存在的矛盾相互转换、彼此依存，共同作用在新的语言机制上。

第五节　汉语语言文字的规范化

语言文字是人类思维的工具，是人类交流的重要手段，汉语文字是中华民族独创的方块表意文字，是世界文化的重要组成部分，有着自己特有的构成体系，是中华民族团结的纽带，使中华民族悠久的历史得以传播，但是在现代化的形式下，外来文化在促进汉语的进化过程中，对汉语形成极大冲击，消解着传统汉语的尊严和韵味，割裂文化传承的脉络，威胁到祖国语言文字的严肃性和规范性，大量不规范的语言形式和错别字充斥在我们面前，严重污染了汉语的生态环境。

一、语言文字使用不规范现象

（一）传播媒体

只有被传播的文化，才可以成为有生命力的文化。传媒传播具有文化传承的功能，传播传媒传播信息的过程，也是传播语言的过程。现在传播传媒的过程，同时也传播了现在语言的重要组成部分——新词语。

1. 传统传播媒体

传统传播媒体包括电视、书籍和报刊等传播形式，它是文化传播所必需的载体，在现代其更成为文化传播最重要的载体，能够较为完整地承担文化传播的功能，但是在当今社会发展的过程中，语言的创造越来越快。一方面由于媒体迎合企业的广告，大量出现文字词语的出错、生造，甚至达到“无错不成书”“无错不成报”的现象。另一方面在新词语创造过程中，这些错误的现象又带入生活中，使语言规范化建设困难重重。

2. 新型传媒——网络

网络在新时代传媒中，具有跨时代意义，但是网络语言的不规范性也深深地困扰着传媒对文化的传承功能。网络具有与生活零距离贴近，新一代受众在网络文体经中沉迷并以此为傲，大量“斑竹”“酱紫”通过网络带入日常生活中，对古典文化形成巨大影响。

（二）日常生活

在日常生活中，各行各业有着不同的文化缺失现象。普通话夹杂着英语单词被青少年一族认为是一种时尚的说话方式；国家商品取名和媒体传播的任意洋化现象；学术论文照搬命题，袭用概念，大量引用外文，对外文的使用甚至达到了迷信的程度；部门招生晋级和聘用的过程把运用英语作为首要的考虑问题；英语课程强制和语文课程接轨，生活中任意的造字、写简化字和滥用省略语现象等各种各样的对汉语的环境形成破坏。.

二、造成不规范的主要原因

（一）汉语言本身结构复杂

汉字词汇丰富、容量大，同音字和同意字在文章中占有较大比例，在形、音、意三者之间相近，相同、不同的错综复杂的关系中的字词，如果不仔细辨别、认真推敲，使用时就很容易出现错误，误己误人，贻笑大方。

（二）人为因素

教育工作者不可推卸的责任、在我国的初级教育中，许多老师的教学素质比较低，书写的汉字不正规，随便创造汉字，在汉字的书写笔顺和笔画中存在很多问题，教给学生当然是错上加错，因为学生是模仿老师在书写。另外，我国很多学校没有设置专门的语言学课程，学生的教材仅限于拼音和文字、修辞和简单的语法，对于词汇、逻辑和语言的设计规范化设计较少，导致学生语言设计较差。还有普通话的不普及也是一个主要的原因，学生在应试教育的现状下，推广普通话和汉语拼音，只能是一句空话。

附和从众的社会心理。人们在语言举止和服装方面，具有很强的模仿性和从众性。从流行的心理角度分析，人们热衷于使用社会附加值较高的词语，一些非规范用语，只要经过社会附加值较高的人使用，就马上成为流行的词语，一点也不顾我们现有的习惯、规范是否冲突。

汉语规范化标准不一，法律不健全。在历史上，汉语的规范化有过两次大量整改，可是前后都存在大量相矛盾相异现象，工具书中的依据也不同，存在着各种各样的矛盾。同时也没有相关的法律对语言文学进行规范，所以各种语言的规范工作开展就很难。

三、汉语语言文字规范的具体措施

（一）确定读音文字语法标准

语言文字规范化主要包括书面语和口头语两个方面。确切地说应包括语言的语音、词汇、语法这三个要素。书面语是通过文字记载流传的，这样记录书面语的符号系统——文字，也自然成了规范化的对象。

（二）加强进行汉语语言规范化教育

提高全民素质语文教育先行。为人们正确地使用祖国语言文字价值观，加强语文教育的力度，开展继续教育活动。提高素质，把汉字正确使用列入教师考评中，从而使汉语基础教育工作得以提高。

（三）加强宣传引导，普及语文规范标准

通过宣传手段，宣传国家的语言文字方针政策和规范标准，介绍语言文字规范知识。

让广大群众知道规范标准，树立规范意识。确立良好的语言文化价值观。充分利用媒体的宣传作用，让广大人民认识到语言的规范和重要性，必要性。从而使广大人民讲普通话、写规范字。

汉语语言历史悠久、韵味独特，它是世界上使用人数最多的一种语言，我国历史悠久地大物博。中华民族的历史文字记录，承载着数千年，甚至直达史前时期，历史留在语言中的沉淀物记载了汉文化传承的脉络，体现了传统汉语的尊严和韵味。汉语言文字是汉民族传统文化的有机组成部分，是中华民族独有的文化瑰宝。对汉语言文字的进一步规范，绝对是功在当代，利在千秋。

第四章　高校汉语语言文学

第一节　高校汉语语言专业学生参与教学管理的策略研究

一、高校汉语语言专业学生参与教学管理的重要性

（一）鼓励学生参与教学管理对教学改革的重要性

教育教学观念与管理方式始终跟随着社会的发展脚步而不断进步，鼓励学生参与到教学管理中去是高校管理民主化推进的重要举措。一般而言，学生是学校教学管理的对象，而学生参与教学管理其角色变成了参与管理，而教学管理的形式变成了自我约束与自我管理，这样能够提升学生参与教学管理的兴趣与主动探索教学管理模式的积极性，同时教学活动中学生的主体地位也得到了充分的体现。教师与学生共同享有教学活动的管理权利能够使学校管理制度更加民主化，既能兼顾教师利益又能考虑到学生的切身利益，是促进学校教学管理机制协调有序运行的保障。而汉语语言文学专业作为一门纯文化性质的语言学科，教学活动中的可操作性不强，而让学生参与教学管理恰好是进行师生互动的有效方式。由此可见，高校汉语语言专业学生参与教学管理不仅能够优化学校管理机制，还能够有效提升高校汉语语言文学的教学质量。

（二）学生参与教学管理对教学体系的监督和学生自我管理的重要性

没有学生的参与，学校教学活动就无法开展，学生是整个教学活动的体验者与感受者。学生的年级层次、专业都能够体现出他们在教学管理活动中的一些问题。学生参与学校管理后其对学校的人才培养方案、课程设定安排以及汉语语言文学教师的课堂教学模式、教学态度以及教学能力等会有一个系统而全面的认识。学生亲身体验整个教学管理的流程对于高校教学质量的监督（特别是通常管理者易忽略的一些环节）有很大帮助。在我国高校，汉语语言文学专业的设置门槛并不高（研究生、重点大学本科、非重点大学等均有），而有些学生对汉语语言文学并不是很了解，他们的中文水平也不突出，因此他们对自己本专业的综合认知还存在一定的误区，对这一专业的前景并不乐观。因而，学生的学习态度、学习积极性都有待加强。将学生作为管理者的身份带入教学管理的活动中，对于强化汉语语言文学专业的教学管理模式与突出学生的主体地位等有一定的指导作用。

二、学生参与教学管理的策略

（一）针对汉语语言文学学生建立相应的信息资源管理体制

如今我国多数大学都为学生设置了相应的教学信息资源管理系统，其目的在于先鼓励和引导学生积极参与到教学管理活动中，再由信息资源管理系统整合学生反馈的教学信息来更全面地认识整个教学管理活动流程，并及时检查教学效果，了解学生的学习感悟与需要，发现学生在教学管理活动中存在的问题并及时采取补救或解决措施予以解决，这些对于高校教学计划的顺利开展、教学目标的实现以及教学管理活动的有序进行等都有保障性意义。随着学生信息资源制度的建立与不断完善，许多问题得以有效解决，但也有许多新的问题不断出现或有一些问题尚未得到彻底解决，如学生信息资源管理系统仍不够完善，整个信息资源管理流程不尽合理，系统的转运与协调上缺乏技术性保障及资源信息管理的效率与管理水准等仍需进一步提升，这些都说明先进的教学管理机制不是一蹴而就的，它需要在实践中不断探索与改进。

（二）建立相应的学生信息反馈平台

首先，设置学生教务助理等教学管理岗位为贫困生解决生计问题。高校汉语文言专业可设置相应的勤工助学岗位，为学生创造参与教学管理机会的同时解决其生活问题。就学生而言，在校内勤工俭学一方面减轻了贫困生的生活负担，让其能够更好地进行学习，另一方面历练了学生的管理能力；就学校教学管理而言，学生担任学院教务工作助理，使其能够更加充分地了解学校的规章制度，同时便于学生监督教学过程与质量，及时发现并反映教学中出现的一些问题，进而促进教学管理水平与质量的提升。其次，建立学生评估系统。学生是教学活动中的受教育者，学生参与教师教学活动的评估可以说是教学管理改革最突出的一项举措，对于教师的教学状况学生更有发表自己观点的权利。所以说，学生如果能够对教师以及教学活动进行客观的评估，对检验课堂成效与教学水准等起着关键作用。再次，定期组织学生茶话会，了解学生的内心想法。在校大学生都已是成年人了，其思想觉悟与智力水平都相对稳定，已经具有参与教学活动组织与管理的基本能力了。利用课外活动组织学生开展有关教学管理的茶话会不仅能够加强教师或学校管理者与学生之间的沟通，还能够让学生畅所欲言发表自己对教学管理的观点，做到学以致用。对于高校汉语文学专业学生而言，这种会议的形式可以是多样的，以我国古诗文为主题，或以文学为主题等均可。最后，可在学生会设立相应的监管部门监督学生参与教学管理。监督学生的学习，是学生会的重要职能之一，他们的主要职责在于发现学生学习中出现的难以解决的问题，及时采取有效措施帮助其一起解决。这种监督方案的组织形式是多种多样的，例如，举行汉语知识问答比赛、汉语成语接龙、汉语文言知识问答等一些活泼有趣的活动，帮助促进学生学习与探索的兴趣，培养学生的创造性思维，使学生的汉语文言学习变得更加生动。

三、学生参与教学管理过程中存在的不足与对策

（一）汉语文学专业学生参与教学管理中存在的不足

首先，目前许多学校学生参与教学管理的制度都不够健全，汉语文言专业学生进行教学管理的系统设置上还没有比较具有现实意义的、相对完备而又具有系统性的理论研究文献作为参考，所以，学生参与教学管理的组织机制、管理形式以及具体的实施策略还要在具体实践中不断总结、慢慢摸索，不断在实践中寻找突破点。其次，现阶段，我国并没有针对汉语文学专业的学生参与教学管理的规范的培训制度。例如，管理学生信息资源的工作态度，要使学生充分意识到工作本身的价值、培养学生乐观求进步，愿意为教学工作的发展进步奉献的精神及工作态度。另外，学生对学校规章制度的了解不够深入、对学校教务系统的组成机构、办事程序以及工作要务还需要进一步了解，汉语文学专业学生的管理知识不够完备也不够系统，因此他们在参与教学管理的过程中要不断地同老师或者学校管理人员进行交流，同时作为文学专业的学生，他们的计算机应用能力也有待进一步加强。针对高校汉语文学专业学生参与教学管理的活动，学校没有具体的鼓励方案去调动学生的参与热情和积极性，使得学生理所当然地认为进行教学管理是老师或者学校其他工作人员的事情，进而没有主动参与教学管理的使命感与责任意识。

（二）鼓励学生有效参与教学管理的对策

首先，确保学生所反映的信息的有效性与真实性。学生反映教学管理信息的方式有很多，如汉语文言专业学生可以利用向院长信箱投递建议、通过学校教务网站反映信息以及通过学生茶话会上直接交流意见与经验等方式。但实际上，通过上述反映信息的方法却很难得到学生内心的真正意见，因为面对学校领导，许多学生都相对紧张，语言表达不够明确与充分，还有一些学生根本不愿意提出问题，学生与校领导之间没有真诚的交流与沟通，导致在大学毕业慢慢逼近的时候他们的思想才能够稍有放松，也只有在此时，他们对老师、学院以及学校的真实意见才更能代表广大学生的内心想法。学校要善于培养汉语文言专业学生主动参与教学管理的积极性，让大学生主动参与教学管理活动，在增强自身管制力的同时培养他们的集体主义精神与参与兴趣。这种培养方针要以大学生的基本权利为前提，再进一步结合高校的需求，以高校汉语文言专业学生的集体利益为本，充分调动学生参与积极性，由此来讲，教学院要站在汉语文言专业学生的需求角度，将其比较关注的热点与参与教学管理中遇到的难题置于教学管理工作的首要位置。最后，要格外重视学生反映的相关信息并及时解决。教师或管理者针对学生在教学管理活动中提出的问题及时解决是对学生参与教学管理工作的肯定与重视。管理者或教师主动帮助学生解决教学管理中遇到的难题的这一过程对于教育学生解决问题也有很大帮助，同时又能很好地鼓励学生善于发现问题并解决问题。对于学校而言，但凡涉及在校学生与教师利益的事情都是大事，当发现管理过程中存在漏洞时，学校要尤其注重这些问题，并及时采取相应的措施予以解决。高

校着力解决教学院出现的具体教学问题的部门有许多，因此这类问题一经发现也很快就能得到处理，但是对于学生参与教学管理过程中提出的一些超出院系管理范围的问题便很难得到落实，因此学校要重视学生提出的教学关系信息，号召其他相关部门有效协调。

高校汉语文学专业学生参与教学管理的这一教学管理创新模式刚被提出就得到了许多学校的响应，这种教学方式充分发挥了课堂教学活动中学生的主体地位，让学生进行自我管理对学校的整体学习氛围与校风建设有很大帮助。学校教学管理者与教师们的工作态度是学生参与教学管理这一模式长期有效开展的保障。而学生参与教学管理的教学方法有利于学生在教学管理活动中主体地位的体现，便于教学院以及学校管理工作的开展，同时也有利于学校老师与管理者更加充分与全面地了解学校教育教学资讯，在教学管理活动中更多地与学生接触，及时发现问题并着力解决问题。汉语文言专业学生的广泛参与对教学活动工作的开展有重要作用，有利于学校培养出更出色的汉语文言专业人才。

第二节　应用型本科汉语言文学专业古代汉语课程实践教学

汉语言文学专业是我国高等院校历史最悠久的专业之一。基础牢固厚重、就业适应面宽、社会需求量相对固定是汉语言文学专业的传统优势。但随着信息社会的到来，我国社会经济文化、教育科技的快速发展，正在越来越深刻地改变着我们固有的教育和人才观念，冲击着这个传统人文专业的命运。当今社会对有突出专业能力的应用型人才的需求极其迫切。

目前，关于应用型人才的概念尚无统一的定义，一般而言，社会人才从宏观上可以划分为两大类：一类是发现和研究客观规律的人才，称为学术型人才；另一类是应用客观规律为社会谋取直接利益（社会效益）的人才，称为应用型人才。应用型本科高校的办学定位非常明确，旨在培养有专业技能的高级应用型人才。这一培养目标使得每一个学科、每一门课程在教学改革中都必须与之紧密联系，各门课程都要不同程度地进行实践教学的改革和探索。作为汉语言文学专业必修课程之一的古代汉语课程，在应用型人才培养这一背景下应如何调整、改革以寻求适应，又应该担负什么样的责任？本节即从应用型人才培养的视角出发，审视古代汉语课程教学中存在的问题，并提出实践性教学改革的意见。

一、古代汉语实践教学的现状

古代汉语课程要实现应用型人才的培养目标，必须加强实践性教学环节，培养学生的独立思考能力、分析评判能力、创新能力，真正实现知识、能力的有机结合。

但是据了解，目前国内很多应用型本科高校的古代汉语课程还是沿袭传统的学术型、理论型教学模式，教师的课堂授课以理论讲授为主，很少有学校会注重古代汉语课程的实践教学环节的设置；有些学校虽然设置了实践教学环节，但是由于课时数少，不能引起任课教师的足够重视，因此任课教师往往忽略实践教学环节。总体来说，传统的古代汉语教学在认识上忽略了应用型人才的培养目标，未能精心设计课程的实践教学环节，因此，对古代汉语课程的教学改革，就要以应用型人才培养为突破口，精心设计课程实践环节，实施实践性教学改革，全面提升学生的应用能力。同时，以学生能力的提升带动古代汉语课程的教学优化。

二、精心设计实践教学环节，培养学生的应用能力

（一）加强词汇积累，提高文字分析能力

要学好古代汉语，最关键的问题是掌握大量的古汉语词汇，只有具备一定的古汉语词汇量，才能顺利阅读古代的文献和典籍。对学生来说，学习古代汉语最难掌握的便是词汇，因为随着社会的变化，很多常用词汇的古今词义发生了很大的变化，如果不了解古今词义的变化，就会发生以今律古的现象。在教学过程中，为了加深学生对汉字和词义发展脉络的认识，提高学生的词汇量，加强其对古汉语词汇词义变化的认知，必须要求每个学生每天至少整理出一个词的本义、常用引申义，并且举出例证，作为学生的平时作业计入平时成绩。

世界上的文字基本上分为两大类别：表音文字和表意文字。汉字属于表意文字，虽然汉字的形体发生了巨大的变化，但是通过查阅工具书还是能够分辨出汉字的造字意图，推出词的本义，而汉字本身又与汉文化关系密切，一个汉字就是一幅画、一个汉字就是一段历史。从汉字中可以折射出汉民族的文化印迹。例如“盥”字，甲骨文为一会意字，一人伸出双手洗手，下面的盘子用来接水，因而其本义为“以水手承水冲洗”，现代汉语的“盥洗室”一词中的“盥”还保留着此意。由此意义可以引申出“洗涤、除、浇灌、洗涤用的器皿”等义。通过这种梳理，学生会对该词的词义体系有非常清晰和完整的认知。学生在了解该词的意义来源的过程中，也会了解到“盥”字与古代的饮食习惯——手抓饭的渊源关系，以及上古的“盘”与现代的“盘”的具体区别，另外还引发出“筷子”一词的来源。

这样要求学生每天查找一个古汉语词语，梳理其词义发展脉络，挖掘其中蕴含的汉文化意蕴。日积月累，当学生将这种要求变成了一种习惯，也将掌握很多常用词的词义，从而为学生打下坚实的词汇基础，扫除阅读中的词汇障碍，同时也加深了对现代汉语词汇的认识，大大丰富了学生的文化知识和语言文字知识，提高了学生的文化素养。

由于电脑的普及，键盘打字已经代替了手写，再加上网络上的不规范用字现象的误导，使得许多学生对汉字的认知能力越来越差，有些学生现在甚至提笔忘字，更遑论熟知汉字的字义了。因此，通过该方法的实施，可以加强学生学习汉字、词汇的热情，从而掌握更多的汉语词语，夯实自己的语言文字基础。例如，我们通过对“义”字的分析，了解到现代汉语的“正义”和“义父”“义齿”中的“义”的确切含义分别为“符合正义和道德规范、

名义上的、假的”，而这些义项又都来源于“义”的本义——屠宰祭祀用的牛羊，这样举一反三，便夯实了学生的文字基础，为学生的专业发展打下坚实的基础。

（二）强化文本阅读，提升分析表达能力

古代汉语课程的培养目标是“培养学生阅读古文的能力，帮助学生掌握古代汉语的基础知识，以便更好地继承祖国优秀文化遗产，并提高讲授中学文言作品的能力及从事其他工作的语文修养”。要学好古代汉语，不仅要掌握大量的词汇，还要大量阅读古代文言文，特别是先秦时期的优秀散文，这样才能培养良好的语感。但是由于课堂时间有限，我们不可能在课堂上讲授太多的文章。因此，教师可以在学期开始之初选择一些优秀的文章布置给学生，也可以安排学生自己去选择一些难度适中的文言文，最好是故事性比较强的文章，比如《左传》《战国策》《国语》、诸子百家之类的文章，定期安排学生分小组举行读书交流会，让学生在交流会上讲述自己阅读文章的大致内容及自己的心得体会。这些优秀的古代散文有的讲述了经典的历史故事，如《苏秦始将连横》《冯谖客孟尝君》《晋灵公不君》等；有的包含了深厚丰富的哲理和道德意蕴，如韩非子的《说难》、庄子的《运斤成风》、《世说新语》的名士风流故事等。学生为了读懂这些文章，需要独自利用工具书解决文章的字词句，通过对这些文章的讲解和分析，大大地提升了他们独立发现语言问题、解决语言问题的分析能力，同时也大大地扩大了他们的知识宽度和广度；而且读书交流会这种方式也增加了师生之间的互动，学生不再只是课堂内容的接受者，课堂不再是教师的一言堂，而是同学们互相交流、展示的平台。

我们现在学习的古文，基本上是古人注释的文章，并不是古代文章的原貌，而作为汉语言文学专业的学生，必须能够辨识竖排版的、没有标点符号的繁体古文，这样才能真正提高他们阅读古书的能力。因此教师可以在学期开始给学生布置一定篇目，要求其每周提交一篇作业，要求能够标点并翻译。通过坚持不懈的练习，可以提高他们给古文标注句读的能力，大大提高其古文阅读和分析的水平。

（三）注重论文写作，培养创新思辨能力

创新思辨能力是应用型本科学生应具备的主要能力之一。汉语言文学专业的学生毕业后大部分会从事文字工作，其中一部分会走上教师岗位，因此古代汉语课不仅要“授之以鱼”，更要“授之以渔”，要让学生有一定的发现问题、解决问题的能力。教师在教学过程中可选择一两篇学生中学时的文言文进行分析，指出中学文言文注释存在的问题，并提出正确的研究思路和方法，适当引导学生思考中学文言文教学中存在的问题，寻找现今社会上流行词语的词义和历史发展脉络，或者寻找当今社会上众多的古代文言文丛书的注释弊端，尝试独立写作专业科研小论文。撰写小论文的过程，也是学生古代汉语知识和理论的一次再认识过程和深化过程，通过对语言现象的分析，会使他们对以往学过的课本知识有一个深刻的认识，将课本知识成功地转化为自身的能力和素质。

（四）结合现实生活，提高实践认知能力

语言是社会生活的产物，又影响着社会生活。古代汉语课程必须走出课堂，走进现实生活，将课程内容和现实紧密联系起来，才会焕发出课程的生命力。因此，古代汉语课程的教学也应走出课堂，关注当下现实社会生活，引导学生运用古代汉语的理论和知识，去发现和解决现实生活中的语言问题。例如，时下网络流行的“孩纸”“桑心”“内个”“童鞋”等词语，其实属于古代汉语的通假现象，网民们为了方便快捷、求新求奇，故意舍弃本字不用而使用同音假借字，形成了网络上流行的一种语言现象。教师可以引导学生运用通假字的理论和知识，分析这种现象的成因及影响。

古代汉语不仅仅是一种语言，还承载了厚重的汉文化，教师可以引导学生走出课堂，走到大街小巷，去发现广告招牌、店铺招牌上的繁体字误用现象，如“理发店”写成“理發店”“山谷”写成“山穀”等；另外，有些有特色的店铺名字起得古色古香，如玉器店的店铺名称往往与“玉”字有关，如“璇玑阁”“玲珑轩”等，这些店名是否能够表现出丰厚的玉文化，是否适合店铺的位置、大小和产品类型等，教师可以引导学生结合汉字的来源及汉字所体现的文化意蕴进行分析。这种做法能够使古代汉语更好地结合现实生活，提高学生的实践认知能力。

三、规范实践教学管理，加强监督检查

为保证以上教学改革措施的正确实施，必须调整古代汉语课程在专业培养方案中的课时设置，在培养方案中明确古代汉语课程中实践教学环节的比例，并且要求授课教师根据教学大纲精心制定科学的实践性教学大纲。为突出实践性教学环节的重要性，可以将实践教学环节的成绩作为平时成绩计入课程总成绩。教师要对每一环节制定科学的评判标准，以对学生的表现进行量化考核。另外，教师应事先安排好学生的必读篇目、古文（白文）的篇目，开学之初公布，学期中间进行监督和检查，期末通过试卷的方式进行考核。在整个过程中，教师的作用不仅仅是知识的传授者，还应该是学生的引路人，引导学生一步步地发现问题、分析问题、解决问题，这就要求教师不断加深自身的古汉语修养，不断进行科研，及时充电，提高自己的专业水平，这样才能高屋建瓴，为学生指出正确的方向、提供正确的思路。

第三节　中国语言文学大类立体化“古代汉语”课程建设

古代汉语过去是汉语言文学专业的主干课程之一，随着汉语国际教育、秘书学等专业的设立，古代汉语也逐渐发展成中国语言文学大类的基础课程。

一、课程建设背景

20 世纪 60 年代，王力、陆宗达等学者侧重强调古代汉语课程的工具性，主要培养学生阅读古书的能力，这一定位也决定了课程内容的重点，即以先秦两汉典籍作为主要阅读材料，以先秦两汉词汇作为主要语言知识，而文字和语法相对简略。当前绝大多数高校古代汉语教材都选用王力先生主编的《古代汉语》，也侧面反映了古代汉语课程教学的现状。

21 世纪初，北京师范大学以王宁先生为负责人建设国家级古代汉语精品资源共享课，倡导不能简单地把古代汉语课定位为工具课，应该突出人文性，强调二者并重。同时还编写了《古代汉语》教材，改变了王力《古代汉语》教材的编纂格局，更加注重古汉语知识的体系、注重古籍注释的阅读，在继承古代优秀文化传统方面又迈进了一步。

近年来，汉语国际教育、秘书学等专业相继设立，古代汉语课程面向的专业越来越丰富，不同专业培养目标不同，因此虽然课程名称相同，而实际教学内容和教学方法都有差别。古代汉语课程建设面临着前所未有的挑战。首先，过去古代汉语课程主要在汉语言文学专业中开设，教师承担新任务时难免按照旧有的模式教学，教学内容缺乏层次，面向专业的特点不够突出，课堂以教师单一讲授为主，为学生提供的辅助性学习材料单一，课程考核形式比较单一，这些都导致学生的课程参与度不高。其次，就全国高校而言，大都面临着学生就业形势的压力、古代汉语课程课时的缩减，尤其是在地方新建本科院校中，这种情况更为突出。因此，在新形势下的课程建设中，如何面向专业要求，革新教学内容和教学方法，应对教学压力，适应学生毕业需求，成为迫切需要解决的问题。

二、教学内容的基础与特色

在古代汉语课程内容改革的探索中，有学者指出要重点讲授语法知识，认为文字、音韵、训诂的内容还有相关的选修课承担，所以只选择术语等核心内容进行讲解。至于像工具书等介绍性的内容完全可以忽略，不作为教学内容。这一观点只关注了汉语言文学专业的古代汉语课，忽略了中国语言文学大类不同专业的实际。要使课程内容的选择具有针对性，必须理清该课程内容与专业性质、专业培养目标之间的联系。为了更好地规划设计古代汉语课程的教学内容，有必要明确课程内容框架及其在汉语言文学、汉语国际教育和秘书学三个专业人才培养中的地位，以突出不同专业古代汉语课程的基础内容和特色内容。

（一）课程内容结构

古代汉语课程内容涵盖非常广泛，以王力的《古代汉语》为参照，内容结构可分为三部分，即文选、通论和常用词。通论比较复杂，其涵盖的知识又可细分为四大模块：一是语言文字本体知识，包括文字、音韵、词汇、语法；二是与古籍阅读相关的训诂学知识，如工具书的使用、注释、句读；三是文化知识，包括古代文化常识、格律等；四是文学语言运用知识，如文体、修辞等。文选涵盖了先秦至元代各个时期的典范作品，但以先秦两汉为主。

（二）基于专业的课程内容选择

汉语言文学是三个专业中最早设立、建设历史最为悠久的一个专业，为培养中小学语文教师和中文专业学术研究人才做出了重要贡献。在其课程体系中，古代汉语一直居于主干课程的地位，为将来学生从事语文（尤其是文言文、文化）教学和从事汉语言文字学研究、古籍阅读整理等奠定了学科基础。基于此，汉语言文学专业选择课程内容时，语言本体知识、古籍阅读知识应该成为课程的基础和重点内容，古籍阅读和整理也应该成为该专业古代汉语课程的特色内容。

汉语国际教育（原名对外汉语）专业是 20 世纪 80 年代在中国经济文化实力不断增强、世界汉语和文化需求日益升温的背景下建立起来的新专业，该专业设立的背景决定了它的主要目标就是培养对外汉语教师。与汉语言文学专业不同，汉语国际教育专业的学生学习古代汉语的目的不是阅读古书、进行古汉语方面的学术研究，而是解决汉语教学中的实际问题，从而促进学习者汉语学习能力的提高。概括来说，对外汉语教师在工作中承担两个主要任务，一是汉语知识教学，二是语言文化交流。古代汉语课程的人文性、工具性正满足了这两点需要。因此，在汉语国际教育专业中，古代汉语与现代汉语一样都是其最重要的主干课程之一。基于汉语国际教育专业的特点及人才培养的定位，古代汉语课程在内容选择上，应突出语言文字本体知识和文化知识。语言文字本体知识应侧重古今汉语的联系，尤其是古汉语语言现象在现代汉语中的遗存，连同文化知识一起，这两个方面成为本专业古代汉语课程的特色。

秘书学专业与前两个专业相比是更新兴的专业，2012 年才正式进入《普通高等学校本科专业目录 (2012 年)》，但近年来发展迅速，截至 2016 年开设秘书学专业的高校已经达到 101 所。该专业培养的毕业生将来要能够胜任企事业单位文秘、公关、宣传、策划、咨询、管理等工作，这就要求学生具备语言文字知识、文化和相应的写作能力，古代汉语课程在这一点上也满足了专业的需求。与前两个专业不同，秘书学专业的学生对语言文字知识的需求不在于研究和教学，而侧重于实际应用，因此在选择古代汉语课程内容时，应选择有助于其进行文案创作、策划等相关的语言文字知识和文化内容，如基础知识部分的古文字知识及相关文化和繁简字、古今词语异义、语法中的句式和词类活用，文化文体知识则应侧重格律和文体知识的运用，如对联的鉴赏创作、仿古书信的写作等。

三个专业中，汉语言文学所需古代汉语知识最为系统和全面，汉语国际教育专业以语言文字本体知识和文化为基础，应突出古代汉语与现代汉语、文化的联系，秘书学专业所需古汉语知识比较零散，且注重应用，因此选择内容时可以择要介绍基础知识和相关的文化知识。

文选在培养学生古汉语语感、增加古籍阅读实践、了解文化现象中发挥了重要作用，因此如何精选讲授文选也是十分重要的。王力《古代汉语》中的文选是按照时代先后并关照文体特征编排的，教师选择文选讲授时，一是要精讲语言点较多且典范的文选，二是要关照到不同时期、不同文体的文选。由于各专业古代汉语课时不完全相同，教师可以酌量增减。其他重要的文选可以安排自主学习。另外有学者侧重考虑古代汉语课程的人文性特征，建议按照经、史、子、集四部类重新编排讲授，也不失为一个可行的方法。

王力的《古代汉语》还设有常用词部分，这一部分内容对阅读文选十分重要，但并不适合课堂讲解。学生对常用词的积累可以通过两个渠道，一是教师讲授文选中的常用词，二是将教材中的常用词部分作为学生自主学习的材料。

三、教学方法的立体化

三个专业在选择古代汉语课程内容时各有侧重，但课程毕竟相同，内容上也有许多共同点，这也决定了教学方法选择的共性。这里所说的古代汉语课程教学方法的立体化，是指要将课堂管理、教师讲授、学生学习融合起来，以任务的设置、学习和检测为引导，更多地关注学生学习的过程，从而建立多维度相互作用、共同促进的高效课堂。

（一）学生助教管理制

根据现在的招生规模，秘书学、汉语国际教育两个专业招生人数多数在 40 人左右，汉语言文学招生人数较大，自然班级在 60 人左右。由于人数较多，教师上下课随来随走，与学生交流较少，致使对学生学习的关注不够，容易造成学生学习的惰性。为了解决这一问题，可以尝试建立小组管理制度。每班可以 5 ~ 8 人为单位设置学习小组，遴选小组长，同时选择课程学习程度较好的学生 (1 人) 作为班级助教，小组长和助教处理日常学习事务，共同协助教师管理课程。这样既便于关注全体学生、了解学生学习状况，也减轻了教师的管理任务。

（二）唤醒学生的任务和参与意识

由于古代汉语课程内容相对繁难，语言知识的讲授和理解不能完全被其他方法替代，但是完全靠教师碎解式分析讲解知识点，既难引起学生的兴趣，也难以让学生形成知识的链条，更谈不上融会贯通。因此教师除了讲解以外，必须让学生主动参与到课程中来。为了调动学生的积极性、促进其主动学习，可以采取任务驱动法。

1. 设计附带问题的预习任务

教师在课程开设之初或每讲解一个单元之前应该向学生发布预习任务，任务必须清晰明确。为了使预习任务具有针对性，每一项任务最好设置相应的问题，以便达成理想的预习效果。对预习任务的检测可以小组为单位，小组长负责整理预习中出现的问题，汇报给助教，由助教向教师报告，课堂上教师随机抽查，以了解预习概况。教师结合以上两个渠道收获的信息，在课堂上再进行针对性的讲授。

2. 设计教学展示任务

汉语言文学、汉语国际教育两个专业的毕业生将来可能要从事中小学语文教师和对外汉语教师的工作，因此可以向学生布置教学活动展示任务，学期教学活动结束之前，以小组为单位合作选取知识点备课、撰写教案、制作课件，每组推举 1 ~ 2 名学生展示，评委打分，计算平均分作为小组成绩。

3. 设计文化实践任务

三个专业都需要了解与课程相关的文化现象，不过由于知识涉及面广且细碎，加之课时有限，都不能展开讲解，只能借助文选和通论中文化知识的出现而随遇随讲，这就容易给学生造成文化知识可学可不学的印象，因此教师在教学中应该设置相关的文化教育环节或任务，以引导学生兴趣和自主学习文化知识的意愿。如讲解格律知识，可以让学生自撰对联，也可以通过网络或实际调查搜集对联；可以让秘书学专业学生运用古代汉语的元素创写宣传策划的文案。

4. 设计语言实践任务

古汉语知识的学习最终还应归于实践应用，因此除了理论学习，必须让学生认识到课程的实践价值，打消学生学习古代汉语无用的偏见。可以通过专题的形式设计语言实践任务，如学习词义时，要求学生从现代常用成语中搜集使用古义的例子；学习文字时，让学生调查社会用字（如店面招牌、教师板书）不规范现象；综合训练中，也可以让学生写仿古书信等。

（三）精心设计自主学习

在课程学习中，教师的讲授只是学习的方式之一，其作用更多的是引导和启发，帮助学生建立知识结构，引导学生学习方法，如果教师讲解过多，或学生过多依赖教师的讲解，那么课程学习就会变得滞涩而难以推进。为了打破这一难题，就必须激发起学生自主学习的热情，培养自主学习的能力。当前古代汉语课程研究中已开始关注学生的自主学习，但是还缺乏具体的措施和检测手段。在古代汉语课程建设中，可以通过精心设计自主学习内容、检测来初步培养学生学习这门课程的能力。

1. 内容设计

自主学习内容的设计需要考虑两个要素。第一，要基于课程内容。教师首先应按照课程内容的重要程度、难易程度进行分级。一般来讲，四类内容比较适合作为自主学习内容：一是相对次要、容易理解、纯粹知识性的内容；二是经验累积、纯粹强度训练的内容；三是与现代汉语课程衔接紧密的内容；四是教材讲解比较清楚的内容。第二，要基于专业所需。如前所述，不同专业对课程内容的需求不同，因此设计自主学习内容时，除了结合课程内容的等级，还应照顾到专业所需。如工具书使用部分的自主学习，除了简单的基本信息之外，对汉语言文学专业的学生可以通过设计查阅某些汉字的古文字形、本义，以及同一个汉字在不同辞书中的差异等问题，来强化学生使用工具书的操作能力。

2. 学习检测

自主学习内容的设计只是开展自主学习的前提，如果不能把自主学习真正落实到学习过程中，再好的学习内容也形同虚设，这就要求教师利用好学习小组、助教和网络教学平台，建立立体化的检测制度。首先，教师应该做到个别和全体检测的交替进行。个别检测适宜课堂抽查，以点带面，了解对某一问题、任务的掌握或完成情况；全体检测可以借助学习小组长和助教，也可以通过网络平台的任务设置、作业等形式实现。其次，自主学习与考核方式相结合。在课程考核中，自主学习应占一定比值，具体比值教师可以根据设置的内容和任务量确定，通过这一形式间接督促学生关注学习过程。

四、教学资源的立体化

随着信息技术的不断发展和普及，古代汉语课程的教学手段和媒介也不断发展。目前课程教学中，应用比较普及的是多媒体课件教学。对于一般本科院校来说，网络教学并不普遍。为了增加学生的学习资源，可以尝试建设立体化的古代汉语教学资源。所谓教学资源的立体化，是指纸质、电子和网络教学平台资源的融合，为学生构建一个资源丰富、相互补充的多维度教学资源网。

纸质教学资源主要包括以传统的纸本为载体的教学资源，如教材、教学文件和教学参考书等；电子教学资源，是指以计算机、手机等硬件为显示载体的教学资源，如电子图书、教学课件、教学视频等；网络教学平台的资源是指依托于学校的网络教学平台建设的课程资源，如今计算机和网络应用普及，许多纸质教学资源都有相应的电子资料，这些电子资料都可以放在网络教学平台相应的下载专区，学生可以根据实际情况便捷取用。网络教学平台相对于传统课程讲授和批改作业的优势，一是可以提供更多的教学资源，二是可以监测学习动态，三是可以减少批阅作业的部分工作量，四是可以弥补传统纸质作业的弊端。例如，文选阅读翻译是课程学习的一个重要任务，教师在课堂上很难做到对学生的全部检测，这时就可以利用网络平台布置任务，学生上传阅读翻译音频，教师通过评阅音频了解全体学生的情况，这样就大大提高了课程的学习效果。因此，合理利用网络教学平台，让其发挥优势，成为传统课堂教学的延伸和补充，对课程学习效果大有裨益。

古代汉语是设置历史最长的课程之一，课程建设的经验也十分丰富，但受过去教学理念的影响，其所受到的理念禁锢也比较多，要想建设好适应不同专业的课程，还需要在实际教学中不断探索。

第五章　大学汉语言文学教学实例

第一节　现代汉语课程应用型改革探究——以西安培华学院汉语言文学专业为例

现代汉语课程是汉语言文学专业的一门必修课程，也是一门传统课程。从课程内容来看，现代汉语一般分为语音、汉字、词汇、语法、修辞等五个部分，课程的理论性是比较强的，课程教学也是重视理论知识的传授，和语言实践、语言技能培养结合并不紧密，所以现代汉语课程的应用型转型是非常必要的。

一、现代汉语课程教学现状

笔者对西安培华学院、西京学院、西安电子科技大学高新学院等几所西安民办高校汉语言文学专业现代汉语课程教学情况进行了调查，发现在课程讲授中，授课教师均在不同程度上开展了现代汉语教学改革的工作，但目前还是存在一些问题，突出表现是未能真正实现应用型转型。

（一）教学内容的处理与职业需求脱节

现代汉语课程讲授过程中，大多数教师仍然是以教材为主，注重语言理论知识的讲解，技能训练局限于分析语言要素或者简单的修辞运用练习，这对学生系统掌握现代汉语知识有很大帮助，也能够训练学生分析语言的能力，然而，在这种传统的教学方式中，教师未能将语言分析训练与具体的职业需求结合起来，学生认为学习现代汉语的过程和目的就是分析语言，不明白语言基础知识和语言分析能力有何作用，比如学生会分析句子结构，但是不明白在中小学语文教学中如何修改病句；学生理解汉字基本知识，但汉字书写笔顺仍然存在问题；学生能够掌握修辞知识，但是写不出好的文案。以上现象说明我们的教学内容与职业需求脱节，学生只学到了知识，没有学会如何在某一类工作中运用所学到的知识。这也导致学生出现“语言无用”这样的错误观点，学习现代汉语的内在动机也就不是很强。所以，目前我们迫切需要解决的一个问题是将现代汉语课堂教学与具体职业对学生语言技能方面的要求结合起来，必须把教学内容与社会需要关联起来。

（二）课堂未能真正还给学生

王策三认为，“所谓教学，乃是教师教、学生学的统一活动；在这个统一活动中，学生掌握一定的知识和技能，同时身心获得一定的发展，形成一定的思想品德。”可以看出，教学既包括了教师的教，也包括了学生的学，这两者并非简单的相加，而是有机结合，在教和学的结合中，教师的教是主导，学生的学是中心。

在目前的现代汉语课程授课中，“教师为主导，学生为中心”是教师普遍认可的理念，但是根据笔者目前的调查，在现代汉语的课堂上，大多数教师仍然是“教师为中心”，课程的实施基本是理论介绍和课堂练习两步走，教师讲解多、学生操练少且课堂练习多为语言分析，如分析句子结构、分析音节等，这类练习趣味性不强，只能以小组比赛、分数奖励等办法激发学生的外在学习动机，学生的内在学习动机并未被激发且学生学习的积极性也不够持久，所以仍有很多学生的课堂有效参与度不是很高，课堂也未能真正还给学生。

（三）考核方式过于传统

现代汉语作为汉语言文学专业的一门传统专业课程，考核方式也比较传统。根据笔者调查，目前大多数高校现代汉语课程的考核方式是闭卷考试，期末考试成绩所占比例为70% ~ 80%不等，从考试内容来看，也是理论性的题目较多，考查内容主要是基本概念、句子成分分析、语音理论知识等，考查学生语言技能的题目基本没有涉及，即使有技能考查，也多为修辞运用，且内容过于简单，如写一段话，需包括比喻、夸张、排比等修辞手法这样的题型，从技能考查的角度来看，这样的考查内容和方式是没有意义的；从成绩分布方式来看，平时成绩所占比例为20% ~ 30%不等，主要是由考勤、课堂表现、语言分析作业等部分构成，也有教师仅仅以考勤一项作为平时成绩的依据，这导致的一种结果就是“一考定成绩”，很多学生忽略了过程性的学习。总体来看，现代汉语课程的考核方式过于传统，更加偏重对汉语理论知识的考查，忽视了对学生过程性考核和实践能力的考查，特别是具体职业对语言能力要求这一方面的考查，基本上没有涉及。

二、现代汉语课程应用型改革实践

针对上述问题，笔者结合具体职业需求，围绕西安培华学院汉语言文学专业人才培养方案进行了教学改革探索。西安培华学院汉语言文学专业人才培养方案中设置的主要培养目标包含三个方向，其一为国学及语文教学方向，其二为汉语国际教师方向，其三为文秘与文化宣传方向。这一设置是因为汉语言文学专业就业方向多为中小学教师、汉语国际教师、文员或编辑等方向，所以现代汉语课程的应用型改革必须结合以上职业对学生语言技能的要求开展。据此，笔者深入中小学、对外汉语培训机构、文化企业、杂志社等单位进行实地考察，与一线中小学教师、汉语国际教师、文化企业工作人员、杂志社编辑进行探讨，明确了中小学教师、汉语国际教师、文员等职业对学生在语言技能方面的具体要求，并以此为基础进行了现代汉语课程的应用型改革实践。

（一）根据职业需求调整教学内容

在教学改革中，笔者结合教师、文员、编辑等职业对语言技能的要求，对现代汉语教学内容进行了调整。如在语音部分，在传统的知识讲解上，进行正音、普通话模拟测试、中小学课文朗读比赛、留学生语音偏误分析练习、文员口语表达能力训练等内容；在词汇部分，进行中小学词汇教学能力训练、对外汉语教学中的近义词辨析、词语运用能力训练；文字部分，进行汉字使用及其规范化调查，训练汉字教学能力、汉字书写能力、错别字修改能力；语法方面，进行中小学生作文病句修改训练、留学生偏误句子修改、文件审阅训练、文员语言组织和表述能力训练；修辞方面，进行中小学生词格运用评价训练、文件审阅训练。

此外，考虑到超过 50% 的学生选择中小学语文教师这一方向，而且中小学教学中，汉字的书写和教学又是一个非常重要的内容，故我们在现代汉语上册的教学过程中，把文字部分单独列出来，设置 16 课时的规范汉字书写课程；考虑到不管从事哪类职业，学生都需要具备一定的语言表达能力，故在现代汉语下册的教学过程中，我们设置配套的 16 课时语言能力训练课程。通过理论与实践课时的分配，语言实践能力的操练和培养能够落到实处。

通过对教学内容的调整、课时的分配，我们能够切实训练学生的语言教学能力、语言编辑能力、文稿审阅能力，实现培养语言实践能力的教学目标，这对学生语言能力的提高和日后就业都有一定帮助。

（二）改革教学方式

在教学方式的改革中，笔者打破常规的语言类课程教学方式，采用项目教学法、任务教学法、微课教学、开展第二课堂等多种方式，以求在合理安排教学内容的同时调动学生学习的积极性。

项目教学法是通过完成具体的学习项目解决具体问题，其目的在于训练学生的语言技能。比如笔者设计“普通话模拟测试”项目，交由学生完成，每组同学根据普通话考试要求进行测试方案设计、测试语音样本收集和测试最终评价。学生通过该项目的进行，能够了解并把握整个普通话测试的过程及每一个环节的基本要求，这对学生普通话水平的提高有很大帮助，也能够调动学生学习普通话的积极性。

任务教学法是根据教学内容布置任务，要求学生发现知识并在教师指导下进行深入讨论。比如在讲解“汉字的规范化”时，笔者布置了“寻找错别字”的任务，并根据任务完成情况讨论了汉字规范化的问题。在这一任务的完成过程中，学生意识到规范汉字书写的重要性，也能够主动地去了解和记忆常见笔顺易错字的正确笔顺，这对学生日后从事中小学教学工作有很大意义。

微课教学法主要是在课后学生自主学习时使用，微课的特点是时间短、内容少、主题突出，便于学生利用碎片时间学习。笔者选取现代汉语中的知识点，制作了《辅音的描述》

《汉字的起源和发展》《常用的几种修辞》《前后鼻音的区分》等多个微课视频，要求学生利用课后时间自主学习，以巩固课堂教学的内容。

第二课堂也是教学中非常重要的一部分，根据教学内容的改革来看，教学除了语言理论知识的学习，还有大量的实践内容，这在96课时内是无法完成的，故有大量内容我们采取了在第二课堂中开展的方式，如中小学课文朗读比赛，笔者采取的方式是学生自选中小学课文进行朗读，然后利用互联网上传朗读材料，根据每位同学的朗读情况得分，这样既不耽误课堂教学时间，又能将实践能力的培养落到实处。

（三）改变传统的考核方式

在教学改革中，笔者改变了传统的以期末闭卷考试为主要依据的考核方式，根据学生语言技能是否达到职业需求进行评价，将课堂、课后、校内外实践训练和期末考试综合起来进行过程性评价，平时考查和期末考试的成绩分配比例为4：6，其中平时成绩包括学生课堂表现、小组活动、项目或任务的完成情况等方面。比如在语音部分的考查中，笔者既有语音分析理论知识的练习题，同时又在过程性考核中，要求学生进行模拟普通话测试、中小学课文朗读等活动，并将其计入学生平时成绩，如此一来，学生既学习到了语音理论知识，又在理论指导下进行了普通话发音练习，完成了与中小学教师职业相关联的课文朗读活动，实现了理论与实践的结合；此外，在期末试卷中还增加了中小学生病句修改、文章审阅等应用型试题，突出对学生语言应用能力的考查，这样的改革打破了“一考定成绩”的考核方式，更能检验出学生的实际学习效果，也更受学生欢迎。

三、现代汉语课程应用型改革成果

通过对教学内容的重新整理、教学方法的重新选择、考核方式的比例调整，西安培华学院汉语言文学专业现代汉语课程的改革初具成效，课程改革也取得了一定的成果。

（一）课程与职业需求实现接轨

笔者在进行以上一系列改革实践后，各章节的学习与实践训练结合，并与相关职业关联起来进行职业技能的操练，初步实现了课程与职业需求的接轨，学生掌握理论知识的同时提升了技能，解决了现代汉语知识和语言技能在工作中有什么用以及如何用这两个问题，实现了学以致用。当然，在笔者的课程改革中不可能涉及所有的职业所需的语言方面的技能，但学生进行的语音教学、中小学课文朗读、稿件校对等训练，在一定程度上为日后从事相关工作打好了基础。

（二）学生学习积极性加强

进行课程改革之后，现代汉语的课堂从教师“一言堂”转变为教师引导性教学加学生完成任务或项目，在此基础上，师生再进行讨论和评价。这样一来，课堂教学能够将技能操练和知识学习结合起来，课堂真正还给了学生，学生学习的目的性、积极性明显加强，特别是对自己的职业规划比较明确的学生，学习的积极性非常强，学生能够意识到现代汉语课程对个人日后就业和职业发展的重要性，学习的内在动机不断加强。

（三）考试后效作用明显

现代汉语课程考核方式调整之后，平时成绩所占比例增多，学生更注意过程性的学习，这样能够更加明确地分析出学生学习过程中的知识掌握情况和技能掌握情况，也为后期的教学提供了更加明确的方向。根据学生各个部分的成绩分布情况，教师能够及时对教学内容进行调整，这很大程度上提高了考试的后效作用，教师对学生的指导也更具有针对性。

通过教学改革，我们根据职业需求处理教学内容，转变了现代汉语课程教学实施方式和考核办法，不仅要求学生掌握语言知识，更注重训练学生的语言技能，使学生的语言技能达到教师、文员、编辑等职业的要求，目前的课程改革初具成效，但是仍然存在着针对性不够强、理论与实践课时如何合理分配等问题，还需我们进一步思考。

第二节　应用转型背景下汉语言文学专业的实践教学——以重庆工商大学派斯学院汉语专业为例

2015 年 3 月 5 日，第十二届全国人民代表大会政府工作报告指出：要引导部分地方本科高校向应用型转变。2015 年 11 月 17 日，教育部、发改委、财政部联合发布《关于引导部分地方普通本科高校向应用型转变的指导意见》(教发〔2015〕7 号)。此后，地方本科院校的应用转型蓬勃展开，进入新一轮教育改革的新常态，各地方本科高校在办学理念、办学定位、人才培养模式、师资队伍建设、课程改革、学科建设、实践教学等方面进行了有益的探索，在应用转型的理论与实践研究方面取得了突出的成绩。重庆工商大学派斯学院积极融入这场应用转型的改革大潮中，学校从宏观上对发展战略、办学定位进行了深入的研究，制定出学校转型的总体方案，各二级院系从微观的角度，对课堂教学、实践教学等方面进行了大量的探索与实践，逐渐形成了各具特色的应用转型路径。

“应用型本科教育是以培养知识、能力和素质全面而协调发展，面向生产、建设、管理、服务一线的高级应用型人才为目标定位的高等教育。”着重培养学生的学习能力、创新能力、实践能力和创业能力，突破高等学校本科教育中“重理论，轻实践”的传统教学模式，强化实践教学，提高就业竞争力。应用转型的最大特点就是教育与地方区域经济社会发展相结合，围绕产教融合、校企合作、产业与职业对接。从这些特点来看，应用转型更适于理工科专业，而对文科专业特别是汉语言文学专业而言，是有较大差距的。但从培养人才的角度出发，其结果都是一样的，就是培养既具有扎实理论基础，又具有较强实践能力的高素质应用型人才。就汉语言文学专业而言，学生的核心能力首先是文字的处理能力与写作能力；其次是公众演说能力，包括主持、传播、公关、教学能力，即听、说、读、写的能力。明确了专业核心能力，教学就有目标、有方向，一切教学形式都要服务并服从于培养学生的核心能力。

在明确了办学定位的前提下，重庆工商大学派斯学院汉语言文学专业制定了具体的人才培养目标：培养具有扎实的汉语言文学知识功底和深厚的人文素养、能熟练掌握外语及计算机知识、传承中国传统文化、进行对外汉语教学、开展中外文化交流、胜任国内外党政机关、新闻媒体和企事业单位等相关工作的复合型、应用型人才。围绕人才培养目标，将课程分为三大模块：一是专业基础课程，主要是现代汉语、古代汉语、汉语写作、现当代文学、中国古代文学、外国文学；二是专业核心课程，主要是秘书实务、档案学、行政管理学、美学原理、语言学概论、文学概论、应用文写作、公关与礼仪；三是专业素质拓展课程（或称选修课程），有新闻采访与写作、电视节目编辑与制作、广告文案写作、网络文学、古典诗词鉴赏、古典戏曲鉴赏、古代小说鉴赏、民俗学等。三大课程模块紧紧围绕应用型人才培养目标，逐渐探索并形成了一套汉语言文学专业的实践教学模式：以校内实验（实训）为基础，以校外实（践）习为补充，由浅入深、由简到繁、由单项到综合的全方位、多层次、多角度交错并举、层层推进的螺旋式实践教学模式。

一、实训（验）环节

实训（验）环节由课程实训、课程实验和综合实验组成。根据培养计划，实训（验）环节与专业课程教学进程紧密结合，贯穿于日常教学的全过程。

（一）课程实训

课程实训主要指在授课过程中，根据学科特点、课程培养目标、课程内容、人才培养目标，一方面通过理论教学夯实学生的汉语理论基础，提高学生的人文素养；另一方面则围绕汉语人才的核心能力——文字处理能力、写作能力和公众演说能力，对学生进行培养与训练。在整个专业课程体系中，《现代汉语》《古代汉语》《汉语写作》《中国古代文学》《中国现当代文学》《外国文学》《秘书实务》《档案学》《摄影与摄像技术基础》《秘书公关与礼仪》《应用文写作》《电视节目编辑制作》《小说鉴赏》《诗歌鉴赏》《戏曲鉴赏》《新闻采访与写作》《广告文案写作》《广告策划》等课程，都具有极强的实践性。在理论教学的同时，充分利用课内外时间，强化与课程相应的实践内容。

在《汉语写作》的教学过程中，除讲授写作理论外，更多的是通过多种途径、多种方式进行写作训练。一是以各章节理论为基础，进行单项写作训练，如观察能力、感受能力、想象能力、立意与构思、结构与表达能力的练习。二是在教学过程中间插以各项活动，强化书面表达能力与口头表达能力。如在写作课堂教学中开展了演讲比赛、原创诗歌配乐朗诵比赛与辩论比赛。每项活动从策划书的撰写、任务的布置、人员的安排（参赛选手、主持人的遴选等）、舞台的布置、过程调控、评分颁奖等，都由学生承担，教师主要负责活动过程的督促。不管是演讲，还是原创诗歌朗诵，学生首先都要进行写作。既能锻炼学生写作演讲稿、创作诗词的能力，查阅、整理资料、提炼观点的能力，又能锻炼学生的口头语言表达能力、活动的组织协调能力，培养分工协作的团队精神。三是课外阅读与写作。每个学生每学期完成至少 2 万字的随笔（日记或读书笔记）等写作练习，两周检查一次，并以平时成绩的方式进行鼓励与督促。这些举措极大地夯实了学生的写作基础，同时激发了学生参与教学的积极性与热情，教学效果较为突出。

《现代汉语》的教学同样是在完成汉语基本理论知识的学习后，着重语言应用能力的培养与提高，课堂上主要把单、双音节练习、文章朗读、说话练习融为一体，提高学生普通话水平、说话技巧、朗诵技巧，提高学生综合运用语言文字的能力。课外鼓励学生参加院系举办的演讲比赛、朗诵比赛、辩论比赛、主持人比赛等活动，进一步提高学生在实践中综合运用语言的能力。《中国古代文学》《现当代文学》《外国文学》的教学，在完成文学史知识的介绍、文章鉴赏方法学习的同时，根据所学知识和方法，进行作品阅读、背诵、创作与鉴赏练习。

每门课程，授课教师都要从课程特点出发，根据人才培养目标，按照应用转型的要求，制订实训（验）方案，实训课时占总课时的 40% 左右。具体落实到每节课的课时计划中，要有明确的训练目标、训练内容、训练方式及预期的训练效果等，并由教研室监督检查，与教师的课程教学考核挂钩。

（二）课程实验

课程实验主要在实验室进行，科目有《摄影摄像技术基础》与《电视节目编辑制作》，综合实验在课程讲授过程中、课程结束后进行。《摄影摄像技术基础》除在实验室进行图像处理、影音剪辑、影片后期制作外，其他如照相机、摄像机的使用、光线的测定与处理、构图、固定镜头与运动镜头的使用，画面调度、机位安排等单项训练，都安排在实训环节。实验室主要加强图片软件、非线性编辑系统的使用，项目有影视剪辑基本编辑流程、熟悉 Premiere 界面及简单编辑、练习 Project、storyboard 窗口的使用，采集编辑导入管理素材、transition 的使用、滤镜的使用、键控技术及应用、纪录片或者影视作品质组技术艺术分析等，培养学生处理图像的能力，强化单项操作技能，为综合实践性操作奠定基础。

（三）综合实验

综合实验主要是电视节目的拍摄、剪辑与后期制作。综合实验以分组方式进行，每组 5 人，组内进行分工，任务包括剧本创作、角色选择、场景选择与布置、导演指导、演员表演、影像剪辑、配音、配文等，即五人自编自导自演一部 10~15 分钟的电视短片。每一环节都体现出学生的创造、团结协作精神。综合实验，主要锻炼学生的图像处理能力、影音剪辑能力与影片后期处理能力，这也是一个将单项练习进行综合处理的能力，涵盖语言、文学、美学、电影理论、摄影、摄像、音响、剧本创作等相关学科内容。

经过综合实践，学生掌握了电视节目制作的基本流程，并能熟练地进行影片的编辑、制作，综合实践能力得到提升。

二、实习环节

通过课外、校外实习弥补课内、校内实训（实验）的不足，让学生真正走进企事业单位，进行真实的业务锻炼。实习环节主要分为认知实习、业务实习和毕业实习三个阶段，并结合实训（验）环节的课程实训、课程实验和综合实践安排具体的实习时间。如在课程实训和课程实验的同时，安排对应的认知实习或业务实习，在课程综合实验后即安排毕业实习等，形成课内与课外、校内与校外、实验与实习相互交错而又层层递进的实践模式。

（一）认知实习

认知实习是在学生学习相关课程过程中，为了巩固所学知识而进行的单项式的实践练习，主要方式是文章写作与鉴赏、演讲、辩论、朗诵、主持、摄像、摄影、新闻采写、报刊编辑、广告调查、档案整理等，学生通过参加各种活动、比赛，将课内所学知识，结合课外实践进行锻炼，达到巩固、提高专业单项素质的目的。学院及系（部）为学生的认知实习提供了广阔的平台。如学院的各项大型活动、系（部）的办公室档案整理、院报的采写、组稿、审稿、编辑、排版等，都由学生直接负责。

（二）业务实习

业务实习在学生学完专业主干课程之后进行。学生在学完专业主干课程之后，基本掌握了汉语专业的基本理论、基本方法，在此基础上，或自行联系，或学院推荐（如带薪实习、实习基地），走进广播电台、电视台、报社、期刊社、学校等企事业单位，进行业务实习，目的是培养学生把理论知识与实践操作结合起来，在认知实习的基础上，进一步熟练文字处理、档案管理、公文写作、秘书实务、新闻采写、报刊编辑、摄影摄像、影像编辑与制作、广告调查与策划等业务，为今后的就业打下坚实基础。

（三）毕业实习

毕业实习在学生毕业之前进行，往往结合毕业论文选题和将来的就业方向进行有目的的实习，一般采取集中与分散安排相结合的方式将学生安排到企事业单位进行实习，主要实习文案处理、秘书实务、教育教学、新闻采写、报刊编辑、广告调查与策划、广告文案写作、摄影摄像、影像编辑、影像后期制作等内容，毕业实习阶段时间长，在认知实习、业务实习的基础上继续巩固提高，单项与综合相互结合，为就业创造条件，积累实践经验。

通过课外、校外实习，学生可以全面、深入地了解学习语言文字的意义，进一步深化专业知识，熟悉各种与语言相关的操作技能，对汉语专业有一个较全面、客观的认识，同时提高学生运用知识的能力，为今后顺利走上工作岗位打下坚实基础。

三、科研环节

科研环节是对汉语相关理论与实践的深化，是对学生所学知识的系统化提升。通常以学科论文、学年论文、毕业论文、假期社会实践报告、社会调查报告、广告(市场)调查报告、实习报告等方式进行，培养学生提出问题、分析问题、解决问题的能力，提高学生理论联系实际的能力。

科研论文写作是考查汉语专业学生综合运用专业知识解决实际问题的能力，也是将大学四年所学知识系统化的能力。因此，科研论文写作的目的就是理解课程之间的联系，并运用所学理论，根据所选课题，进行深入研究的能力，涉及选题、选材、构思、结构、语言表达、逻辑思维、修改等综合语言应用能力。

通过科研环节，学生可以针对感兴趣的领域进行更深入、系统的研究，提升专业理论与实践技能，从而培养理论素养高、应用能力强的专业人才。

综上所述，经过这一系列实践锻炼过程，汉语专业学生毕业时往往都能熟练掌握写作、鉴赏、诵读、演讲、辩论、主持、自动化办公、档案管理、学术研究、摄影摄像、图片编辑与影片剪辑等技能，成为本专业综合素质较为过硬的合格人才，为就业、创业准备了充分的条件，可以在当今社会的广阔天地中大显身手，做出较大的贡献。

第三节　民族高校中国语言文学专业古代汉语课教学——以大连民族大学为例

“古代汉语”是民族高校中国语言文学专业必修的基础课之一。本课程专业性强、难度大，学习内容涉及文字、词汇、语法、音韵、训诂等文体知识和古代文化常识。王力先生曾指出，“本课程的学习目的是掌握古代汉语基础知识，提高阅读古籍的能力，批判继承古代文化遗产，并运用有关知识进行文言文教学，提高中学文言文的教学水平。”对于民族高校的学生来说，要达到这个目标，也有一定的难度。针对此种情况，要将这类传统课程有效推进，使各层次的少数民族学生学有所获，必须对民族高校中国语言文学专业的古代汉语课程进行改革。

一、根据实践能力和创新精神培养的需要，调整现用教材的体例

王力先生主编的《古代汉语》教材学术水平较高，要求学生具有较宽的知识面和良好的古代汉语基础，授课对象主要面向综合性重点大学的学生，而民族高校的学生多来自全国各少数民族地区，他们汉语起点低，现代汉语基础薄弱，古代汉语更是处于先天劣势。因此，要对少数民族学生讲授“古代汉语”，培养和提高其阅读古籍的能力，若仍“以文选为纲”、通论“依照循序渐进和配合文选的原则”，势必给教师的教和学生的学都带来困难，而“古代汉语”课的“学史明理，古为今用”的素质培养目标也很难达到。

为摆脱教学中理论讲授与文言翻译、注释的基本训练脱节的困境，在民族高校的古代汉语课堂上实现各民族学生能读懂一般难度的文言文、批判地继承和发扬中国古代传统文化的素质培养目标，大连民族大学适时调整了现用教材的体例，采用“以通论为纲”“文选配合通论”的模式。即通论方面，教师不再花费过多的时间去拓展诸如文字、词汇、语法、音韵等专业知识，而是更注重常识性基础知识点的讲解；词义分析则采用教师课堂点拨、学生课后阅读的形式；练习部分也以课堂练习为主，更注重培养学生对古代文献进行标点和翻译的能力。文选方面，排除在中学语文课本中已经学过的文言文，着重讲授史书、诸子、诗经等文献，对古代文学课程中涉及的骈体文、唐宋诗词等内容少讲或不讲。

现用教材体例的调整，既要使系统的通论知识充分发挥专题理论“纲”的作用，又要充分带动文言文文选这个“目”，做到纲举目张、理论与实践紧密结合，才能为实践能力和创新素质的培养打下良好的基础。

在教学过程中，结合每单元的“纲目”，增添中国古代传统文化的素质培养内容。王力先生的《古代汉语》全四册教材，其通论部分除了语言文字理论外，还有古代文化常识；文选部分除了散文外，还有大量的诗、词、曲、赋。在有限的96学时内，既要完成基本授课任务，又要实现素质培养目标，只能精简、整合教学内容，做到重点突出、简明扼要。在授课中，教师将常用词和古代文化常识部分内容融入文选中，并以课外阅读的方式指导学生自读，从中培养、训练、提高学生运用古代汉语知识和阅读古代文言作品的能力，最终使学生达到借助工具书读懂一般难度、没有今人注释的文言文的目的。

在明确每单元教学目标的同时，将“弘扬中国古代传统文化的素质培养要求”放在首位。在讲授专题理论“纲”和文言文文选“目”的时候，增加“运用理论解决文言文阅读中的实际问题，进行创新性思维训练”的实践教学环节。在实践教学中，强化素质培养的内容。如每单元都制定本单元的“素质培养目标”“素质培养要求”“素质培养方法”“素质培养训练”“素质培养情况反馈”等系列内容，如《左传》中涉及的古代姓氏，教师课上介绍古代姓氏的起源、类型，课后指导学生查找资料，将同一姓氏的学生分作一组，结合电视节目《中华百家姓》使学生认识自己的姓氏源流和发展状况，要求学生最终以PPT的形式展现姓氏调查结果。同时，辅助性地开设一些有助于培养学生中国传统文化素养的选修课程，如“汉字与中国文化”“中国书画艺术”“国学经典与中华传统美德”“书法”等课程，进一步增强学生的民族认同感。

二、从兴趣入手，坚持“学生本位”的教学理念

学生本位发展是21世纪人才培养的方向。“学生本位”的教学理念是指根据学生的身心发展规律和个性差异，通过创设、调控、利用教学条件，灵活运用适合学生特点的教学方法，培养、激发学生的学习兴趣，使学生在学习过程中能够积极主动地参与到知识的学习和探索中，从而形成良好的精神品质和专业素质。

民族高校中国语言文学专业的生源来自全国各地。据对大连民族大学汉语言专业学生民族状况的调查统计，各年级学生民族分布状况都在15个民族以上，其中以汉族、蒙古族、满族、苗族、壮族、回族、藏族居多，合计占总人数的75%~80%，土家族、维吾尔族、朝鲜族、侗族、布依族、白族、纳西族、彝族、瑶族、哈尼族、哈萨克族、土族、黎族、毛南族、穿青等少数民族学生，占总人数的20%~25%。要树立“学生本位”的教学理念，教师必须结合各民族学生的身心特点，量体裁衣，才能调动学生的学习兴趣，真正提高教学质量。

（一）教学内容融古贯今，夯实学生古汉语基础

教学内容尽量贴近现实生活，加深各民族学生对现代汉语的理解，同时，融古贯今，培养学生初步阅读古书的能力。例如，常用词“及”的用法，在《郑伯克段于鄢》中“生庄公及公叔段”“若阙地及泉”和《齐晋鞌之战》中“将及华泉”“故不能推车而及”等句中都有出现，教师先画出“及”的古文字形体，让学生直观感受“两人前后行路，后面的人为了追上比自己走得快的人，就直接伸出手来抓住他”的意思，然后引出“故不能推车而及”中“及”的本义，即动词“追赶上、抓住”。同时，一方面解释“生庄公及公叔段”中的“及”经词性引申，由实词变为虚词，即连词，表示并列、又；另一方面分析“若阙地及泉”中的“及”递进引申，即动词到达、到位之义。最后举出成语“望尘莫及”“由表及里”和“及格”“普及”等词供同学们练习。这样既达到了各民族学生通过现代汉语学习古代汉语的目标，培养、训练了他们的现代汉语能力，又奠定了文言文识读的基础。

（二）提高个人修养，弘扬民族文化

“一般学习外语的人都有这样的体会，在学习那种语言的过程中，慢慢地、不知不觉地就接受了那种语言所负载的文化信息，这种潜移默化的作用是不可估量的”。可见，各民族学生通过学习负载着中国古代儒家文化的古代汉语，会潜移默化地接受它的熏陶和影响。一方面，少数民族学生在接触汉语和汉文化时，自然会对汉民族的传统习俗和文化特征有所了解，再经过古代汉语文化常识的学习，会加深理解，进一步融入中国传统文化中来，滋取营养。另一方面，学生在学习中国传统文化的同时，也拓展了了解本民族历史、传统和文化的渠道。各少数民族有文字记录的历史相对较少，很多少数民族的史料也出现在古代汉文典籍中，如纳西族的民族渊源在汉文献中就有许多记载，从晋《华阳国志》中第一次提到“摩沙夷”以来，其史迹历历可考。因此，要想从汉文典籍中更加全面、深入地了解本民族的历史和文化传统，就要有扎实的汉语基础。为此，古代汉语教学要从提高古书阅读能力入手，从增强汉语语感做起，培养学生良好的汉语学习习惯，提高个人修养，为各民族学生进一步了解和研究本民族历史做好准备，以实现弘扬民族文化的目标。

（三）充分利用多媒体，改善教学效果

多媒体教学能够充分利用文字、声音、图像等表现形式，提供形象直观的交互式学习环境。在教学过程中，穿插相关的文字图片、视频片段、图像等，能够激发学生的学习热情，

一改过去古代汉语课堂“一潭死水”的窘境，使课堂活跃起来。例如，在强调学习古代汉语的重要性时，举金庸武侠小说《射雕英雄传》中的独门武功“九阴白骨爪”为例，附上梅超风不知练功正法走火入魔后的图片和打篮球时五指置于对手头部以示五指插入敌人头盖的图片，同时引出小说第 17 回“五指发劲，无坚不破，摧敌首脑，如穿腐土”的原文与图片对应，最后解释“摧敌首脑”的正确含义是“攻敌要害”，纠正小说人物梅超风的错误解读。多媒体用现代图片、视频去还原古代文献记录的情境，使原本枯燥的教学内容通过图文并茂的形式展现出来，改变了以往古代汉语课教学效果差的状况。

三、“减负放权”，坚持“能力本位”的教学目标

《国家中长期教育改革和发展规划纲要 (2010—2020 年)》战略主题提出：“坚持能力为重。优化知识结构，丰富社会实践，强化能力培养。着力提高学生的学习能力、实践能力、创新能力，教育学生学会知识技能，学会动手动脑，学会生存生活，学会做人做事，促进学生主动适应社会，开创美好未来。”“能力本位”教学是指在教学过程中打破传统的教学模式，将教学目标从单纯的掌握专业知识转向学生自我学习、自我管理及职业能力等能力的培养，使学生成为学会求知、学会共处、学会做事和学会发展的人，成为适应时代、适应社会、适应市场需要和变化的高技能人才。随着社会主义市场经济体制的逐步建立和民族地区经济结构的战略性调整，民族高校和全国高校一样，实行自主择业、双向选择的就业制度，市场化已成为毕业生就业的主要趋向，这就要求在教学过程中必须坚持“能力本位”目标。

民族高校古代汉语课的教学对象是汉语基础和汉语水平参差不齐的各民族学生，他们有的从小学开始就在汉族学校学习，汉语基础较好，即使是少数民族，汉语水平几乎和汉族学生没有差别；有的从小学开始就在双语学校学习，汉语被视为第二语言，基础相对薄弱，汉语水平明显不如汉族学生；还有的从小学开始就在民族学校学习，小学教育始终接受母语教育，进入初高中阶段才开始接触汉语，上大学前虽然能进行日常汉语的口语交流，专业汉语基础几乎为零。要实现“能力本位”的教学目标，古代汉语教学既要提高学生自身的汉语水平，以达到识读一般难度的文言文的目的，又要培养和提高学生阅读古籍的能力，还要指导学生学会自我学习、自我管理、自我探索，培养他们运用古代汉语知识分析解决未来教学和信息处理工作中遇到各种问题的职业能力。

（一）注重“实用性”教学，增强学生的动手能力

“减负放权”是指在教学学时大量缩减的情况下，精简教学内容，重点突出、详略得当，提高教学效率；同时，给学生充分的自学空间，鼓励学生动脑，思考发现问题，并辅导学生寻找解决问题的途径，从而帮助学生掌握学习与思考的方法。在教学过程中，更加强调教学的“实用性”。例如，讲解古代汉语通论“怎样查字典辞书”一节时，教师首先介绍字典、词典、辞典的定义；其次介绍字典辞书的编排方式；再次举例介绍《说文解字》《汉语大字典》

《汉语大词典》《辞源》《辞海》等几部有代表性的字典、词典，做到重点突出、详略得当，教师可以带着学生到图书馆现场翻阅这些工具书，并由教师演示如何查阅；最后结合现代丰富的网络资源，教学生如何查找网上资料，这一环节最好在机房进行，做到学生人手一台电脑，教师在前方展示台演示，学生在电脑上同步操作。譬如关于如何使用本校电子图书馆查找论文的部分，就可以结合大连民族大学图书馆网页电子资源的有关内容，展示中国知网、维普、万方等资源数据库，让学生动手实践，输入关键词进行中文检索。这样一来，学生既看到了网上的丰富资料，又增强了动手实践能力。

（二）增加实践环节，注重提高学生的人文素养

民族高校的古代汉语课要实现“能力本位”的教学目标，就必须坚持实践渠道多元化。学生之所以对古代汉语不感兴趣，重要原因之一就在于多数教师只重视文本知识的传授，完全将理论与实践脱节。如果在教学中能够将所学知识用于实践，实现实践渠道多元化，此种状况就会大大改观。

1. 课后作业形式多元化

课后作业是将所学知识用于实践的主要形式，要培养学生的能力，作业形式必须多元化。众所周知，古代汉语教材是用繁体编写的，学生要看懂教材，就必须识读繁体字。因此，书写繁简对照字，就成为汉语言专业学生必不可少的一项课后作业。可是单纯机械的书写，达不到熟识的目的。教师在教学中，结合辅助性的书法课程，让学生在写书法的时候，练习写繁体字，经过近一个学期的训练，学生不仅记住了常用字的繁体形式，而且还熟悉了该字的隶书或小篆写法，既完成了作业，又提高了人文修养。

2. 教学过程多元化

在教学活动中，一改以往教师教、学生学的被动模式，让学生也主动参与到教学中来。古代汉语中的先秦文选内容丰富，《左传》《战国策》等史书故事性强，即采用分配角色让学生排演单篇文选的方式，使所有学生都参与其中，并在表演中讲述中国古代重要的文化常识，如排演《晋灵公不君》时，讲述“稽首礼”和古代的“车制”，如此一来，学生既记住了专业知识，又丰富了传统文化常识。这种实践性教学的效果要远远好于单纯的课堂讲授。多元化的实践教学活动，既“寓教于乐”，丰富了学生的学习生活，又夯实了学生的专业基础，实现了“能力本位”的教学目标。

3. 考核方式多元化

改变以往“一考定终身”的考核方式，把学生从一张考卷的单一考试形式中解放出来，即改变“3+7”的传统考试模式，在以往的考核系统中 3 代表平时成绩，7 代表考试成绩。要实现“能力本位”的教学目标，即在考核方式中适时加入能力考核的比重。该专业实验了“2+3+5”的考核模式，此种考核系统 2 代表平时成绩、3 代表能力测试、5 代表考试成绩。能力测试部分主要通过教师布置任务、学生自主学习完成，实现求知、共处、做事、发展的全过程。比如学习“六书”理论时，为加深学生对“四体两用”的理解，教师给学

生布置作业，每四人一组，共同完成对一个汉字所含信息的讲解，讲解内容包括字体、字义、演化方式、文化内涵等内容，最终以说解 PPT 的形式汇报小组成果。经过一年的不间断训练，学生分析问题、解决问题的能力明显提升。多元化的考核机制，既提高了学生独立思考、组织分工、协同合作、解决问题的能力，又加深了他们对理论知识的认知，还提高了他们运用多媒体和计算机软件的能力。

总之，民族高校中国语言文学专业的古代汉语教学，要适时调整教学内容，充分发挥各民族学生的主观能动性，不断改进教学方法，坚持“学生本位”的教学理念和“能力本位”的教学目标，丰富学生的学习方式，注重素质培养和能力创新，从而实现增强各民族学生人文素养、提高古籍阅读能力的目标。

第四节　独立学院汉语言文学专业现代汉语教学的现状与思考——以长江大学文理学院为例

“现代汉语”是汉语言文学专业本科阶段的专业必修课，是后续相关专业课（如语言学概论等）课程的基础，其重要性不言而喻。现代汉语课程承担着培养和提升学生语言素质的重要任务，现代汉语课程的实施程度直接关系到学生的语言素养甚至文化素养。

长江大学文理学院作为一所独立院校，从办学伊始就大胆实施分层教学、分流培养，强化英语、计算机教学和创新能力培养的教改方案，致力于培养适应社会、适应竞争、适应发展的实用型、应用型人才。但长期以来，由于现代汉语课程的深奥性及教师、教材、教学方式等方面的原因，现代汉语这门课程在本校学生中并不受欢迎。对此，任课教师也深感头痛。本节从此问题出发，采用书面问卷方式，以长江大学文理学院大一汉语言文学专业学生为调查对象，以求了解本校现代汉语教学现状，并探讨相应对策。

一、现代汉语现状调查

长江大学文理学院汉语言文学专业分为两个方向，一个是汉语言文学专业师范类，另一个是汉语言文学非师范类。现代汉语课程在汉语言文学专业中的这两个方向中都是大一开设，使用的教材都是高等教育出版社出版的黄伯荣、廖序东主编的现代汉语教材，但区别是师范类专业的现代汉语课程分为上下两个学期，共 96 学时；非师范类专业的现代汉语课程则是放在大一的上学期完成，共 64 学时。

而本次问卷调查对象为长江大学文理学院汉语言文学专业，包括师范和非师范专业的所有大一学生，这些学生中，有些已经修完此课程，有的还未修完此课程。本次问卷调查，共发放问卷 140 份，收回有效问卷 127 份。其中，已修完现代汉语课程的学生数 35 人，未修完学生数 92 人。男生共 32 人，女生共 95 人。问卷共设有 8 题，包括入学前课程设想、课时、教学内容、课堂教学状况、学生学习情况、教材、考核方式及对该课程的意见和建议等。统计分析情况如下。

（一）学习前课程设想

在课程设想中，共有文学类、语言类、写作类、文学理论类四个选项。学生所选比例分别占到 71%、9%、14%、6%。由数据可见，学生在学习这门课程前对该课程并不熟悉，大部分学生认为现代汉语就和初高中语文课一样，学习写作、文学之类的，而认为现代汉语课程是语言类课程的学生人数仅排第三，大多数学生不知道语言类课程是什么。

（二）课时

长江大学文理学院教学大纲规定，“现代汉语”课程，对于非师范类学生来说，一周两节，一学年 68 课时，全部集中在大一上学期修完；师范类学生，分为上下两学期修完，总共 96 课时。对于这样的课时安排，67% 的学生认为较为合理；33% 的学生认为不合理，其中超过一半的学生认为课程内容太过深奥，加上课时较少，理解吸收效果不理想，认为应该增加课时。学生有学习的欲望，这一点还是可喜的。

（三）教学内容

目前的现代汉语分语音、词汇、语法和修辞四大块，近几十年来，虽然在内容上有所修订，但基本框架未动，在教学内容上还存在一些问题。本次问卷调查在教学内容方面主要涉及语言学概论、文字学概论、语法与修辞这三个后续专业课程的重复情况。58% 的学生认为有重复的地方，但不多；34% 的学生认为有，而且很多；8% 的学生认为没有重复。

（四）教学方式

学生对于现代汉语的学习也不应仅仅局限在课堂，还要延伸到课外。对于“你学习现代汉语的方式是什么”，72.2% 的学生选择“听教师讲课”、13% 的学生选择“阅读教材”，只有 14.8% 选择其他几项，如“上网查阅相关资料”“借阅相关语言类书籍”“关注身边语言现象”等。由此可见，讲授法在目前的现代汉语教学中仍然占绝对的统治地位，学生自主学习的兴趣不高。在这种情况下，教学效果可想而知，教学目标恐怕也很难达到。

（五）教材

长江大学文理学院所采用的教材为高等教育出版社出版，黄伯荣、廖序东主编的《现代汉语》(增订第五版)。对于这个版本的教材，选择“清晰易懂，符合实际、能引起兴趣”的占 42%；“清晰易懂，但不符合实际、不能引起兴趣”的占 45%；“不够清晰易懂，也不符合实际、不能引起兴趣”的占 13%。有超过一半的学生认为教材并不能引起学习的兴趣，因此需要我们再一次反思教材的选择问题。

（六）考核

现代汉语作为一门必修的专业基础课程，一直把这门课程定为考试课程，闭卷考试，时间是两个小时，有填空题、选择题、名词解释题、分析说明与应用等题型。86% 的学生认为考核方式较为合理，能对学习起到促进作用；有少数学生认为应该把闭卷改为开卷或者减少记忆性题型、增加开放式运用类题型。

（七）对该课程的意见与建议

最后一题为开放式问题“你对现代汉语这门课程有何意见或建议”，共有 72 人填写，占 56.7%。意见和建议主要分为以下几点：理论与实际生活脱节；理论性课时太多；教学方式太死板；教学内容太枯燥等。学生对教学方式和教学内容的意见和建议较多，这就提示我们，教改的重心应放在这两个方面。

二、现代汉语教学思考

以上调查结果为我们进一步改善教学提供了可供参考的依据。在此基础上，结合现代汉语教学实际，提出以下解决对策。

（一）互联网背景下现代汉语教学的改革与创新

随着互联网的发展，课堂教学的方式也发生了变化。现代汉语教学也出现了新的教学模式。如今，将互联网技术运用到现代汉语教学中，是现代汉语教学发展的必然选择。作为现代汉语的教授者，应该充分利用互联网教学资源，把互联网技术与教学模式相结合，引导并鼓励学生进行全新的自主探索学习，改变传统的以教师为主的授课模式，使他们能自主学习。同时，现代汉语教学不应仅仅局限于以往那种单一的传统的授课方式，而应当将丰富的网络资源充分地利用起来，将网络中有趣的语料融入具体的教学当中来，增加课堂教学的趣味性，组织学生进行讨论，使学生在轻松有趣的氛围中学习现代汉语。“互联网 + 教学”成为一种新的教学方法和教学模式。

（二）教师专业化背景下的现代汉语教学

美国学者利伯曼用七项指标来界定“专业”这个概念：“范围明确，垄断地从事于社会不可缺少的工作；运用高度的理智性技术；需要长期的专业教育；从事者具有广泛的自律性；在专业自律性范围内；直接有做出判断、采取行动的权力；非营利，以服务为动机；形成了综合性的自治组织。”用一句话来说，专业就是职位的不可替代性。

教师专业化，就是要求教师在整个任教过程中，依托教师教育培训，通过有针对性的专业训练，习得与教学实践相关的专业知识，如教学方法、谈心技巧等，并将这些教育教学技巧运用到教学活动中，为成为一名优秀的教育专业工作者打下良好的基础。

（三）现代汉语教学培养学生的创新能力

课本知识不是百分之百正确，也并不是万能的，它只是一种对于现象较为靠谱的假设，但并不是解释现实的模板。因此，学生的学习并不能一成不变、死气沉沉。在现代汉语教学中，我们应提倡学生在对现代汉语知识理解的基础上发现问题、分析问题和提出问题，实现创造性的学习，只有这样才能达到事半功倍的效果。

在现代汉语的教学和学习中，学生发现问题和错误，反而说明学生对教师所教授的知识有了一定的理解。发现问题并分析问题后，鼓励学生自己寻找答案，使他们在这个过程中得到更好的锻炼，提高学习兴趣的同时，解决问题的能力也得到了提高。每个小组都需要讨论：要寻找哪方面的资料？哪种资料比较权威？怎样去图书馆寻找需要的电子资料和图书资料？如何在较多的资料中寻找自己需要的答案等。同时，现代汉语教师在旁进行引导，帮助学生完成相关学习。

第五节　经典阅读与中国语言文学类专业人才培养模式探究——以绵阳师范学院文学与对外汉语学院为例

“十二五”期间，为了提升高校人才培养水平、增强科学研究能力、服务经济社会发展、推进文化传承创新，教育部出台了《关于全面提高高等教育质量的若干意见》等一系列文件，高校内部正围绕“内涵式发展”进行教育教学研究改革，人才培养模式就成了这次教育教学改革的突破口。为了更好地适应这种大趋势，自 2013 年伊始，绵阳师范学院文学与对外汉语学院（以下简称文学院）便开展了“以经典阅读为切入点，构建中国语言文学类专业人才培养模式的改革与实践”，探索符合地方本科院校、密切联系专业特点和行业面向的人才培养模式，在人才培养方面取得了一定成效。

一、“以经典阅读为切入点，构建中国语言文学类专业人才培养模式”的提出

中华优秀传统文化是中华民族的精神命脉，是涵养社会主义核心价值观的重要源泉，也是我们在世界文化激荡中站稳脚跟的坚实根基。要结合新的时代条件传承和弘扬中华优秀传统文化，传承和弘扬中华美学精神。一是从意识形态的高度充分肯定了中华优秀传统文化在整个民族历史进程中所彰显的精神价值和文化意义；二是从政治理论高度再次强调了中华优秀传统文化在当代中国社会发展实践中所具有的重要地位和历史作用，只有将中华优秀传统文化紧密结合当前及其未来的社会实践，我们中华民族才会具有牢不可破的社会主义文化核心价值观，也才能在纷繁复杂的当今世界立于不败之地。作为以人文教育与理学教育并重和着力强调师范技能培养的高等师范院校，尤其是以民族语言文学为主要传授内容的中文专业，理当对中华优秀传统文化进行富有系统性和全面性的深度阐释、现代传播、弘扬光大，这不仅是一种历史责任，更是一种文化义务，并以此为出发点努力培养出既有较高人文素养又富于较强社会实践能力的新型的有用的文化之人。由是而论，文学

院开展的“以经典阅读为切入点，构建中国语言文学类专业人才培养模式”的改革与实践，既是在践行这样的责任和义务，也是在积极回应当前经济社会发展对人才的新要求、新需要。

基于这样的理论认知，文学院首先对自己所办各专业的教育教学属性及其共有特点、经济社会发展需要进行了细致而深入的梳理，认为开展“以经典阅读为切入点，构建中国语言文学类专业人才培养模式”的改革与实践，在当下高校中文专业教育中具有十分重要的意义。

开展“以经典阅读为切入点，构建中国语言文学类专业人才培养模式”的改革与实践，一方面是由中国语言文学类专业的特点和行业面向、服务面向决定的；另一方面则是由经典阅读在人才培养的人文素养所起的作用决定的。从中国语言文学类专业的特点和行业面向、服务面向来看，在教育部制定的中国语言文学类专业人才的培养要求中，均强调学生要有宽广的文化与科学知识，能胜任基础教育实际和基础教育课程改革要求的高素质语文师资和企事业单位宣传、文秘等工作的高级专门人才。以经典阅读为切入点，强调对经典文化的阅读与理解，这是基于对我国文化发展走向的理性判断，是对中国语言文学类专业肩负文化传承与发展的历史使命和当前传统文化缺失的深入思考。从经典阅读在人才培养的人文素养所起的作用来看，高校人才培养的综合素质包括“基础性素质、专业性素质和创新性素质”等三方面。以“经典阅读”为切入点，培养学生的人文素养（基础性素质）和专业素养（专业性素质），对当代大学生的价值定位以及大学生的学习和精神成长便是非常重要的一环。

阅读经典不仅是一种对优秀文化的再认，同时也是一种对优秀文化的积淀。大学生在经典阅读中能修身养性、感悟真理，提高逻辑思维能力、语言表达能力、心理协调能力和文化认知能力等，最终能培养深厚的人文素质底蕴，因而经典阅读对当代大学生的价值定位及大学生的学习和精神成长是非常重要的一环。然而，当今的大众文化有效地消解了主流文化的主导作用，导致人们对时代、社会、历史与文化责任感的淡化，造成一个学术浮躁、精英文化日渐消退的时代的来临。在这种文化背景下，大学生已很难静下心来主动去阅读曾经的经典文学作品，甚至很多大学中文系的学生对中国古代、中国现当代、外国文学领域中的那些经典名著，以及优秀作家作品的认识也仅仅停留在当下流行的一些影视改编作品中，功利性阅读、快餐阅读、时尚阅读、浅表阅读等逐渐蚕食了本应属于经典阅读的时间与精力。

与这种堪忧的阅读现状相对应的是，对经典内蕴、经典文本、经典意义以及经典化过程与机制的研究，在国际国内学术界向来是经久不衰的热点之一，而在重视学生人文素养培养的各大高校，对经典阅读的提倡，对经典作品的现代性解读、阐释和再认，也成为其中的重头戏。仔细考察我校文学院现有的育人模式，我们发现，无论是中国古代文学、中国现当代文学还是外国文学，无论是专业必修课还是专业选修课，其教学均较重视向学生传授“史”的知识，而欠缺对学生“文学”感受与领悟的唤起，以致学生的文学感受、理解、领悟、批评能力日渐削弱，学生的文学写作能力下降，整体水平低也日渐成为不容忽视的问题。专业素养的欠缺，很显然不利于文学院学生的成才，更深层次讲，不利于学生的精神成长。

所以，主动求变，积极转化传统的教学、科研、管理模式，以经典阅读为主线，全方位提升学生阅读经典的兴趣、把握经典的能力，从而培养其纯正的文学乃至人生品味、境界，健全其美学观、人生观、价值观、世界观，是文学院打算形成的一种新的人才培养模式。

二、“以经典阅读为切入点，构建中国语言文学类专业人才培养模式”的主要内容

“以经典阅读为切入点，构建中国语言文学类专业人才培养模式”的改革与实践，是由文学院组织、用人单位参与设计、全体师生共同实践的系统化的教育教学改革，是在总结我校文学院现有的人才培养模式的基础上，坚持以经典阅读为切入点，不断探索和创新文学类专业的人才培养模式，形成了一个切入点（经典阅读）、两种素养（人文素养和专业素养）、三个课堂（第一课堂、第二课堂和潜在课堂）、四类教学资源（课程资源、活动资源、实践资源、网络资源）的独具特色的人才培养模式。这一培养模式是以“经典阅读”为切入点，以提高学生“人文素养和专业素养”为培养目标，以“第一课堂、第二课堂和潜在课堂”为培养途径，以统合“课程资源、活动资源、实践资源、网络资源”为依托的人才培养模式。

三、“以经典阅读为切入点，构建中国语言文学类专业人才培养模式”改革与实践的途径

（一）在课程建设方面

以适应区域经济社会和文化发展为导向，根据中国语言文学类专业人才培养特点与专业发展需要，优化课程体系，构建了以“通识教育课程＋专业主干课程＋专业选修课程”为主体的人文素养和专业素养的培养体系。要求学生在学习专业主干课程和专业选修课程的同时，选修学校“尔雅课程”中的有关经典阅读中的选修课程，以此拓展经典阅读的知识视野。

在具体的课程教学过程中，有意淡化古今中外文学的“史”的线索，突出对作家作品、作家与社会存在、文学与文化现象的分析，并且以解读经典文学、文化文本为教学切入点，以召唤学生的经典文学观建立。在具体的教学研究过程中，既重视对文学的“经典”问题本身的研究，包括对“经典”的内蕴的反思，对各类文学文本的经典意义、经典化过程的探索、各类文学经典之间的同质性与异质性的探究等，又重视对影像资料与文学文本的结合方式、结合度的研究，以及对影像资料的解读，并探索出一条成功的新的教学之路。

（二）在第二课堂方面

搭建全员参与、全过程、全方位覆盖的第二课堂教学体系，培养学生的专业素养和人文素养。以经典阅读为切入点，串联起学生管理方面的班级、社团、团组织，教师管理方面的教研室、文学教学团队、学术研究团队，以丰富多样的形式，营造好经典阅读第二课堂氛围。在学生管理方面，注重在班级、社团、团组织等各种组织的活动中，增加与阅读经典有关的形式多样的活动；在教师管理方面，注重在教研室、文学教学团队、学术研究团队等组织的活动中，不断增加与阅读经典有关的教学研究活动；在教研管理方面，注重经典阅读氛围的营造，增加资金投入，保障经典阅读活动的顺利展开；在第二课堂开展的形式方面，以文学院三大论坛（绵州论坛、李白文化论坛、经典作品论坛）、校内外专家讲座、系列学生社团活动和学校创新创业项目为主体，以校内外经典阅读相关活动为补充。近三年来，举办论坛近 10 场、学术讲座 12 场、校内经典阅读活动 2 次，辐射文学院所有的专业和学生。

（三）在潜在课程方面

抓住高等教育改革和区域社会、经济迅猛发展的历史机遇，以培养符合区域经济社会发展需要的应用型本科人才为目标，在依托“李白文化研究中心”这个地域文化平台的基础上，有意识地将绵阳地域范围内的嫘祖文化、大禹文化、文昌文化、蜀道文化以及涵纳内容更为广大的整个巴蜀文化予以紧密连接与整合，掘出其所具有的地域文化内力，贯通其富有的文化意义和价值，走本土化、特色化道路，增强学校教育与社会实际的结合。

绵阳人杰地灵，在历史上曾出现过李白、欧阳修、文同、沙汀等文学大家。这些极富本土化意义的诗人、作家不仅撰写出许多彪炳史册的诗词文赋、现代小说，而且对后来的文学研习者产生了极为重要而深远的影响，对于正处在春华时期、精神成长的青年学子的潜移默化影响更是不可估量。因而为充分发挥绵阳历代文学大家在人文素养和专业素养上的育人功能，我们以绵阳人文历史为重点，利用网络和宣传板报等，推进潜在课程的建设。

（四）在实践教育方面

实践教学是人才培养的重要环节，是培养应用型人才的有效途径和手段。为此，我们修订人才培养方案时将实践教学的比重扩大为 15% ~ 25%，在课程实习、综合实习、毕业实习和论文写作中，以经典阅读的有关内容为切入点，形成一个一以贯之的实践教学体系，构建符合我校特色又具有学科特点的实践教学模式；同时，加大实践平台的建设，逐步形成以李白文化研究中心、李白纪念馆、安县沙汀纪念馆、绵阳和广元境内的蜀道为依托，以采风为基本形式的实践教学模式，组织学生认识经典、感悟经典，最终达成对经典的把握。

（五）在创新教育方面

一是加强同《人民文学》《四川文学》《剑南文学》《新报》等报刊的合作，为学生阅读经典后的感悟抒发搭建平台，如《剑南文学》就开辟了“经典阅读”专栏；二是开展学生经典阅读竞赛，每学期分别开展一次“课本剧大赛”和“红色影剧讲评大赛”；三是创办电子期刊《瞭望》《文溪》，刊载各专业学生对中外经典进行研读的文章，通过真切力行的学术论文、散文随笔等写作实践，进一步加深对经典的内蕴、文本意义的个体性认知和理解。

四、“以经典阅读为切入点，构建中国语言文学类专业人才培养模式”改革与实践的成效

“以经典阅读为切入点，构建中国语言文学类专业人才培养模式”的改革与实践，最早始于 2013 年，先期是在汉语言文学专业进行试点，在学生的专业素养和人文素养培养方面取得了明显的成效后，在文学院所有专业中全面铺开，并有重点地逐步向纵深推进。

（一）取得了显著的人才培养效益

自该项目实施以来，我院师生全员参与，且都有着不同程度的精神收益。所有教师皆参与到经典阅读活动中，在课堂教学内容和教学方式上，有意识地植入经典阅读的内容，进一步加大对经典文本传授的力度。所有学生都参与“课本剧大赛”和“红色影剧讲评大赛”等活动，以亲历性的艺术表演来体证经典阅读的精神愉悦，感知经典文本的情境、内蕴。这种在师生双维层级开展的经典阅读，不仅教与学紧密结合，也收获了更丰富的精神力量。

由于我们积极开展了上述活动，大大激发了学生文学创作的热情。近三年，文学院学生在各类比赛和征文活动中取得较好成绩，发表各类文学作品 200 余篇，吴瑕、李巧玲的小说作品连续荣获 2013 年度、2014 年度《剑南文学》“道融民舟”杯好作品“青春写作”奖，方亚男、廖东兰的小说作品荣获 2014 年度《剑南文学》“道融民舟”杯好作品“青春写作”奖。学生李宝山已发表诗词、散文、论文多篇，作品散见于《首届中国百诗百联大赛作品集》《张问陶研究文集》《红楼梦研究辑刊》《绵阳师范学院报》等报刊文集，曾受邀参加第五届曹雪芹文化艺术节并在北京曹雪芹纪念馆做主题演讲，受邀参加张问陶全国学术研讨会。

近三年，文学院毕业生考上硕士研究生的人数逐年递增，总数已逾 80 人。

我院学生以人文素养好、社会适应面广、专业基础能力过硬等特点著称，毕业生中涌现了一大批教育界、政界、商界、学界的优秀人士，学生的培养质量受到社会各界的普遍好评。近年来，在就业压力日益凸显的情况下，学生一次性就业率一直保持在 90% 以上；该专业一志愿录取率一直保持在 100%；2014 年、2015 年新生的录取线均高于省控二本线 30 分以上。

（二）促进了学校人文素养能力培养的基本建设不断加强

文学院开展的“以经典阅读为切入点，构建中国语言文学类专业人才培养模式”的改革与实践，是同学院的教学建设和教学改革的实践紧密结合的，并得到不断深化与提升，这就使得学生的人文素养得到不断提升；与此同时，学校层面加强了在通识教育模块和第

二课堂实践等方面的基本建设，也为文学院继续深入开展经典阅读活动奠定了坚实的基础。在通识教育模块建设中，面对全校学生开设《大学语文》课程，公共选修课方面鼓励教师开设经典阅读相关的课程，并在“尔雅课程”中选取了5门经典阅读相关的课程；各种有关经典阅读的社团和活动蓬勃开展，通过第二课堂的经典阅读，培养学生人文素养的效果逐渐显现。

（三）产生了广泛的社会影响和示范效应

以经典阅读为切入点的人文素养和专业素养的人才培养实践，不仅渐渐显露出它的教育价值和重要意义，也引起了我校兄弟院系和省内同类院校文学院系的广泛关注，人文素养和专业素养的人才培养理念、途径等经验被其他同类院校的文学院系所借鉴，部分省内兄弟院校的文学院先后到我院考察交流，我院以本项目成果作为交流的重点，得到了充分的肯定。

五、“以经典阅读为切入点，构建中国语言文学类专业人才培养模式”改革与实践的启示

（一）坚持全面系统、个性发展、实践应用是人才培养模式改革与实践的基本原则

全面系统是指人才培养模式改革与实践是一项关涉教育教学各个环节，在教育理念、培养方案、课程结构、教学方法、管理制度、师资队伍等教学各要素中开展的全方位的教育教学改革。坚持改革的全面系统，统合人才培养的各个环节，才能形成以“经典阅读”为切入点的人文素养和专业素养的人才培养体系。个性发展是指“以经典阅读为切入点，构建中国语言文学类专业人才培养模式”改革与实践，必须以学生为本，以尊重学生个性发展为前提，充分体现了学生的主体性，在实践过程中注重学生知识、能力和素质的协调发展，通过课程建设、第二课堂建设、潜在课堂建设三个课堂，建设了课程资源、活动资源、实践资源、网络资源四类资源，形成了独具特色的人才培养体系，只有坚持个性发展，人才培养模式改革才不会偏离方向，才能保证人才培养目标的最终实现。实践应用是指“以经典阅读为切入点，构建中国语言文学类专业人才培养模式”的改革与实践，应当自始至终坚持实践育人的导向，注重学生将抽象的知识转化为具体的能力的培养，不断完善实践教学体系、强化实践育人的各个环节、深化实践教学方法改革。目前已初步形成了以学生科研项目为把手，以经典阅读为切入点，以李白文化研究中心、李白纪念馆、安县沙汀纪念馆及绵阳与广元境内的蜀道为依托，以第一课堂、第二课堂、潜在课堂为主要课堂的实践教学体系。

（二）创新管理机制是“以经典阅读为切入点，构建中国语言文学类专业人才培养模式”的改革与实践得以顺利落实的重要保障

开展“以经典阅读为切入点，构建中国语言文学类专业人才培养模式”的改革与实践，无疑是需要一系列的管理制度作为重要保障的。2013年以来，文学院为了使“以经典阅读为切入点，构建中国语言文学类专业人才培养模式”的改革与实践顺利实施，在管理制度上做了如下创新：一是实施专业负责人和课程负责人制度。学院为汉语言文学、秘书学和汉语国际教育这三个专业和每一门核心课程都选聘一名负责人，明确每一位负责人的主要工作职责、权利和义务，充分发挥专业负责人和课程负责人在人才培养模式改革与实践中的作用。二是建立了完善的人才培养模式改革与实践的质量监控体系，完善教学督导制度和督导办法。三是创新学生学业考核与评价方式。将改革课程考核的内容与形式，从传统的单一试卷考试向综合化考核转变；从传统的注重结果的考核转变为更加注重过程考核；从传统的注重知识记忆的考核向强化能力评价转变。考核方式这一指挥棒的变革，为“以经典阅读为切入点，构建中国语言文学类专业人才培养模式”的改革与实践提供了外在驱动力，极大地激发了学生学习热情，促进了学生对经典鉴赏能力的不断提升，丰富了其人文精神内质。

（三）重视相关研究为“以经典阅读为切入点，构建中国语言文学类专业人才培养模式”的改革与实践提供了强大的理论支撑

“以经典阅读为切入点，构建中国语言文学类专业人才培养模式”的改革与实践非常重视其科学性和可行性的研究与论证。2013年以来，文学院先后申报汉语言文学综合改革、卓越教师人才培养、经典阅读与文学类专业人才培养模式研究等多项省级校级教学研究项目。项目组组织项目成员多次参加经典阅读和人才培养模式改革的学术会议，在各类会议上交流宣读有关“以经典阅读为切入点，构建中国语言文学类专业人才培养模式”的改革与实践思路和成果。这些研究，或在宏观上对新升本科院校转型发展时期的人才培养模式等问题进行探讨，或在微观上对某一专业的人才培养方案、课程结构体系、实践教学体系、实践实习基地、课程教学的方法和手段、教学考核评价等问题提出思路，为“以经典阅读为切入点，构建中国语言文学类专业人才培养模式”的改革与实践构建了系统完整的理论支撑体系。

在当下中国高等教育面临转型发展的社会背景下，许多高校都在思考、谋划自身的转型发展之路，力图通过对教育观念的转变、教学方法的创新、育人模式的革命，培养出更多既具有较高文化素质又富于较强实际能力，能够主动适应当前经济社会发展需要的人才。作为一所地方性的普通高校，我校毋庸置疑地应当积极融入这样的转型发展中，也唯有如此，我们才会有更大的生长空间和更强的前行力量。因而，我们文学院所开展的“以经典阅读为切入点，构建中国语言文学类专业人才培养模式”的改革与实践，正是为了顺应这种转型发展的需要所做出的一种积极而主动的尝试。尽管这样的尝试还存在着这样那样的

不足，仍有许多地方需要我们对之加以进一步的充实和完善，但这样的尝试却是势在必行的，因为这不仅仅是我们的一种义务，更是我们的一种责任。高校的转型发展没有终点，高校的人才培养也永远没有止境，我们必须加倍努力，继续深入探寻人才培养方法，不断创新培养人才模式，着力于培养人才的实用性和有效性，我们的高教事业才能蒸蒸日上，迎来灿烂美好的明天。

第六节　应用型人才培养目标下的古代汉语实践教学探索——以汉语言文学专业为例

随着我国高等教育从精英教育到大众化教育阶段的转变，许多新升本科院校将人才培养目标定位为应用型人才培养。2013 年 6 月，在教育部的指导下，为落实《国家中长期教育改革和发展规划纲要 (2010—2020)》所提出的“促进高校办出特色，建立高校分类体系，实行分类管理”“建立现代职业教育体系”等要求，成立了应用技术大学 (学院) 联盟、地方高校转型发展研究中心，拉开了地方高校加快调整人才培养结构、向应用型大学转型的教育改革的序幕。培养应用型人才，在教学体系建设中要体现“应用”二字，其核心环节就是实践教学，重点就是学生实践能力的培养。汉语言文学专业是我国高校历史最悠久的传统人文专业之一，而古代汉语课程则是该专业的一门重要的必修课，承担着“培养学生掌握古代汉语基础知识、培养阅读和使用古汉语能力、学习并继承优秀传统文化、提高人文素养的能力”(李永芳，2015) 的任务；应用型人才培养目标要求“古代汉语”课程在教学内容、教学方法上要凸显其能力培养，要加强该课程的实践教学。那么，如何在古代汉语课程中开展实践教学环节呢？本节拟从应用型人才培养的要求出发，审视当前古代汉语课程教学中存在的问题，并探讨实践教学改革的方法。

一、古代汉语课程实践教学的现状

（一）教师的人才培养理念缺乏与时俱进的转变

教师是高校办学的主体，教师具有适应应用型教学的能力是应用型人才培养质量的重要保障。但是，实际上许多刚刚转为应用型的地方本科院校，部分师生对应用型人才培养模式以及强化实践教学的重要性的认识很大程度上还停留在表面，尤其是汉语言文学之类的传统人文专业，从事这些专业各学科的老师绝大多数是从教学型或研究型大学毕业后进入学校从事教学工作的，他们大多“身居象牙塔，藏于书斋，拘于课堂，喜于论道”(包克非，2013)，其学科教育理念和教学方法大多仍局限于自己大学期间所接受的师传授受模式，教师的课堂教学仍然以理论讲授为主，重理论、轻实践的思想较为顽固，很少会关注古代汉语课程的实践教学环节；在教学计划中虽然设置了几个学时的实践教学环节，但不能引起老师们的重视，形同虚设，很多古代汉语任课教师忽略了实践教学环节，认为是浪费时间，老师们希望花更多时间把古代汉语理论知识讲得更深、更透彻。

（二）古代汉语教法陈旧、单一，实践教学不够灵活多样，开展力度较小

古代汉语的课程教学内容主要是“以先秦口语为基础而形成的上古汉语书面语言以及后来历代作家仿古的作品中的语言，也就是通常所谓的文言”（王力，2011）。文言作为一种过去使用的语言，远离现实生活，本身就让学生心生畏惧、兴味索然，尽管许多高校的古汉语教师都在探索古汉语教学内容、教学方法改革，但是不少应用型本科院校的古代汉语课程教师仍采用“学究式”“灌输式”“一言堂”的单一教学方法，忽视了对学生应用能力的培养，忽略了学生在课堂上的参与互动。有的老师虽然也开展了几个学时的实践教学，但是一般采用布置某个章节的内容让学生课后自学，或是课上让学生翻译几段文言文等方式，总体而言，古代汉语实践教学的开展方式有待多样化，力度有待加大。

二、转变教育理念，改革教学模式

“古代汉语”作为汉语言文学专业的一门传统学科，要适应应用型本科人才培养目标的要求，教师必须进行大刀阔斧的改革。首先是古代汉语课程任课教师要转变教育理念，充分认识研究型大学与应用型大学教育理念的差异性，“研究型、教育型培养模式突出的是语言理论的传承和研究，应用型的培养模式应当突出理论指导下的语言现象分析、积累和应用”（包克菲，2013），切实树立应用型人才培养的教育理念，充分认识到应用型人才培养目标的关键是培养学生的实际动手能力、创新能力，充分认识强化实践教学的重要性和紧迫性。其次是古代汉语任课教师要大力进行适应应用型人才培养的教学模式的改革，大胆调整教学内容，争取最大限度增加实践教学的课时比重并积极推进实践教学，转变过去以理论讲授为主导而很少关注教学实践的局面，使学生在教学活动中成为积极的参与者，而不是被动的只会抄笔记、背书的接受者。

三、结合古代汉语教学内容，全方位推进实践教学

古代汉语课程教学内容既包括文字、词汇、音韵、语法、修辞等通论基础知识，又涵盖大量经典的文言作品的选读，如何在具体教学过程中开展实践教学活动呢？为了适应应用型人才培养目标突出对“能力培养”的要求，教师在实施各章节教学活动过程中，要根据各章节教学内容特点安排灵活多样的实践教学，激发学生学习兴趣，调动学生积极性，培养学生运用所学古汉语知识解决实际生活中问题的能力。

（一）通过汉字文化溯源，激发学生学习兴趣

汉字是中华民族文明的标志，是中华历史文化典籍的重要载体，汉字学是古代汉语的

基础，也是古代汉语课程的开篇第一课，这部分教学过程中实施好实践教学，不仅能激发学生对古代汉语课程的学习兴趣，而且对整门课程的后续教学活动开展有着积极的引领示范作用。

汉字是汉民族语言的载体，每个字都蕴含着深厚的历史文化信息，在汉字学教学过程中，教师利用多媒体课件展示大量甲骨文、金文、小篆等古文字图片，简要梳理汉字演变过程、汉字结构特点及六书理论，然后充分调动学生积极性，课前布置学生利用字典辞书、网络等，分析自己姓氏名字的字形、字义，并制作成多媒体课件，在课堂上让部分学生展示自己姓名的古文字形体图片，并利用所学汉字知识讲解这些汉字的造字理据、文化内涵。通过这一实践活动，很多学生第一次了解了自己姓氏的历史来源，不仅知道了自己名字在甲骨文、金文、小篆中的写法，而且还知道了这些汉字符号蕴含的文化意蕴，更体会到了父母在给自己取名时寄予的殷切希望。

教师在这种实践活动中，一方面要引导学生去查阅《说文解字》《汉语大字典》等，另一方面在点评学生所展示的资料时，要巧妙地将汉字结构理据、汉字文化信息及中国古代姓氏文化知识贯穿其中。实践证明，在近两年的古汉语教学实践中，采取这种实践方式，很受学生欢迎。但是，这种实践方式存在两个问题：一是部分学生比较懒散，直接向老师询问自己姓名文字的古文字形体及造字结构，遇到这种情况，不能告诉他结果，而要引导他去查阅字典辞书，并且在课上会让他起来重点发言；二是部分学生直接从网上下载文字形体分析的材料，有很多望文生义、说解错误、前后矛盾，学生不明就里，全盘照搬，对于这部分学生，让他们在课堂上照本宣科介绍了自己的姓名文字内涵之后，及时给予纠正，并且要求学生正确对待网络资料，要用心思考，懂得取舍材料。

（二）围绕成语、典故，强化文本阅读，提升学生语言表达能力

古代汉语基础理论知识的教学是为了实现其终极目标——培养学生阅读古书的能力，传承中华民族优秀的传统文化。而古代典范文言作品的选读是这门课程的重要内容。但是在传统的古汉语文选教学过程中，我们发现，一方面是老师们大多采用字词随文释义、串讲疏通篇章大意的方式，教法陈旧、单一，费时费力；另一方面，由于文言作品远离现代社会，加之信息化时代的学生兴趣广泛、关注点丰富，大部分学生对篇幅较长的文言作品不愿意花费太多时间去认真阅读，这些80、90后的学生在古汉语文选讲读课上往往茫然不知，味同嚼蜡。如何在文选教学过程中开展实践活动调动学生学习积极性以及动手能力呢？这就需要拉近古今语言的距离、打通古今汉语的障碍，搭建古今汉语学习的桥梁。在现代汉语中广泛使用的成语典故正是沟通古今汉语的桥梁，这些成语典故大多为四字固定词组，它们或源于历史人物故事，或源于古代神话传说、寓言故事，或出自名作佳篇，它们传载着古汉语的血脉，浓缩了大量历史文化知识、人文故事。学生对这些耳熟能详、短小精悍却蕴含丰富历史人文故事的成语典故是很感兴趣的，在教学过程中，巧妙利用成语典故开展古汉语实践活动往往可以起到事半功倍的效果。在近两年的古汉语教学过程中，

采取了这种方式：首先，备课时精心准备几十个成语典故，如“高山流水、鸡鸣狗盗、退避三舍、狐假虎威、嗟来之食、朝三暮四、卧薪尝胆、唇亡齿寒、一鸣惊人、画蛇添足、狡兔三窟”等，在古汉语第一次课时布置学生下去查阅这些成语典故的出处，查找原文并翻译、解读原文；其次，在每一节课开始的前 5 分钟，随机抽查一名学生，让其上讲台说解某个成语典故的出处、原文大意并分析该成语在现代汉语中的意义。教师简要总结，并根据学生的综合表现给出相应成绩。

这种围绕成语典故进行的古汉语教学实践活动，不仅能够激发学生的学习兴趣、培养动手能力，而且使学生在查阅、解读成语典故出处时，了解《左传》《战国策》《论语》《孟子》《庄子》《史记》《吕氏春秋》等古代经典著作的语言风貌；同时，通过让学生上台分析说解成语典故，也锻炼了学生的胆识，有利于培养、提升学生的语言表达能力。

（三）紧扣现代语言实际，积极贯彻，古为今用

在现代社会中，古代汉语这门古老的学科要继续发挥其功用、要焕发出新的光彩，必须大胆走出书斋、走出课堂，紧密联系现实生活，积极贯彻，古为今用。古汉语课程任课教师在开展文字、词汇、语音等基础理论知识教学过程中，要注意引导学生利用所学的古汉语知识去发现、解决现实生活中的问题。具体可以从以下几个方面进行：

（1）讲解了“汉字的运用”中繁简字、通假字的基本概念之后，布置学生分组进行“店铺招牌、广告牌（或影视剧中）的繁体字使用情况调研”“网络语言中的通假现象分析”实践活动。在“店铺招牌、广告牌中繁体字使用情况调研”活动中，学生走到大街小巷去发现、收集各种繁体汉字并拍下图片，进而整理出哪些繁体字使用正确、哪些使用错误，例如“理發店”“锺表店”“薑茶”“太後”等是“发、钟、姜、后”字繁体的误用。在“网络语言中的通假现象分析”活动中，让学生结合所学的“通假字就是本有其字不用，却借用音近或音同的字来表示另一个词”的知识，对照当下流行的网络词语，找出这类字词，分析其词义及产生的原因，如“炒鸡”“驴友”“蜀黍”“美腻”“童鞋”等，都是网民为了方便快捷或求新求奇而故意不用本字、借用音近或音同汉字的现代通假现象。

（2）讲解古汉语特殊语法现象以及词的本义、引申义时，教师要善于引导学生挖掘现代汉语普通话中的成语、网络流行词语或方言语词中的相关语言现象进行对比分析。较之词汇、语音，古今汉语在语法上的差异并不太大，古代汉语的词类活用现象、特殊句式等现象，虽然在现代汉语普通话中人们不再使用了，但在成语中都有保留。古汉语课程任课教师可以安排“成语中的古汉语语法现象”小作文，要求学生从名词活用为动词、名词做状语或使动用法、意动用法、宾语前置等某一方面入手，收集整理成语、分析其中的古汉语语法现象，写成几百字或一千字左右的小论文。词汇是语言三要素中最活跃的，讲解古汉语词汇的本义、引申义时，古汉语任课教师可以安排学生收集网络流行词语、关注传统词语的新意变化，结合古文字形体资料分析其词义引申方式、梳理其与本义的关系，如“雷、萌、作、顶、汗、霸、扒”等。另外，方言中的某些词语保留了古汉语词义的意义用法，

也可以作为例证加以印证，如贵州方言中“引”“之”“起”在方言中分别表示“带领”“这”“建造(房屋)”的含义。

（3）教学古汉语音韵理论知识时，为了便于学生领会古汉语声韵调的特点，一方面可以布置学生去“寻找”各自方言中的“古韵遗风”，分析那些与现代汉语普通话声韵调差异很大的字词，探究其原因。例如贵州方言中“街、阶、解、介、鞋、角、敲”等字的声母至今仍保留舌根音 [k]、[k]、[x] 读法，这些字在中古汉语中属于见系蟹摄开口二等字；而“黑出屋桌、急竹觉节、笔尺铁雪、剔策设目”等四组字，在普通话中分别读成阴平、阳平、上声、去声，但是在西南方言中很多人都读成阳平调，究其原因是古汉语语音发展到现代汉语某些方言时，古入声调消失以后全部归入了阳平调。另一方面，找几首经典的粤语歌曲，安排学生认真听，找出其中跟普通话声韵调差异明显的字词。很多学生都喜欢粤语歌曲，在课上他们找出了很多粤语歌曲中的字词，例如《一生何求》中“求、秋、却、去、解”等，《飘雪》中“见、雪、心、想、起、醒”等，老师可以利用古音知识分析这些字音特点，引导学生理解古汉语声韵调演变规律、尖音、团音等。这种课内外相结合的教学方式，不仅拉近了古今语言的距离，让学生在熟悉亲切的方言土音、流行歌曲中领略古代汉语的余韵，更增添了教学趣味。

（四）发掘学生潜力，因材施教开展实践教学

应用型人才培养目标的重点是培养学生的实际动手能力、创新能力。古代汉语课程要实现这一目标，要加强课程的实践性，必须将教师的课堂教学与学生的课下训练相结合，将古汉语实践教学拓展到第二课堂。要善于挖掘学生潜力，及时了解所教学班级学生兴趣爱好，并将他们分成各类兴趣爱好小组，如书法、古诗词、普通话等各种兴趣小组，课余时间依托社团开展古汉语教学实践活动。例如对于“书法欣赏、创作小组”的学生，教师可以引导他们分析字形结构、了解部分汉字的甲骨文、金文、小篆、隶书等写法，懂得汉字造字理据、文化内涵，感受汉字文化魅力，结合古文字、古诗文指导学生赏析、创作书法作品。对于“古诗词赏析、创作小组”的学生，教师结合古汉语音韵学，深入浅出讲解诗词格律，引导学生赏析、创作古诗词或对联。而普通话水平较高的学生大多喜欢参加“古诗文朗诵小组”，教师对于这个小组的学生，在讲解古诗文押韵、汉语音律特点的同时，可以结合古代文学、普通话训练等，指导学生诵读经典诗文，如《诗经》、楚辞、唐诗、宋词、《论语》《孟子》以及唐宋八大家散文等，让他们在诵读经典诗文的过程中充分领略典范文言作品深远的意境、优美的韵律。在这些丰富多彩的古汉语教学实践活动中，教师有意识地引导学生将古汉语知识的学习与兴趣特长相结合，不仅充分调动了学生积极性，延伸了古汉语教学内容，而且使学生通过这些活动不断提高个人文化素养。

总而言之，汉语言文学专业古代汉语课程教学要适应应用型人才培养目标的要求，任课教师一定要转变教育理念，积极探索灵活多样的教学实践活动，充分利用各种教学资源，拓展实践教学空间，不断提高教学质量和教学效果，为学生动手能力、创新能力的培养提供更为便利的平台。

参考文献

[1] 郑正平 . 网络化语境下大学语文教学改革的思考 [J]. 语文建设，2012(12)：28-30.

[2] 陈定家. 市场与网络语境中的文学经典问题 [J]. 文学评论，2008(2)：42-46.

[3] 张韵婷. 网络环境下建构主义学习理论对大学语文教学的启示 [J]. 教育与职业，2010(8)：86-88.

[4] 岳德虎. 反思与重构：关于大学语文教学改革的探讨 [J]. 文山学院学报，2013(1)：108-110.

[5] 季汝甜，高烈明. 大学语文教学热点问题探讨 [J]. 语文建设，2013(4)：13-14.

[6] 黄宏 . 浅谈网络背景下高校大学语文教学 [J]. 科教文汇，2012(28).

[7] 吴素萍. 浅析网络文化语境下的大学语文教学策略 [J]. 丽水学院学报，2010(3).

[8] 吴素萍. 当代文化语境下的网络语言和大学语文教学 [J]. 黑龙江教育学院学报，2010(7).

[9] 翟明女 . 论发挥大学人文素质第一课的“工程效应”[J]. 现代语文 (教学研究版)，2009(01).

[10] 史杰 . 论教师素质在大学语文教学中的导向作用 [J]. 吉林教育，2011(13).

[11] 杜兆金 . 大学语文教学应重视培育学生的文学素养 [J]. 辽宁行政学院学报，2008(06).

[12] 郑群 . 构建高职院校应用型语文教学模式 [J]. 徐州师范大学学报（教育科学版），2010(4).

[13] 陈纯静 . 多媒体在语文教学模式中的应用 [J]. 学周刊，2014.

[14]. 苏庆 . 大学语文教学模式改革的探究 [J]. 中国科教创新导刊，2014(2).

[15] 李晓华 . 论“国学热”背景下的大学语文教学 [J]. 学理论，2011.

[16]. 徐雪芹 . 大学语文教学引入电影辅助实现教学目标的探讨 [J]. 山西青年管理干部学院学报，2010(2).

[17] 乔守春 . 传统文化教育在大学语文教学中的实现途径 [J]. 天津电大学报，2011(1).

[18] 黄金柱，周永红，鹿军 . 试论网络文化背景下的大学生政治社会化 [J]. 西安文理学院学报（社会科学版），2007(2).

[19] 黄立新 . 网络环境下的协同教育研究 [M]. 北京：科学出版社，2010.

[20] 王国良 . 网络文化语境下高校思想政治教育的新思路 [J]. 深圳大学学报，2007(1).

[21] 任祥 . 当前加强和改进高校网络文化建设的思考 [J]. 思想理论教育导刊，2012(2).

[22] 魏向阳 . 对大学语文学科定位和教学现状的思考 [J]. 河南广播电视大学学报，2016(4)：107-109.

[23] 李醍 . 提高大学语文教学质量浅议 [J]. 山西师大学报 (社会科学版)，2010(S3)：195-196.

[24] 常亮 . 提高大学语文课堂教学效果的思考 [J]. 文学教育 (上)，2011(2)：32-33.

[25] 李代丽 . 新时期大学语文教学改革的意义和创新 [J]. 语文建设，2016(11)：15-16.

[26] 朱天宇 . 如何提高大学课堂教学效果 [J]. 中国市场，2016(28)：200-201.

[27] 孙武军，卢哲 . 大学语文人文素质培养功能的探索与实践 [J]. 商洛学院学报，2017(2).

[28] 刘天胜. “慕课” 视阈下的大学语文教学模式探究 [J]. 长春师范大学学报，2015(11)：162-164.

[29] 吴万伟. “慕课热” 的冷思考 [J]. 复旦教育论坛，2014(1)：10-17.

[30] 孟姗姗. 依托信息化教学平台探索语文课堂教学新模式 [J]. 中国教育信息化，2015(16)：21-23.

[31] 刘燕 . 对大学语文课程教学目标的再认识 [J]. 零陵学院学报，2004(5).

[32] 曾加荣 . 大学语文课程的定位与改革 [J]. 高等教育研究，2006(3).

[33] 马新莉 . 大学语文课程的定位及现状思考 [J]. 黑龙江教育 (高教研究与评估)，2007(12).

[34] 高竞艳. 大学语文教学存在问题分析及创新教育模式研究 [J]. 文学教育，2010(3).

[35] 杨少斌 . 对大学语文教学改革的思考 [J]. 湖北第二师范学院学报，2010(5).

[36] 杨彦辉 . 素质教育与师范生素质培养 [J]. 河北师范大学学报，1998(3).

[37] 王俊虎 . 试论高校大学语文教学如何走出困境 [J]. 黑龙江教育，2007(6).

[38] 郎文孝，韩保根，韩彦国 .《大学语文》教学中的孝道教育 [J]. 时代文学，2010(5).